발달지체 영유아 조기개입 8
조기개입 | 대근육운동편

임경옥 저

학지사

머리말

　필자가 25년을 특수교육현장에 있으면서 느꼈던 가장 큰 안타까움은 장애 및 발달지체 영유아를 지도하기 위해 조기에 개입할 수 있는 지침서가 없다는 것이었다. 이와 관련하여 이들을 양육하는 부모와 현장에서 지도하는 교사들의 요구가 지속되었지만 감히 엄두를 낼 수가 없었다.

　그러나 대학에서 후학을 양성하고자 운영하던 특수교육기관을 정리하면서 그동안 미루어 왔던 장애 영유아 발달 영역별 지도를 위한 지침서를 현장 경험을 바탕으로 열정 하나만 가지고 집필하였고, 출간된 지 벌써 6년이 지났다.

　열정만 가지고 집필했던 지침서는 6년이 지난 현 시점에서 돌이켜 보면 부끄러워 감히 내놓을 수 없을 만큼 미숙하고 부족한 부분이 너무 많아 죄송한 마음을 금할 길 없다. 그럼에도 불구하고『장애 영유아 발달 영역별 지침서』(전5권)가 장애 영유아를 지도하는 데 많은 도움이 되었다는 장애아동의 부모님, 특수교사 그리고 장애 영유아를 위한 유아 교육현장의 통합반 담당 교사들에게 먼저 감사드린다. 그리고 부족한 부분에 조언을 아끼지 않고 오랫동안 이 책을 지켜봐 주신 주변 지인들에게도 감사의 인사를 드린다. 이러한 지원과 채찍은 기존에 출판된 저서의 미숙하고 부족한 부분을 보완하여 전반적인 수정과 더불어 다시 집필해야 한다는 책무로 다가왔다. 그러므로『발달지체 영유아 조기개입』에 대한 집필은 이 책을 아껴 주셨던 모든 분에게 감사의 마음으로 헌납하고자 심혈을 기울였으며, 처음 집필 시의 열정을 가지고 미숙하게 출간된 부끄러움을 조금이나마 만회하고자 최선을 다하였다.

　이 책은 시리즈로 구성되어 각 영역별로 구성되어 있다. '인지' '수용언어' '표현언어' '대근육과 소근육' '사회성과 신변처리' 등의 영역으로 구성되어 있으며, 각 영역별로 가정에서도 장애 및 발달지체 영유아를 쉽게 지도할 수 있도록 초점을 맞추었다. 이를 위해 가능한 한 전문적인 용어를 배제하고 가장 쉽게 이해할 수 있는 용어를 선택하고자 고심하였으며, 실제적이고 기능 중심적인 항목을 배치하고자 노력하였다. 그리고 각 항목마다 되도록 자세히 서술하였고, 각 책의 부록에는 각 영역별 발달수준을 체크하여 지도할 수 있도록 항목별 시행 일자와 습득 일자를 기록할 수 있는 관찰표를 수록하였다.

따라서 이 책을 활용하여 지도할 경우, 각 항목의 방법 1은 수행 여부를 가늠하기 위한 선행검사에 중점을 두었으므로 방법 1로 각 항목의 수행 여부를 관찰표에 기록한 후 지도하도록 한다. 이를 위해 각 영역별로 개인별 특성을 고려하여 장애 및 발달지체 영유아의 현재 나이를 기준으로 한두 살 아래와 위 단계까지 관찰표에 수행 여부를 기록한 후 지도할 것을 권장한다. 또한 각 항목별 수행 후 반드시 다양하게 위치를 바꾸어 수행 여부를 확인해야 하며, 특히 그림 지도 시에는 위치가 고정되어 있어 외워서 수행될 가능성을 배제할 수 없으므로 그림을 여러 장 복사한 후 그림을 오려서 다양하게 위치를 바꾸어 확인해야 한다.

강화제(행동의 결과로 영유아가 좋아하는 것을 제공하는 것. 예: 음식물, 장난감, 스티커 등) 적용은 각 항목의 방법에 적용되어 있는 순서를 참고하여 필요시 각 단계마다 적절하게 상황을 판단하여 제공해 줄 것을 제안한다. 그리고 처음 지도 시에는 자주 강화제를 제공하다가 점차 줄여 나가야 함을 유의하도록 한다.

끝으로, 이 책이 장애 및 발달지체 영유아를 양육하는 부모님과 이들을 현장에서 지도하는 모든 교사 그리고 장애 영유아를 위한 보육교사와 특수교사를 배출하는 대학의 교재로서 미력하나마 도움이 되길 진심으로 바란다. 또한 이 책의 출판을 맡아 준 학지사의 김진환 사장님을 비롯하여 완성도 높은 책이 출판될 수 있도록 힘든 편집과 교정 및 삽화 작업을 묵묵히 도와주신 편집부 김준범 차장님과 직원들에게도 감사드린다. 마지막으로, 이 책의 이해를 돕기 위해 사용한 삽화의 근간이 되어 준『장애 영유아 발달 영역별 지침서』의 그림을 그려 준 딸 수지와 진심으로 격려해 주고 지원해 준 지인들에게 무한한 고마움을 전하며 모든 분에게 하나님의 축복과 영광이 함께하길 기원한다.

장애 및 발달지체 영유아의 행복한 삶을 기원하며
2019년 9월
임경옥

차례

대근육운동편

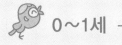 0~1세 ————• 15

1. 엎어 두면 고개 잠깐 들기

2. 누운 자세에서 머리 한 방향으로 돌리기

3. 누운 자세에서 양다리 쭉 펴기

4. 누운 자세에서 머리 좌우로 돌리기

5. 양팔과 발을 동시에 움직이기

6. 옆으로 몸 돌려 눕기

7. 엎드린 상태에서 머리 45도 들기

8. 양손을 잡고 세우면 다리에 힘주기

9. 똑바로 세워 안으면 잠깐 목 가누기

10. 자기 발 빨기

11. 턱 들기

12. 목 가누기

13. 엎드린 상태에서 머리 90도 정도 들기

14. 엎드린 상태에서 고개 잠깐 들었다 내리기

15. 도움받아 앉기

16. 엎드린 상태에서 고개 들기

17. 엎드려서 팔 짚고 가슴 들기

18. 누워서 자기 발 잡고 놀기

19. 앉혀 주면 양손 짚고 30초 이상 버티기

20. 양쪽 겨드랑이 잡아 주면 고개 꼿꼿이 들기

21. 받쳐 주면 앉기
22. 누운 상태에서 몸을 발로 밀치며 엉덩이 들기
23. 스스로 고개 돌리기
24. 누운 자세에서 엎드린 자세로 뒤집기
25. 손 짚지 않고 앉아 있기
26. 엎드린 자세에서 누운 자세로 뒤집기
27. 한쪽 방향으로 구르기
28. 배밀이하기
29. 혼자 앉기
30. 기는 자세에서 한 손 뻗치기
31. 누운 상태에서 머리 들기
32. 기는 자세에서 한쪽 무릎 앞쪽으로 끌기
33. 팔을 앞과 옆으로 뻗기
34. 양손과 무릎으로 기기
35. 도움받아 서기
36. 몸을 받쳐 주면 머리를 자유롭게 움직이기

37. 원하지 않는 물건 밀어내기
38. 앉아 있을 때 넘어지면 팔 펴기
39. 가구 붙잡고 서 있기
40. 좋아하는 물건에 손 내밀기
41. 5초 이상 혼자 서 있기
42. 누운 상태에서 양쪽으로 구르기
43. 서 있는 자세에서 쪼그려 앉기
44. 가구 짚고 일어서기
45. 양손 잡아 주면 걷기
46. 가구를 양손으로 붙잡고 옆으로 걷기
47. 뒤쪽으로 팔 뻗기
48. 한 손 잡아 주면 걷기
49. 한 손으로 가구 붙잡고 걷기
50. 스스로 일어서기
51. 스스로 두세 발자국 걷기
52. 동요 장단에 맞춰 고개 끄덕이기
53. 스스로 열 발자국 걷기

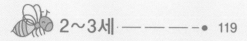

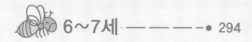

대근육운동편

| 0~1세 | 1~2세 | 2~3세 | 3~4세 | 4~5세 | 5~6세 | 6~7세 |

1 엎어 두면 고개 잠깐 들기 0~1세

목표 | 엎어 두면 고개를 잠깐 들 수 있다.

자료 | 담요(매트), 강화제

방법 ❶

- 교사가 담요(매트) 위에 엎드린 상태에서 고개를 잠깐 드는 시범을 보인다.
- 담요에 영아를 엎어 둔 후 영아에게 교사를 모방하여 고개를 잠깐 들게 한다.
- 수행되면 담요에 영아를 엎어 둔 후 영아 스스로 고개를 잠깐 들게 한다.
- 수행되면 영아의 특성에 맞는 적절한 강화제를 제공한다.

방법 ❷

- 교사가 담요(매트) 위에 엎드린 상태에서 고개를 잠깐 드는 시범을 보인다.
- 담요에 영아를 엎어 둔 후 영아에게 교사를 모방하여 고개를 잠깐 들게 한다.
- 모방하지 못하면 교사가 영아의 고개를 잡고 잠깐 들어 준다.
- 교사가 영아의 고개를 살짝 잡아 준 후 영아에게 고개를 잠깐 들게 한다.
- 도움을 점차 줄여 간다.
- 수행되면 담요에 영아를 엎어 둔 후 영아 스스로 고개를 잠깐 들게 한다.
- 수행되면 영아의 특성에 맞는 적절한 강화제를 제공한다.

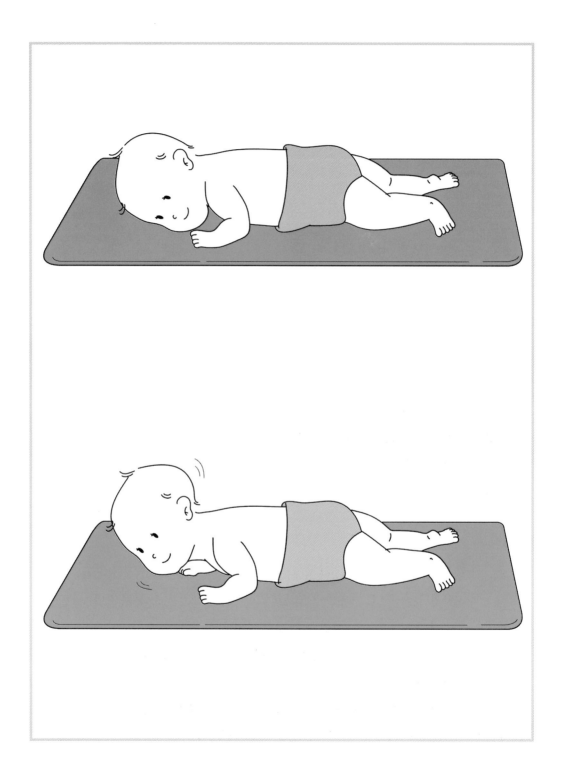

16

② 누운 자세에서 머리 한 방향으로 돌리기 0~1세

목표 | 누운 자세에서 머리를 한 방향으로 돌릴 수 있다.

자료 | 담요(매트), 강화제

방법 ❶

- 교사가 담요(매트) 위에 누워 머리를 한 방향으로 돌리는 시범을 보인다.
- 영아를 담요 위에 눕힌 후 교사를 모방하여 머리를 한 방향으로 돌리게 한다.
- 수행되면 영아를 담요 위에 눕힌 후 스스로 머리를 한 방향으로 돌리게 한다.
- 수행되면 영아의 특성에 맞는 적절한 강화제를 제공한다.

방법 ❷

- 교사가 담요(매트) 위에 누워, 예를 들어 머리를 오른쪽으로 돌리는 시범을 보인다.
- 영아를 담요 위에 눕힌 후 교사를 모방하여 머리를 오른쪽으로 돌리게 한다.
- 모방하지 못하면 영아를 담요 위에 눕힌 후 교사가 영아의 머리를 잡고 오른쪽으로 돌려 준다.
- 교사가 영아의 머리를 잡아 오른쪽으로 살짝 돌려 준 후 영아에게 고개를 오른쪽으로 돌리게 한다.
- 도움을 점차 줄여 간다.
- 수행되면 담요에 영아를 눕힌 후 영아 스스로 고개를 오른쪽으로 돌리게 한다.
- 수행되면 영아를 담요 위에 눕힌 후 스스로 머리를 한 방향으로 돌리게 한다.
- 수행되면 영아의 특성에 맞는 적절한 강화제를 제공한다.

3 ## 누운 자세에서 양다리 쭉 펴기

목표 | 누운 자세에서 양다리를 쭉 펼 수 있다.

자료 | 담요(매트), 강화제

방법 ❶

- 교사가 담요(매트) 위에 누워 양다리를 쭉 펴는 시범을 보인다.
- 영아를 담요 위에 눕힌 후 교사를 모방하여 양다리를 쭉 펴게 한다.
- 수행되면 영아를 담요 위에 눕힌 후 스스로 양다리를 쭉 펴게 한다.
- 수행되면 영아의 특성에 맞는 적절한 강화제를 제공한다.

방법 ❷

- 교사가 담요(매트) 위에 누워 양다리를 쭉 펴는 시범을 보인다.
- 영아를 담요 위에 눕힌 후 교사를 모방하여 양다리를 쭉 펴게 한다.
- 모방하지 못하면 영아를 담요 위에 눕힌 후 교사가 영아의 다리를 잡고 쭉 펴 준다.
- 교사가 영아의 무릎을 잡아 준 후 영아에게 양다리를 쭉 펴게 한다.
- 도움을 점차 줄여 간다.
- 수행되면 담요에 영아를 눕힌 후 영아 스스로 양다리를 쭉 펴게 한다.
- 수행되면 영아의 특성에 맞는 적절한 강화제를 제공한다.

누운 자세에서 머리 좌우로 돌리기

목표 | 누운 자세에서 머리를 좌우로 돌릴 수 있다.

자료 | 담요(매트), 강화제

방법 ❶

- 머리를 한 방향으로 돌리는 것은 수행하였으므로 확인한 후 시행한다.
- 교사가 담요(매트) 위에 누워 머리를 좌우로 돌리는 시범을 보인다.
- 영아를 담요 위에 눕힌 후 교사를 모방하여 머리를 좌우로 돌리게 한다.
- 수행되면 영아를 담요 위에 눕힌 후 스스로 머리를 좌우로 돌리게 한다.
- 수행되면 영아의 특성에 맞는 적절한 강화제를 제공한다.

방법 ❷

- 머리를 한 방향으로 돌리는 것은 수행하였으므로 확인한 후 시행한다.
- 교사가 담요(매트) 위에 누워 머리를 좌우로 돌리는 시범을 보인다.
- 영아를 담요 위에 눕힌 후 교사를 모방하여 머리를 좌우로 돌리게 한다.
- 모방하지 못하면 영아를 담요 위에 눕힌 후 교사가 영아의 머리를 잡고 좌우로 돌려 준다.
- 교사가 영아의 머리를 잡아 좌우로 살짝 돌려 준 후 영아에게 고개를 좌우로 돌리게 한다.
- 도움을 점차 줄여 간다.
- 수행되면 담요에 영아를 눕힌 후 영아 스스로 고개를 좌우로 돌리게 한다.
- 수행되면 영아의 특성에 맞는 적절한 강화제를 제공한다.

5 양팔과 발을 동시에 움직이기 0~1세

목표 | 양팔과 발을 동시에 움직일 수 있다.
자료 | 담요(매트), 강화제

방법 ❶

- 교사가 담요(매트) 위에 누워 양팔과 발을 동시에 움직이는 시범을 보인다.
- 영아를 담요 위에 눕힌 후 교사를 모방하여 양팔과 발을 동시에 움직여 보게 한다.
- 수행되면 영아를 담요 위에 눕힌 후 스스로 양팔과 발을 동시에 움직여 보게 한다.
- 수행되면 영아의 특성에 맞는 적절한 강화제를 제공한다.

방법 ❷

- 교사가 담요(매트) 위에 누워 양팔을 움직이는 시범을 보인다.
- 영아를 담요 위에 눕힌 후 교사를 모방하여 양팔을 움직여 보게 한다.
- 모방하지 못하면 영아를 담요 위에 눕힌 후 교사가 영아의 양팔을 잡고 움직여 준다.
- 교사가 영아의 양팔을 잡아 위로 올려 준 후 양팔을 아래로 내려 보게 한다.
- 도움을 점차 줄여 간다.
- 수행되면 담요에 영아를 눕힌 후 영아 스스로 양팔을 움직여 보게 한다.
- 수행되면 교사가 담요 위에 누워 발을 움직이는 시범을 보인다.
- 영아를 담요 위에 눕힌 후 교사를 모방하여 발을 움직여 보게 한다.
- 모방하지 못하면 영아를 담요 위에 눕힌 후 교사가 영아의 양발을 잡고 움직여 준다.
- 교사가 영아의 양발을 잡아 위로 올려 준 후 양발을 아래로 내려 보게 한다.
- 도움을 점차 줄여 간다.
- 수행되면 담요에 영아를 눕힌 후 영아 스스로 양발을 움직여 보게 한다.

- 수행되면 교사가 담요 위에 누워 양팔과 발을 동시에 움직이는 시범을 보인다.
- 영아를 담요 위에 눕힌 후 교사를 모방하여 양팔과 발을 동시에 움직여 보게 한다.
- 수행되면 담요에 영아를 눕힌 후 영아 스스로 양팔과 발을 움직여 보게 한다.
- 수행되면 영아의 특성에 맞는 적절한 강화제를 제공한다.

6 옆으로 몸 돌려 눕기 0~1세

목표 | 옆으로 몸을 돌려 누울 수 있다.
자료 | 담요(매트), 강화제

방법 ❶
- 교사가 담요(매트) 위에 누워 옆으로 몸을 돌려 눕는 시범을 보인다.
- 영아를 담요 위에 눕힌 후 교사를 모방하여 옆으로 몸을 돌려 눕게 한다.
- 수행되면 영아를 담요 위에 눕힌 후 스스로 옆으로 몸을 돌려 눕게 한다.
- 수행되면 영아의 특성에 맞는 적절한 강화제를 제공한다.

방법 ❷
- 교사가 담요(매트) 위에 누워 옆으로 몸을 돌려 눕는 시범을 보인다.
- 영아를 담요 위에 눕힌 후 교사를 모방하여 옆으로 몸을 돌려 눕게 한다.
- 모방하지 못하면 영아를 담요 위에 눕힌 후 교사가 영아의 몸을 잡고 옆으로 돌려 뉘어 준다.
- 교사가 영아의 몸을 잡아 옆으로 살짝 돌려 준 후 영아에게 몸을 옆으로 돌려 눕게 한다.
- 도움을 점차 줄여 간다.
- 수행되면 담요에 영아를 눕힌 후 영아 스스로 옆으로 몸을 돌려 눕게 한다.

- 수행되면 영아의 특성에 맞는 적절한 강화제를 제공한다.

7 엎드린 상태에서 머리 45도 들기 `0~1세`

목표 | 엎드린 상태에서 머리를 45도 들 수 있다.
자료 | 담요(매트), 강화제

방법 ❶

- 교사가 담요(매트) 위에 엎드린 상태에서 머리를 45도 드는 시범을 보인다.
- 교사가 영아를 담요 위에 엎드려 준 후 교사를 모방하여 머리를 45도 들게 한다.
- 수행되면 교사가 영아를 담요 위에 엎드려 준 후 영아 스스로 머리를 45도 들게 한다.
- 수행되면 영아의 특성에 맞는 적절한 강화제를 제공한다.

방법 ❷

- 교사가 담요(매트) 위에 엎드린 상태에서 머리를 45도 드는 시범을 보인다.
- 교사가 영아를 담요 위에 엎드려 준 후 교사를 모방하여 머리를 45도 들게 한다.
- 모방하지 못하면 영아를 담요 위에 눕힌 후 교사가 영아의 머리를 잡고 45도 들어 올려 준다.
- 교사가 영아의 머리를 잡아 30도 정도 올려 준 후 영아에게 머리를 45도 들게 한다.
- 수행되면 교사가 영아의 머리를 잡아 20도 정도 올려 준 후 영아에게 머리를 45도 들게 한다.
- 도움을 점차 줄여 간다.
- 수행되면 영아를 담요 위에 엎드려 준 후 영아 스스로 머리를 45도 들게 한다.
- 수행되면 영아의 특성에 맞는 적절한 강화제를 제공한다.

8 양손을 잡고 세우면 다리에 힘주기 0~1세

목표 | 양손을 잡고 세우면 다리에 힘을 줄 수 있다.

자료 | 강화제

방법 ❶

- 교사가 서서 다리에 힘을 주는 시범을 보인다.
- 교사가 영아의 양손을 잡고 세워 주면 교사를 모방하여 영아가 다리에 힘을 주게 한다.
- 수행되면 교사가 영아의 양손을 잡고 세워 줄 때 영아 스스로 다리에 힘을 주게 한다.
- 수행되면 영아의 특성에 맞는 적절한 강화제를 제공한다.

방법 ❷

- 교사가 서서 다리에 힘을 주는 시범을 보인다.
- 교사가 영아의 양손을 잡고 세워 주면 교사를 모방하여 다리에 힘을 주게 한다.
- 모방하지 못하면 교사가 다른 교사에게 영아의 양손을 잡고 서 있으라고 한 후 영아의 무릎을 붙잡아 단단하게 세워 준다.
- 교사가 영아의 양손을 잡고 영아의 무릎을 살짝 잡아 준 후 다리에 힘을 주게 한다.
- 도움을 점차 줄여 간다.
- 수행되면 교사가 영아의 양손을 잡고 세워 줄 때 영아 스스로 다리에 힘을 주게 한다.
- 수행되면 영아의 특성에 맞는 적절한 강화제를 제공한다.

9 똑바로 세워 안으면 잠깐 목 가누기

목표 | 똑바로 세워 안으면 잠깐 목을 가눌 수 있다.
자료 | 강화제

방법 ❶

- 교사가 영아를 똑바로 세워 안아 영아의 목에 손을 받쳐 준 후 잠깐 목을 가누게 해 준다.
- 교사가 영아를 똑바로 세워 안아 영아의 목을 교사의 가슴에 닿게 한 후 잠깐 목을 가누게 한다.
- 수행되면 교사가 영아를 똑바로 세워 안을 때 영아 스스로 잠깐 목을 가누게 한다.
- 수행되면 영아의 특성에 맞는 적절한 강화제를 제공한다.

방법 ❷

- 교사가 영아를 똑바로 세워 안아 영아의 목에 손을 받쳐 준 후 잠깐 목을 가누게 해 준다.
- 교사가 영아를 똑바로 세워 안아 영아의 목을 교사의 가슴에 닿게 한 후 잠깐 목을 가누게 한다.
- 가누지 못하면 교사가 영아의 목에 손을 받쳐 준 후 잠깐 목을 가누는 동작을 반복해 준다.
- 교사가 영아의 목에 손을 살짝 받쳐 준 후 잠깐 목을 가누게 한다.
- 도움을 점차 줄여 간다.
- 수행되면 교사가 영아를 똑바로 세워 안을 때 영아 스스로 잠깐 목을 가누게 한다.
- 수행되면 영아의 특성에 맞는 적절한 강화제를 제공한다.

10 자기 발 빨기

목표 | 자기 발을 빨 수 있다.

자료 | 담요(매트), 강화제

방법 ❶
- 교사가 담요(매트) 위에 누워 자기 발을 빠는 시범을 보인다.
- 영아를 담요 위에 눕힌 후 교사를 모방하여 자기 발을 빨게 한다.
- 수행되면 영아를 담요 위에 눕힌 후 스스로 자기 발을 빨게 한다.
- 수행되면 영아의 특성에 맞는 적절한 강화제를 제공한다.

방법 ❷
- 교사가 담요(매트) 위에 누워 자기 발을 빠는 시범을 보인다.
- 영아를 담요 위에 눕힌 후 교사를 모방하여 자기 발을 빨게 한다.
- 모방하지 못하면 영아를 담요 위에 눕힌 후 교사가 영아의 발을 잡아 영아의 입으로 넣어 준 후 발을 빨게 한다.
- 빨지 못하면 교사가 영아의 발을 잡아 영아의 입으로 넣어 준 후 발을 빠는 동작을 반복해 준다.
- 수행되면 교사가 영아의 발을 잡아 입 가까이 대 준 후 영아에게 발을 빨게 한다.
- 도움을 점차 줄여 간다.
- 수행되면 영아를 담요 위에 눕힌 후 스스로 자기 발을 빨게 한다.
- 수행되면 영아의 특성에 맞는 적절한 강화제를 제공한다.

11 턱 들기

목표 | 턱을 들 수 있다.

자료 | 강화제

방법 ❶

- 교사가 앉아서 턱을 드는 시범을 보인다.
- 교사가 영아를 가슴에 안은 후 영아에게 교사를 모방하여 턱을 들게 한다.
- 수행되면 영아를 가슴에 안은 후 영아 스스로 턱을 들게 한다.
- 수행되면 영아의 특성에 맞는 적절한 강화제를 제공한다.

방법 ❷

- 교사가 앉아서 턱을 드는 시범을 보인다.
- 교사가 영아를 가슴에 안은 후 영아에게 교사를 모방하여 턱을 들게 한다.
- 모방하지 못하면 영아를 가슴에 안은 후 교사가 영아의 턱을 잡아 들어 준다.
- 들지 못하면 교사가 영아의 턱을 잡아 턱을 드는 동작을 반복해 준다.
- 수행되면 교사가 영아의 턱에 손을 살짝 대 준 후 영아에게 턱을 들게 한다.
- 도움을 점차 줄여 간다.
- 수행되면 영아를 가슴에 안은 후 영아 스스로 턱을 들게 한다.
- 수행되면 영아의 특성에 맞는 적절한 강화제를 제공한다.

12 목 가누기 0~1세

목표 | 목을 가눌 수 있다.
자료 | 강화제

방법 ❶

- 교사가 영아를 똑바로 세워 안아 영아의 목에 손을 받쳐 준 후 목을 가누게 해 준다.
- 교사가 영아를 똑바로 세워 안아 영아의 목을 교사의 가슴에 닿게 한 후 목을 가누게 한다.
- 수행되면 교사가 영아를 똑바로 세워 안을 때 영아 스스로 목을 가누게 한다.
- 수행되면 영아의 특성에 맞는 적절한 강화제를 제공한다.

방법 ❷

- 교사가 영아를 똑바로 세워 안아 영아의 목에 손을 받쳐 준 후 목을 가누게 해 준다.
- 교사가 영아를 똑바로 세워 안아 영아의 목을 교사의 가슴에 닿게 한 후 목을 가누게 한다.
- 가누지 못하면 교사가 영아의 목에 손을 받쳐 준 후 목을 가누는 동작을 반복해 준다.
- 교사가 영아의 목에 손을 살짝 받쳐 준 후 목을 가누게 한다.
- 도움을 점차 줄여 간다.
- 수행되면 교사가 영아를 똑바로 세워 안을 때 영아 스스로 목을 가누게 한다.
- 수행되면 영아의 특성에 맞는 적절한 강화제를 제공한다.

13 엎드린 상태에서 머리 90도 정도 들기 `0~1세`

목표 | 엎드린 상태에서 머리를 90도 정도 들 수 있다.
자료 | 담요(매트), 강화제

방법 ❶
- 교사가 담요(매트) 위에 엎드린 상태에서 머리를 90도 정도 드는 시범을 보인다.
- 영아를 담요 위에 엎드려 준 후 교사를 모방하여 머리를 90도 정도 들게 한다.
- 수행되면 영아를 담요 위에 엎드려 준 후 스스로 머리를 90도 정도 들게 한다.
- 수행되면 영아의 특성에 맞는 적절한 강화제를 제공한다.

방법 ❷
- 교사가 담요(매트) 위에 엎드린 상태에서 머리를 90도 정도 드는 시범을 보인다.
- 영아를 담요 위에 엎드려 준 후 교사를 모방하여 엎드린 상태에서 머리를 90도 정도 들게 한다.
- 모방하지 못하면 영아를 담요 위에 엎드린 후 교사가 영아의 머리를 잡고 90도 정도 들어 올려 준다.
- 교사가 영아를 담요 위에 엎드린 다음 영아의 머리를 잡아 30도 정도 올려 준 후 영아에게 머리를 90도 정도 들게 한다.
- 수행되면 교사가 영아를 담요 위에 엎드린 다음 영아의 머리를 잡아 20도 정도 올려 준 후 영아에게 머리를 90도 정도 들게 한다.
- 도움을 점차 줄여 간다.
- 수행되면 영아를 담요 위에 엎드려 준 후 엎드린 상태에서 영아 스스로 머리를 90도 정도 들게 한다.
- 수행되면 영아의 특성에 맞는 적절한 강화제를 제공한다.

14 엎드린 상태에서 고개 잠깐 들었다 내리기　　

목표 ┃ 엎드린 상태에서 고개를 잠깐 들었다 내릴 수 있다.

자료 ┃ 담요(매트), 강화제

방법 ❶

- 교사가 담요(매트) 위에 엎드린 상태에서 고개를 잠깐 들었다 내리는 시범을 보인다.
- 교사가 담요 위에 영아를 엎드려 준 후 영아에게 고개를 잠깐 들었다 내리게 한다.
- 수행되면 교사가 담요 위에 영아를 엎드려 준 후 영아 스스로 고개를 잠깐 들었다 내리게 한다.
- 수행되면 영아의 특성에 맞는 적절한 강화제를 제공한다.

방법 ❷

- 교사가 담요(매트) 위에 엎드린 상태에서 고개를 잠깐 드는 시범을 보인다.
- 교사가 담요 위에 영아를 엎드려 준 후 영아에게 고개를 잠깐 들게 한다.
- 모방하지 못하면 교사가 담요 위에 영아를 엎드려 준 후 영아의 고개를 잠깐 들어 준다.
- 들지 못하면 교사가 영아의 고개를 잡고 잠깐 들어 주는 동작을 반복해 준다.
- 수행되면 교사가 영아의 고개에 손을 살짝 대 준 후 영아에게 고개를 들게 한다.
- 도움을 점차 줄여 간다.
- 수행되면 교사가 담요 위에 영아를 엎드려 준 후 영아 스스로 고개를 잠깐 들게 한다.
- 수행되면 교사가 담요 위에 엎드린 상태에서 고개를 잠깐 내리는 시범을 보인다.
- 교사가 담요 위에 영아를 엎드려 준 후 영아에게 고개를 잠깐 내리게 한다.
- 모방하지 못하면 교사가 담요 위에 영아를 엎드려 준 후 영아의 고개를 잠깐 들게

지도한 깃과 같은 방법으로 지도한다.

- 수행되면 교사가 담요 위에 영아를 엎드려 준 후 영아 스스로 고개를 잠깐 내리게 한다.
- 수행되면 교사가 담요 위에 엎드린 상태에서 고개를 잠깐 들었다 내리는 시범을 보인다.
- 교사가 담요 위에 영아를 엎드려 준 후 영아의 고개를 잠깐 들었다 내리게 한다.
- 수행되면 교사가 담요 위에 영아를 엎드려 준 후 영아 스스로 고개를 잠깐 들었다 내리게 한다.
- 수행되면 영아의 특성에 맞는 적절한 강화제를 제공한다.

15 도움받아 앉기 0~1세

목표 | 도움받아 앉을 수 있다.
자료 | 담요(매트), 영아가 좋아하는 장난감, 강화제

방법 ❶
- 교사가 담요(매트) 위에 앉는 시범을 보인다.
- 교사가 예를 들어 영아를 교사의 다리 사이에 앉힌 후 양손을 잡아 준 다음 교사를 모방하여 앉아 보게 한다.
- 수행되면 교사가 영아를 교사의 다리 사이에 앉힌 후 양손을 잡아 준 다음 영아 스스로 앉아 보게 한다.
- 수행되면 영아의 특성에 맞는 적절한 강화제를 제공한다.

방법 ❷
- 교사가 담요(매트) 위에 앉는 시범을 보인다.

- 교사가 영아를 담요 위에 앉힌 후, 예를 들어 영아의 양쪽 겨드랑이에 두 손을 넣어 잡아 준 다음 교사를 모방하여 앉아 보게 한다.
- 모방하지 못하면 영아를 담요 위에 앉힌 후 영아의 양쪽 겨드랑이에 두 손을 넣어 잡아 준 다음 앉는 동작을 반복해 준다.
- 도움을 점차 줄여 간다.
- 수행되면 교사가 담요 위에 앉힌 후 영아의 양쪽 겨드랑이에 두 손을 넣어 잡아 준 다음 앉아 보게 한다.
- 수행되면 영아의 특성에 맞는 적절한 강화제를 제공한다.

☞ 영아가 균형을 잘 잡을 수 있도록 양다리를 벌려 준 후 앉기 지도를 하면 좀 더 쉽게 습득이 가능하다.

☞ 교사의 다리 사이에 영아를 앉힌 후 교사가 양손이나 겨드랑이를 잡아 주는 대신 영아가 교사의 다리를 붙잡고 앉아 있게 해도 무방하다.

☞ 영아 앞에 좋아하는 장난감을 놓아 주면 앉아 있는 시간을 늘릴 수 있어 혼자 앉기를 지도할 때 도움이 된다.

☞ 짐볼 위에 영아를 앉힌 후 교사가 양쪽 겨드랑이에 두 손을 넣어 잡아 준 다음 영아가 앉아 있을 수 있도록 해 주면 영아의 흥미를 유발할 수 있다.

16 엎드린 상태에서 고개 들기 0~1세

목표 | 엎드린 상태에서 고개를 들 수 있다.

자료 | 담요(매트), 강화제

방법 ❶

- 교사가 담요(매트) 위에 엎드린 상태에서 고개를 드는 시범을 보인다.
- 교사가 담요 위에 영아를 엎드려 준 후 영아에게 고개를 들게 한다.
- 수행되면 교사가 담요 위에 영아를 엎드려 준 후 영아 스스로 고개를 들게 한다.
- 수행되면 영아의 특성에 맞는 적절한 강화제를 제공한다.

방법 ❷

- 교사가 담요(매트) 위에 엎드린 상태에서 고개를 드는 시범을 보인다.
- 교사가 담요 위에 영아를 엎드려 준 후 영아에게 고개를 들게 한다.
- 모방하지 못하면 교사가 담요 위에 영아를 엎드려 준 후 영아의 고개를 손으로 받쳐 준다.
- 들지 못하면 교사가 영아의 고개를 손으로 받쳐 들어 주는 동작을 반복해 준다.
- 수행되면 교사가 영아의 고개에 손을 살짝 대 준 후 영아에게 고개를 들게 한다.
- 도움을 점차 줄여 간다.
- 수행되면 교사가 담요 위에 영아를 엎드려 준 후 영아 스스로 고개를 들게 한다.
- 수행되면 영아의 특성에 맞는 적절한 강화제를 제공한다.

17 엎드려서 팔 짚고 가슴 들기 `0~1세`

목표 | 엎드려서 팔 짚고 가슴을 들 수 있다.

자료 | 담요(매트), 강화제

방법 ❶

- 교사가 담요(매트) 위에 엎드려서 팔꿈치와 손목을 바닥에 대고 가슴을 드는 시범을 보인다.
- 영아를 담요 위에 엎드려 준 후 팔꿈치와 손목을 바닥에 대고 가슴을 들게 한다.
- 수행되면 영아를 담요 위에 엎드려 준 후 스스로 팔꿈치와 손목을 바닥에 대고 가슴을 들게 한다.
- 수행되면 영아의 특성에 맞는 적절한 강화제를 제공한다.

방법 ❷

- 교사가 담요(매트) 위에 엎드려서 팔꿈치와 손목을 바닥에 대고 가슴을 드는 시범을 보인다.
- 영아를 담요 위에 엎드려 준 후 팔꿈치와 손목을 바닥에 대고 가슴을 들게 한다.
- 모방하지 못하면 영아를 담요 위에 엎드려 준 후 교사가 영아의 팔꿈치와 손목을 바닥에 닿게 해 준 다음 손으로 가슴을 들어 준다.
- 들지 못하면 영아를 담요 위에 엎드려 준 후 교사가 영아의 팔꿈치와 손목을 바닥에 닿게 해 준 다음 손으로 가슴을 들어 주는 동작을 반복해 준다.
- 수행되면 영아를 담요 위에 엎드려 준 후 교사가 팔꿈치와 손목을 바닥에 닿게 해 준 다음 가슴을 들게 한다.
- 도움을 점차 줄여 간다.
- 수행되면 영아를 담요 위에 엎드려 준 후 스스로 팔꿈치와 손목을 바닥에 대고 가

숨을 들게 한다.

• 수행되면 영아의 특성에 맞는 적절한 강화제를 제공한다.

18 누워서 자기 발 잡고 놀기　　0~1세

목표 | 누워서 자기 발을 잡고 놀 수 있다.

자료 | 담요(매트), 강화제

방법 ❶

- 교사가 담요(매트) 위에 누워 자기 발을 잡고 노는 시범을 보인다.
- 영아를 담요 위에 눕힌 후 교사를 모방하여 자기 발을 잡고 놀게 한다.
- 수행되면 영아를 담요 위에 눕힌 후 스스로 자기 발을 잡고 놀게 한다.
- 수행되면 영아의 특성에 맞는 적절한 강화제를 제공한다.

방법 ❷

- 교사가 담요(매트) 위에 누워 자기 발을 잡고 노는 시범을 보인다.
- 영아를 담요 위에 눕힌 후 교사를 모방하여 자기 발을 잡고 놀게 한다.
- 모방하지 못하면 영아를 담요 위에 눕힌 후 교사가 영아의 발을 잡아 영아가 손으로 잡게 해 준 다음 발을 가지고 놀게 한다.
- 발을 가지고 놀지 못하면 교사가 영아의 발을 잡아 영아가 손으로 잡게 해 준 다음 발을 가지고 노는 동작을 반복해 준다.
- 수행되면 교사가 영아의 발을 잡아 영아의 손 가까이 대 준 다음 영아에게 발을 가지고 놀게 한다.
- 도움을 점차 줄여 간다.
- 수행되면 영아를 담요 위에 눕힌 후 스스로 자기 발을 가지고 놀게 한다.
- 수행되면 영아의 특성에 맞는 적절한 강화제를 제공한다.

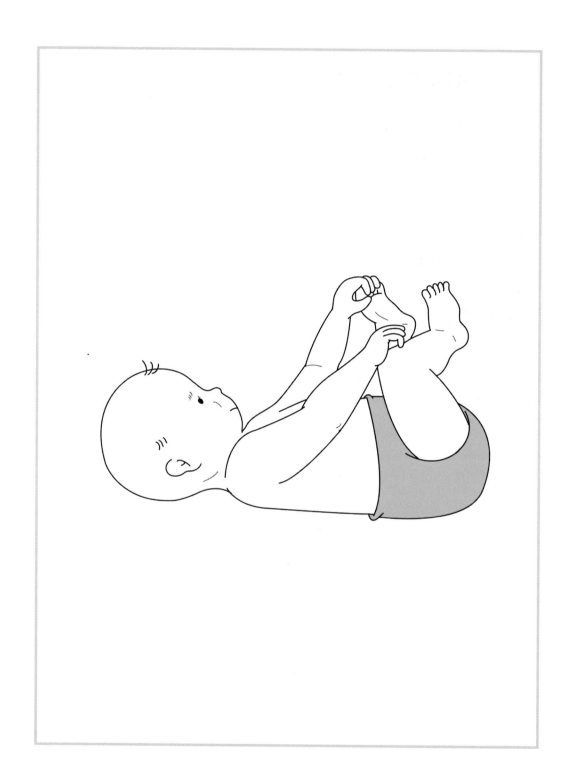

19 앉혀 주면 양손 짚고 30초 이상 버티기 `0~1세`

목표 | 앉혀 주면 양손을 짚고 30초 이상 버틸 수 있다.

자료 | 담요(매트), 강화제

방법 ❶

- 도움받아 앉기는 앞 단계에서 수행하였으므로 확인한 후 시행한다.
- 교사가 담요(매트) 위에 앉아서 양손을 짚고 30초 이상 버티는 시범을 보인다.
- 교사가 영아를 담요 위에 앉힌 후 교사를 모방하여 양손을 짚고 30초 이상 버티게 한다.
- 수행되면 영아를 담요 위에 앉힌 후 영아 스스로 양손을 짚고 30초 이상 버티게 한다.
- 수행되면 영아의 특성에 맞는 적절한 강화제를 제공한다.

방법 ❷

- 도움받아 앉기는 앞 단계에서 수행하였으므로 확인한 후 시행한다.
- 교사가 담요(매트) 위에 앉아서 양손을 짚고 30초 이상 버티는 시범을 보인다.
- 교사가 영아를 담요 위에 앉힌 후 교사를 모방하여 양손을 짚고 30초 이상 버티게 한다.
- 모방하지 못하면 교사가 영아를 담요 위에 앉힌 후 영아의 양손을 바닥에 짚게 해 준 다음 영아의 몸을 받쳐서 30초 이상 버티게 해 준다.
- 버티지 못하면 교사가 영아의 양손을 바닥에 짚게 해 준 다음 교사의 손으로 영아의 몸을 받쳐 30초 이상 버티는 동작을 반복해 준다.
- 수행되면 교사가 영아를 담요 위에 앉힌 후 양손으로 바닥을 짚게 해 준 다음 교사의 손으로 영아의 몸을 받쳐 30초 이상 버티게 한다.

- 도움을 점차 줄여 간다.
- 수행되면 영아를 담요 위에 앉힌 후 영아 스스로 양손을 짚고 30초 이상 버티게 한다.
- 수행되면 영아의 특성에 맞는 적절한 강화제를 제공한다.

☞ 영아가 균형을 잘 잡을 수 있도록 양다리를 벌려 준 후 앉기 지도를 하면 좀 더 쉽게 습득이 가능하다.

20 양쪽 겨드랑이 잡아 주면 고개 꼿꼿이 들기 `0~1세`

목표 | 양쪽 겨드랑이를 잡아 주면 고개를 꼿꼿이 들 수 있다.
자료 | 강화제

방법 ❶

- 교사가 앉아서 고개를 꼿꼿이 드는 시범을 보인다.
- 교사가 영아의 양쪽 겨드랑이를 잡아 준 후 영아에게 교사를 모방하여 고개를 꼿꼿이 들게 한다.
- 수행되면 영아의 양쪽 겨드랑이를 잡아 준 후 영아 스스로 고개를 꼿꼿이 들게 한다.
- 수행되면 영아의 특성에 맞는 적절한 강화제를 제공한다.

방법 ❷

- 교사가 앉아서 고개를 꼿꼿이 드는 시범을 보인다.
- 교사가 영아의 양쪽 겨드랑이를 잡아 준 후 영아에게 교사를 모방하여 고개를 꼿꼿이 들게 한다.
- 모방하지 못하면 교사가 영아의 양쪽 겨드랑이를 잡아 준 후 영아의 고개를 잡아 꼿꼿이 들어 준다.
- 들지 못하면 교사가 영아의 양쪽 겨드랑이를 잡아 준 후 영아의 고개를 잡아 꼿꼿이 들어 주는 동작을 반복해 준다.
- 수행되면 교사가 영아의 양쪽 겨드랑이를 잡아 준 후 영아의 고개에 손을 살짝 대 준 다음 고개를 꼿꼿이 들게 한다.
- 도움을 점차 줄여 간다.
- 수행되면 영아의 양쪽 겨드랑이를 잡아 준 후 영아 스스로 고개를 꼿꼿이 들게 한다.
- 수행되면 영아의 특성에 맞는 적절한 강화제를 제공한다.

☞ 같은 방법으로 끌어안을 때도 고개를 꼿꼿이 들 수 있도록 지도하면 된다.

21 받쳐 주면 앉기 〔0~1세〕

목표 | 받쳐 주면 앉을 수 있다.

자료 | 쿠션(담요), 강화제

방법 ❶

- 앉혀 주면 양손 짚고 30초 이상 버티기는 앞 단계에서 수행하였으므로 확인한 후 시행한다.
- 교사가 등에 쿠션(담요)을 댄 후 앉는 시범을 보인다.
- 교사가 영아의 등에 쿠션을 대 준 후 앉아 보게 한다.
- 수행되면 교사가 영아의 등에 쿠션을 대 준 후 영아 스스로 앉아 보게 한다.
- 수행되면 영아의 특성에 맞는 적절한 강화제를 제공한다.

방법 ❷

- 앉혀 주면 양손 짚고 30초 이상 버티기는 앞 단계에서 수행하였으므로 확인한 후 시행한다.
- 교사가 등에 쿠션(담요)을 댄 후 앉는 시범을 보인다.
- 교사가 영아의 등에 쿠션을 대 준 후 앉아 보게 한다.
- 앉지 못하면 교사가 영아의 등에 쿠션을 대 준 후 영아의 허리를 잡아 앉아 보게 한다.
- 앉지 못하면 교사가 영아의 등에 쿠션을 대 준 후 영아의 허리를 잡아 앉는 동작을 반복해 준다.
- 도움을 점차 줄여 간다.

- 수행되면 교사가 영아의 등에 쿠션을 대 준 후 영아 스스로 앉아 보게 한다.
- 수행되면 영아의 특성에 맞는 적절한 강화제를 제공한다.

☞ 영아가 균형을 잘 잡을 수 있도록 양다리를 벌리게 한 후 앉기 지도를 하면 좀 더 쉽게 습득이 가능하다.

22 누운 상태에서 몸을 발로 밀치며 엉덩이 들기 [0~1세]

목표 | 누운 상태에서 몸을 발로 밀치며 엉덩이를 들 수 있다.
자료 | 담요(매트), 강화제

방법 ❶
- 교사가 담요(매트) 위에 누운 상태에서 몸을 발로 밀치며 엉덩이를 드는 시범을 보인다.
- 교사가 영아를 담요 위에 눕힌 후 영아가 발로 밀치며 엉덩이를 들게 해 준다.
- 수행되면 영아를 담요 위에 눕힌 후 영아 스스로 몸을 발로 밀치며 엉덩이를 들게 한다.
- 수행되면 영아의 특성에 맞는 적절한 강화제를 제공한다.

방법 ❷
- 교사가 담요(매트) 위에 누운 상태에서 몸을 발로 밀치며 엉덩이를 드는 시범을 보인다.
- 교사가 영아를 담요 위에 눕힌 후 영아의 몸을 발로 밀치며 엉덩이를 들게 해 준다.
- 모방하지 못하면 교사가 영아를 담요 위에 눕힌 후 영아가 발로 밀칠 수 있도록 발을 움직여 준 다음 엉덩이를 들게 해 준다.

- 들지 못하면 교사가 영아를 담요 위에 눕힌 후 영아가 발로 밀칠 수 있도록 발을 움직여 준 다음 엉덩이를 드는 동작을 반복해 준다.
- 수행되면 교사가 영아를 담요 위에 눕힌 후 영아의 엉덩이 밑에 양손을 받쳐 주어 몸을 발로 밀칠 수 있도록 해 준다.
- 도움을 점차 줄여 간다.
- 수행되면 교사가 영아를 담요 위에 눕힌 후 영아 스스로 몸을 발로 밀치며 엉덩이를 들게 한다.
- 수행되면 영아의 특성에 맞는 적절한 강화제를 제공한다.

23 스스로 고개 돌리기 0~1세

목표 | 스스로 고개를 돌릴 수 있다.
자료 | 담요(매트), 강화제

방법 ❶
- 누워서 머리를 좌우로 돌리는 것은 수행하였으므로 확인한 후 시행한다.
- 교사가 담요(매트) 위에 앉아 스스로 고개를 돌리는 시범을 보인다.
- 영아를 담요 위에 앉힌 후 교사를 모방하여 고개를 돌리게 한다.
- 수행되면 영아를 담요 위에 앉힌 후 영아 스스로 고개를 돌리게 한다.
- 수행되면 영아의 특성에 맞는 적절한 강화제를 제공한다.

방법 ❷
- 누워서 머리를 좌우로 돌리는 것은 수행하였으므로 확인한 후 시행한다.
- 교사가 담요(매트) 위에 앉아 스스로 고개를 돌리는 시범을 보인다.
- 영아를 담요 위에 앉힌 후 교사를 모방하여 고개를 돌리게 한다.

- 모방하지 못하면 교사가 영아를 담요 위에 앉힌 후 영아의 고개를 잡고 돌려 준다.
- 교사가 영아의 고개에 살짝 손을 대 준 후 영아에게 고개를 돌리게 한다.
- 도움을 점차 줄여 간다.
- 수행되면 교사가 영아를 담요 위에 앉힌 후 영아 스스로 고개를 돌리게 한다.
- 수행되면 영아의 특성에 맞는 적절한 강화제를 제공한다.

24 누운 자세에서 엎드린 자세로 뒤집기 0~1세

목표 | 누운 자세에서 엎드린 자세로 뒤집을 수 있다.
자료 | 담요(매트), 강화제

방법 ❶
- 교사가 담요(매트) 위에 누워서 누운 자세에서 엎드린 자세로 뒤집는 시범을 보인다.
- 교사가 영아를 담요 위에 눕힌 후 영아에게 교사를 모방하여 누운 자세에서 엎드린 자세로 뒤집어 보게 한다.
- 수행되면 교사가 영아를 담요 위에 눕힌 후 영아 스스로 누운 자세에서 엎드린 자세로 뒤집어 보게 한다.
- 수행되면 영아의 특성에 맞는 적절한 강화제를 제공한다.

방법 ❷
- 교사가 담요(매트) 위에 누워서 누운 자세에서 엎드린 자세로 뒤집는 시범을 보인다.
- 교사가 영아를 담요 위에 눕힌 후 영아에게 교사를 모방하여 누운 자세에서 엎드린 자세로 뒤집어 보게 한다.
- 모방하지 못하면 영아를 담요 위에 눕힌 후 교사가 영아의 몸을 양손으로 잡아 누운 자세에서 엎드린 자세로 뒤집어 준다.

- 뒤집지 못하면 영아를 담요 위에 눕힌 후 교사가 영아의 몸을 양손으로 잡아 누운 자세에서 엎드린 자세로 뒤집어 주는 동작을 반복해 준다.
- 수행되면 교사가 영아의 몸을 양손으로 잡아 누운 자세에서 엎드린 자세로 3/4쯤 뒤집어 준 후 뒤집어 보게 한다.
- 수행되면 교사가 영아의 몸을 양손으로 잡아 누운 자세에서 엎드린 자세로 2/4쯤 뒤집어 준 후 뒤집어 보게 한다.
- 수행되면 교사가 영아의 몸을 양손으로 잡아 누운 자세에서 엎드린 자세로 1/4쯤 뒤집어 준 후 뒤집어 보게 한다.
- 도움을 점차 줄여 간다.
- 수행되면 영아를 담요 위에 눕힌 후 영아 스스로 누운 자세에서 엎드린 자세로 뒤집어 보게 한다.
- 수행되면 영아의 특성에 맞는 적절한 강화제를 제공한다.

25 손 짚지 않고 앉아 있기　　0~1세

목표 | 앉혀 주면 손을 짚지 않고 앉아 있을 수 있다.

자료 | 담요(매트), 강화제

방법 ❶

- 받쳐 주면 앉기는 앞 단계에서 수행하였으므로 확인한 후 시행한다.
- 교사가 담요(매트) 위에서 손을 짚지 않고 앉아 있는 시범을 보인다.
- 교사가 영아를 담요 위에 앉힌 후 교사를 모방하여 손을 짚지 않고 앉아 있게 한다.
- 수행되면 교사가 영아를 담요 위에 앉힌 후 영아 스스로 손을 짚지 않고 앉아 있게 한다.
- 수행되면 영아의 특성에 맞는 적절한 강화제를 제공한다.

- 받쳐 주면 앉기는 앞 단계에서 수행하였으므로 확인한 후 시행한다.
- 교사가 담요(매트) 위에서 손을 짚지 않고 앉아 있는 시범을 보인다.
- 교사가 영아를 담요 위에 앉힌 후 교사를 모방하여 손을 짚지 않고 앉아 있게 한다.
- 앉지 못하면 교사가 영아를 담요 위에 앉힌 후 영아의 몸을 받쳐서 손을 짚지 않고 앉아 있게 해 준다.
- 수행되면 교사가 영아를 담요 위에 앉힌 후 겨드랑이 부분을 양손으로 잡아 준 다음 영아가 손을 짚지 않고 앉아 있게 한다.
- 앉지 못하면 교사가 영아를 담요 위에 앉힌 후 영아의 몸을 받쳐서 손을 짚지 않고 앉아 있는 동작을 반복해 준다.
- 수행되면 교사가 영아를 담요 위에 앉힌 후 영아가 교사의 다리를 한 손으로 붙잡고 앉아 있게 하거나 한 손을 잡아 주어 손을 짚지 않고 앉아 있게 한다.
- 수행되면 교사가 영아를 담요 위에 앉힌 후 영아의 골반 위쪽 허리 부분을 살짝 잡아 준 다음 손을 짚지 않고 앉아 있게 한다.
- 도움을 점차 줄여 간다.
- 수행되면 교사가 영아를 담요 위에 앉힌 후 영아 스스로 손을 짚지 않고 앉아 있게 한다.
- 수행되면 영아의 특성에 맞는 적절한 강화제를 제공한다.

☞ 영아가 균형을 잘 잡을 수 있도록 양다리를 벌리게 한 후 앉기 지도를 하면 좀 더 쉽게 습득이 가능하다.

☞ 아직 골반과 허리를 완전히 안정감 있게 세우지는 못하지만 몸통에 힘이 생기기 시작하면 양손을 떼고도 앉아 있기가 가능해진다.

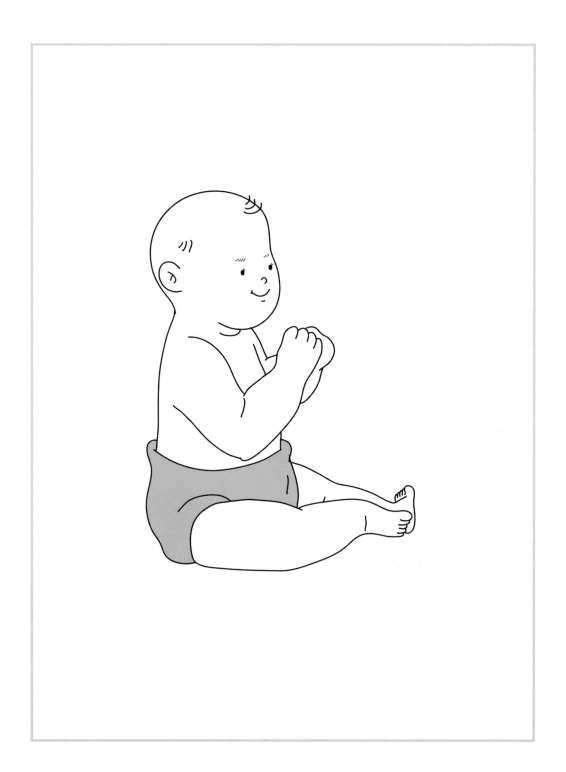

26 엎드린 자세에서 누운 자세로 뒤집기 0~1세

목표 | 엎드린 자세에서 누운 자세로 뒤집을 수 있다.
자료 | 담요(매트), 강화제

방법 ❶

- 교사가 담요(매트) 위에 누워서 엎드린 자세에서 누운 자세로 뒤집는 시범을 보인다.
- 교사가 영아를 담요 위에 눕힌 후 영아에게 교사를 모방하여 엎드린 자세에서 누운 자세로 뒤집어 보게 한다.
- 수행되면 영아를 담요 위에 눕힌 후 영아 스스로 엎드린 자세에서 누운 자세로 뒤집어 보게 한다.
- 수행되면 영아의 특성에 맞는 적절한 강화제를 제공한다.

방법 ❷

- 교사가 담요(매트) 위에 누워서 엎드린 자세에서 누운 자세로 뒤집는 시범을 보인다.
- 교사가 영아를 담요 위에 눕힌 후 영아에게 교사를 모방하여 엎드린 자세에서 누운 자세로 뒤집어 보게 한다.
- 모방하지 못하면 영아를 담요 위에 눕힌 후 교사가 영아의 몸을 양손으로 잡아 엎드린 자세에서 누운 자세로 뒤집어 준다.
- 뒤집지 못하면 영아를 담요 위에 눕힌 후 교사가 영아의 몸을 양손으로 잡아 엎드린 자세에서 누운 자세로 뒤집어 주는 동작을 반복해 준다.
- 수행되면 교사가 영아의 몸을 양손으로 잡아 엎드린 자세에서 누운 자세로 3/4쯤 뒤집어 준 후 뒤집어 보게 한다.
- 수행되면 교사가 영아의 몸을 양손으로 잡아 엎드린 자세에서 누운 자세로 2/4쯤

뒤집어 준 후 뒤집어 보게 한다.

- 수행되면 교사가 영아의 몸을 양손으로 잡아 엎드린 자세에서 누운 자세로 1/4쯤 뒤집어 준 후 뒤집어 보게 한다.
- 도움을 점차 줄여 간다.
- 수행되면 영아를 담요 위에 눕힌 후 영아 스스로 엎드린 자세에서 누운 자세로 뒤집어 보게 한다.
- 수행되면 영아의 특성에 맞는 적절한 강화제를 제공한다.

27 한쪽 방향으로 구르기   0~1세

목표 | 한쪽 방향으로 구를 수 있다.
자료 | 매트(담요), 강화제

방법 ❶

- 교사가 매트(담요) 위에 누워서 한쪽 방향으로 구르는 시범을 보인다.
- 교사가 영아를 매트 위에 눕힌 후 영아에게 교사를 모방하여 한쪽 방향으로 굴러 보게 한다.
- 수행되면 영아를 매트 위에 눕힌 후 영아 스스로 한쪽 방향으로 굴러 보게 한다.
- 수행되면 영아의 특성에 맞는 적절한 강화제를 제공한다.

방법 ❷

- 교사가 매트(담요) 위에 누워서 한쪽 방향으로 구르는 시범을 보인다.
- 교사가 영아를 매트 위에 눕힌 후 영아에게 교사를 모방하여 한쪽 방향으로 굴러 보게 한다.
- 모방하지 못하면 교사가 영아를 매트 위에 눕힌 후 한쪽 방향으로 굴려 준다.

- 구르지 못하면 교사가 영아를 매트 위에 눕힌 후 한쪽 방향으로 구르는 동작을 반복해 준다.
- 수행되면 교사가 영아를 매트 위에 눕힌 후 구르는 방향 쪽으로 영아의 몸을 틀어 준 다음 굴러 보게 한다.
- 도움을 점차 줄여 간다.
- 수행되면 영아를 매트 위에 눕힌 후 영아 스스로 한쪽 방향으로 굴러 보게 한다.
- 수행되면 영아의 특성에 맞는 적절한 강화제를 제공한다.

28 배밀이하기 0~1세

목표 | 배밀이를 할 수 있다.
자료 | 매트, 강화제

방법 ❶

- 교사가 매트 위에서 배밀이(배를 매트에 대고 앞으로 기기)를 하는 시범을 보인다.
- 교사가 영아의 배를 매트에 대 준 후 영아에게 교사를 모방하여 배밀이를 해 보게 한다.
- 수행되면 영아의 배를 매트에 대 준 후 영아 스스로 배밀이를 해 보게 한다.
- 수행되면 영아의 특성에 맞는 적절한 강화제를 제공한다.

방법 ❷

- 교사가 매트 위에서 배밀이(배를 매트에 대고 앞으로 기기)를 하는 시범을 보인다.
- 교사가 영아의 배를 매트에 대 준 후 영아에게 교사를 모방하여 배밀이를 해 보게 한다.
- 모방하지 못하면 교사가 영아의 배를 매트에 대 준 후 영아의 다리를 잡아 앞으로

기어갈 수 있도록 해 준다.

- 배밀이를 하지 못하면 교사가 영아의 배를 매트에 대 준 후 다리를 잡아 앞으로 기어가는 동작을 반복해 준다.
- 수행되면 교사가 영아의 배를 매트에 대 준 후 영아의 다리를 밀어 앞으로 기어갈 수 있도록 해 준다.
- 도움을 점차 줄여 간다.
- 수행되면 영아의 배를 매트에 대 준 후 영아 스스로 배밀이를 해 보게 한다.
- 수행되면 영아의 특성에 맞는 적절한 강화제를 제공한다.

☞ 매트보다 바닥이 배밀이를 지도하는 데 수월할 수 있다.

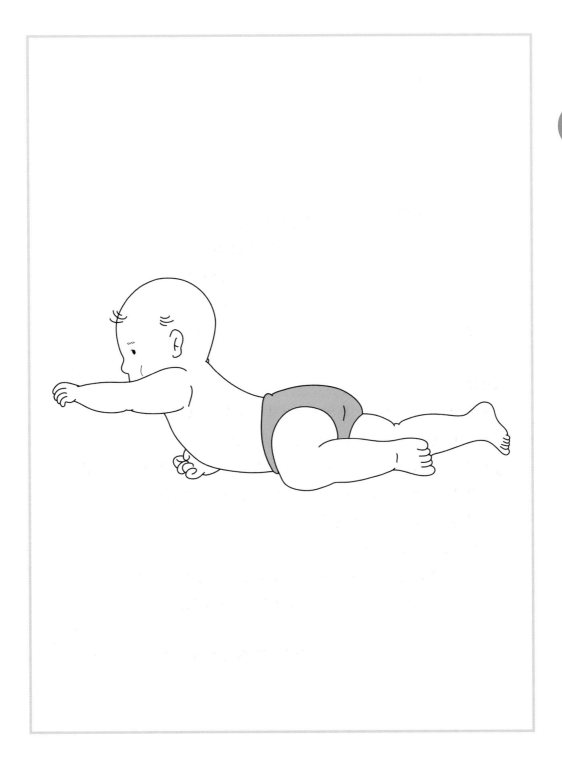

29 혼자 앉기

목표 | 혼자 앉을 수 있다.

자료 | 담요(매트), 강화제

방법 ❶

- 손 짚지 않고 앉아 있기는 앞 단계에서 수행하였으므로 확인한 후 시행한다.
- 교사가 담요(매트) 위에서 혼자 앉는 시범을 보인다.
- 교사가 영아를 담요 위에 올려 준 후 교사를 모방하여 혼자 앉아 보게 한다.
- 수행되면 교사가 영아를 담요 위에 올려 준 후 혼자 앉아 보게 한다.
- 수행되면 영아의 특성에 맞는 적절한 강화제를 제공한다.

방법 ❷

- 손 짚지 않고 앉아 있기는 앞 단계에서 수행하였으므로 확인한 후 시행한다.
- 교사가 담요(매트) 위에서 혼자 앉는 시범을 보인다.
- 교사가 영아를 담요 위에 올려 준 후 교사를 모방하여 혼자 앉아 보게 한다.
- 앉지 못하면 교사가 영아를 담요 위에 올려 준 후 영아의 등 뒤에 손을 살짝 대 준 다음 혼자 앉아 보게 해 준다.
- 도움을 점차 줄여 간다.
- 수행되면 교사가 영아를 담요 위에 올려 준 후 혼자 앉아 있게 한다.
- 수행되면 영아의 특성에 맞는 적절한 강화제를 제공한다.

☞ 영아가 균형을 잘 잡을 수 있도록 양다리를 벌려 준 후 앉기 지도를 하면 좀 더 쉽게 습득이 가능하다.

☞ 몸통에 힘이 생겨 손을 떼고도 몸을 반듯하게 세울 수 있고, 좌우로 몸을 안정감 있게 돌릴 수 있는 시기이므로 혼자 앉게 한 후 영아가 좋아하는 장난감을 제공하면 앉아 있는 시간을 자연스럽게 늘릴 수 있다.

30 기는 자세에서 한 손 뻗치기 0~1세

목표 | 기는 자세에서 한 손을 뻗칠 수 있다.
자료 | 매트(담요), 영아가 좋아하는 장난감, 강화제

방법 ❶

- 교사가 매트(담요) 위에 엎드려 기는 자세에서 한 손을 뻗는 시범을 보인다.
- 교사가 매트 위에 영아를 엎드려 준 후 영아에게 교사를 모방하여 기는 자세에서 한 손을 뻗어 보게 한다.
- 수행되면 매트 위에 영아를 엎드려 준 후 영아 스스로 기는 자세에서 한 손을 뻗어 보게 한다.
- 수행되면 영아의 특성에 맞는 적절한 강화제를 제공한다.

방법 ❷

- 교사가 매트(담요) 위에 엎드려 기는 자세에서 한 손을 뻗는 시범을 보인다.
- 교사가 매트 위에 영아를 엎드려 준 후 영아에게 교사를 모방하여 기는 자세에서 한 손을 뻗어 보게 한다.
- 모방하지 못하면 매트 위에 영아를 엎드려 준 후 기는 자세에서 교사가 영아의 한 손을 잡고 뻗어 준다.
- 뻗치지 못하면 매트 위에 영아를 엎드려 준 후 기는 자세에서 교사가 영아의 한 손을 잡고 뻗어 주는 동작을 반복해 준다.

- 수행되면 교사가 매트 위에 영아를 엎드려 준 후 영아가 좋아하는 장난감(예: 딸랑이)을 흔들어 영아가 장난감을 잡기 위해 한 손을 뻗치도록 해 준다.
- 도움을 점차 줄여 간다.
- 수행되면 교사가 매트 위에 영아를 엎드려 준 후 영아 스스로 기는 자세에서 한 손을 뻗어 보게 한다.
- 수행되면 영아의 특성에 맞는 적절한 강화제를 제공한다.

31 누운 상태에서 머리 들기 0~1세

목표 ┃ 누운 상태에서 머리를 들 수 있다.
자료 ┃ 담요(매트), 강화제

방법 ❶
- 교사가 담요(매트) 위에 누운 상태에서 머리를 드는 시범을 보인다.
- 영아를 담요 위에 눕힌 후 교사를 모방하여 머리를 들게 한다.
- 수행되면 영아를 담요 위에 눕힌 후 스스로 머리를 들게 한다.
- 수행되면 영아의 특성에 맞는 적절한 강화제를 제공한다.

방법 ❷
- 교사가 담요(매트) 위에 누운 상태에서 머리를 드는 시범을 보인다.
- 영아를 담요 위에 눕힌 후 교사를 모방하여 머리를 들게 한다.
- 모방하지 못하면 영아를 담요 위에 눕힌 후 교사가 영아의 고개를 잡고 머리를 들어 준다.
- 들지 못하면 교사가 영아의 고개를 잡아 머리를 드는 동작을 반복해 준다.
- 수행되면 교사가 영아의 고개에 손을 살짝 대 준 후 영아에게 머리를 들게 한다.

- 도움을 점차 줄여 간다.
- 수행되면 영아를 담요 위에 눕힌 후 스스로 머리를 들게 한다.
- 수행되면 영아의 특성에 맞는 적절한 강화제를 제공한다.

32 기는 자세에서 한쪽 무릎 앞쪽으로 끌기 0~1세

목표 | 기는 자세에서 한쪽 무릎을 앞쪽으로 끌 수 있다.
자료 | 매트(담요), 강화제

방법 ❶
- 교사가 매트(담요) 위에 엎드려 한쪽 무릎을 앞쪽으로 끄는 시범을 보인다.
- 교사가 매트 위에 영아를 엎드려 준 후 영아에게 교사를 모방하여 한쪽 무릎을 앞쪽으로 끌어 보게 한다.
- 수행되면 매트 위에 영아를 엎드려 준 후 영아 스스로 한쪽 무릎을 앞쪽으로 끌어 보게 한다.
- 수행되면 영아의 특성에 맞는 적절한 강화제를 제공한다.

방법 ❷
- 교사가 매트(담요) 위에 엎드려 한쪽 무릎을 앞쪽으로 끄는 시범을 보인다.
- 교사가 매트 위에 영아를 엎드려 준 후 영아에게 교사를 모방하여 한쪽 무릎을 앞쪽으로 끌어 보게 한다.
- 모방하지 못하면 매트 위에 영아를 엎드려 준 후 교사가 영아의 한쪽 무릎을 잡고 앞쪽으로 끌어 준다.
- 끌지 못하면 매트 위에 영아를 엎드려 준 후 교사가 영아의 한쪽 무릎을 잡고 앞쪽으로 끌어 주는 동작을 반복해 준다.

55

- 수행되면 매트 위에 영아를 엎드려 준 후 교사가 영아의 한쪽 무릎에 손을 대 준 다음 무릎을 앞쪽으로 끌어 보게 한다.
- 도움을 점차 줄여 간다.
- 수행되면 매트 위에 영아를 엎드려 준 후 영아 스스로 한쪽 무릎을 앞쪽으로 끌어 보게 한다.
- 수행되면 영아의 특성에 맞는 적절한 강화제를 제공한다.

33 팔을 앞과 옆으로 뻗기 0~1세

목표 | 팔을 앞과 옆으로 뻗을 수 있다.
자료 | 강화제

방법 ❶
- 교사가 팔을 앞과 옆으로 뻗는 시범을 보인다.
- 영아에게 교사를 모방하여 팔을 앞과 옆으로 뻗어 보게 한다.
- 수행되면 영아 스스로 팔을 앞과 옆으로 뻗어 보게 한다.
- 수행되면 영아의 특성에 맞는 적절한 강화제를 제공한다.

방법 ❷
- 교사가 팔을 앞으로 뻗는 시범을 보인다.
- 영아에게 교사를 모방하여 팔을 앞으로 뻗어 보게 한다.
- 모방하지 못하면 교사가 영아의 팔을 잡고 앞으로 뻗어 준다.
- 교사가 영아의 팔 밑에 손을 살짝 대 준 후 영아에게 앞으로 뻗어 보게 한다.
- 뻗지 못하면 교사가 영아의 팔을 잡아 앞으로 뻗는 동작을 반복해 준다.
- 도움을 점차 줄여 간다.

- 수행되면 영아 스스로 팔을 앞으로 뻗어 보게 한다.
- 수행되면 교사가 팔을 옆으로 뻗는 시범을 보인다.
- 영아에게 교사를 모방하여 팔을 옆으로 뻗어 보게 한다.
- 모방하지 못하면 팔을 앞으로 뻗는 것과 같은 방법으로 지도한다.
- 수행되면 영아 스스로 팔을 옆으로 뻗어 보게 한다.
- 수행되면 교사가 팔을 앞과 옆으로 뻗는 시범을 보인다.
- 영아에게 교사를 모방하여 팔을 앞과 옆으로 뻗어 보게 한다.
- 수행되면 영아 스스로 팔을 앞과 옆으로 뻗어 보게 한다.
- 수행되면 영아의 특성에 맞는 적절한 강화제를 제공한다.

34 양손과 무릎으로 기기   0~1세

목표 ┃ 양손과 무릎으로 길 수 있다.

자료 ┃ 매트(담요), 강화제

방법 ❶
- 교사가 매트(담요) 위에 엎드려 양손과 무릎으로 기는 시범을 보인다.
- 교사가 매트 위에 영아를 엎드려 준 후 영아에게 교사를 모방하여 양손과 무릎으로 기어 보게 한다.
- 수행되면 교사가 매트 위에 영아를 엎드려 준 후 영아 스스로 양손과 무릎으로 기어 보게 한다.
- 수행되면 영아의 특성에 맞는 적절한 강화제를 제공한다.

방법 ❷

- 교사가 매트(담요) 위에 엎드려 오른쪽 팔을 앞으로 내민 후 왼쪽 무릎을 앞으로 당기는 시범을 보인다.
- 교사가 매트 위에 영아를 엎드려 준 후 영아에게 교사를 모방하여 오른쪽 팔을 앞으로 내민 후 왼쪽 무릎을 앞으로 당겨 보게 한다.
- 모방하지 못하면 매트 위에 영아를 엎드려 준 후 교사가 영아의 오른쪽 팔을 잡고 앞으로 내밀게 한 후 왼쪽 무릎을 잡고 앞으로 당기게 해 준다.
- 내밀거나 당기지 못하면 매트 위에 영아를 엎드려 준 후 교사가 영아의 오른쪽 팔을 잡고 앞으로 내밀게 한 후 왼쪽 무릎을 잡고 당기는 동작을 반복해 준다.
- 수행되면 교사가 매트 위에 영아를 엎드려 준 후 영아의 오른쪽 팔을 잡아 준 다음 영아에게 무릎을 당겨 보게 한다.
- 도움을 점차 줄여 간다.
- 수행되면 교사가 매트 위에 영아를 엎드려 준 후 영아 스스로 오른쪽 팔을 앞으로 내민 후 왼쪽 무릎을 앞으로 당겨 보게 한다.
- 수행되면 교사가 매트 위에 엎드려 왼쪽 팔을 앞으로 내민 후 오른쪽 무릎을 앞으로 당기는 시범을 보인다.
- 교사가 매트 위에 영아를 엎드려 준 후 영아에게 교사를 모방하여 왼쪽 팔을 앞으로 내민 후 오른쪽 무릎을 앞으로 당겨 보게 한다.
- 모방하지 못하면 오른쪽 팔을 잡고 앞으로 내밀게 한 후 왼쪽 무릎을 잡고 앞으로 당기게 한 것과 같은 방법으로 지도한다.
- 수행되면 교사가 매트 위에 영아를 엎드려 준 후 영아 스스로 왼쪽 팔을 앞으로 내민 후 오른쪽 무릎을 앞으로 당겨 보게 한다.
- 수행되면 교사가 매트 위에 엎드려 양손과 무릎으로 기는 시범을 보인다.
- 교사가 매트 위에 영아를 엎드려 준 후 영아에게 교사를 모방하여 양손과 무릎으로 기어 보게 한다.
- 수행되면 교사가 매트 위에 영아를 엎드려 준 후 영아 스스로 양손과 무릎으로 기

어 보게 한다.

• 수행되면 영아의 특성에 맞는 적절한 강화제를 제공한다.

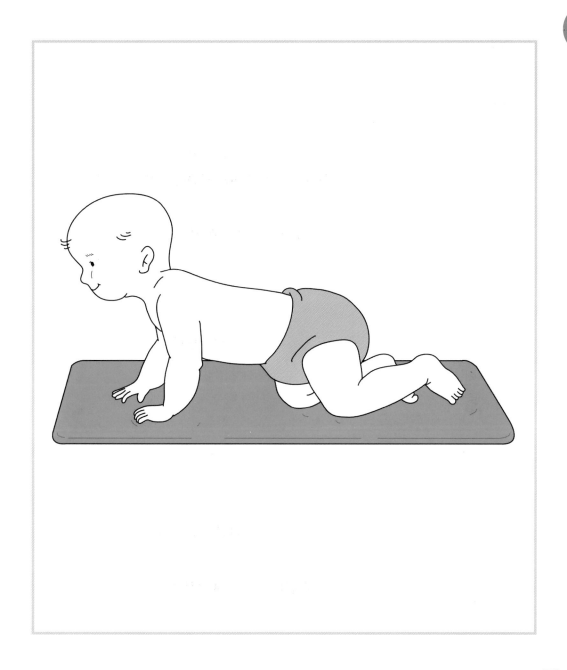

35 도움받아 서기

0~1세

목표 | 도움을 받아 설 수 있다.
자료 | 강화제

방법 ❶

- 교사가 자리에 앉았다가 서는 시범을 보인다.
- 영아를 자리에 앉힌 후 교사가 영아의 양손을 잡아 준 다음 서 보게 한다.
- 수행되면 영아를 자리에 앉힌 후 교사를 영아의 양손을 잡아 줄 때 스스로 서 보게 한다.
- 수행되면 영아의 특성에 맞는 적절한 강화제를 제공한다.

방법 ❷

- 교사가 자리에 앉았다가 서는 시범을 보인다.
- 영아를 자리에 앉힌 후 교사가 영아의 양손을 잡아 준 다음 서 보게 한다.
- 서지 못하면 영아를 자리에 앉힌 후 교사가 영아의 키 높이만큼 앉아 영아의 양손을 교사의 어깨에 올려 잡게 한 다음 영아의 허리를 잡아 세워 준다.
- 서지 못하면 영아를 자리에 앉힌 후 교사가 영아의 키 높이만큼 앉아 영아의 양손을 교사의 어깨에 올려 잡게 한 다음 영아의 허리를 잡아 세워 주는 동작을 반복해 준다.
- 도움을 점차 줄여 간다.
- 수행되면 영아를 자리에 앉힌 후 교사가 영아의 양손을 잡아 줄 때 스스로 서 보게 한다.
- 수행되면 영아의 특성에 맞는 적절한 강화제를 제공한다.

☞ 한 사람은 영아의 앞에서 양손을 잡아 주고 한 사람은 뒤에서 허리를 잡아 설 수 있도록 도와주면 효과적이다.

36 몸을 받쳐 주면 머리를 자유롭게 움직이기 `0~1세`

목표 | 몸을 받쳐 주면 머리를 자유롭게 움직일 수 있다.
자료 | 강화제

방법 ❶

- 교사가 머리를 자유롭게 움직이는 시범을 보인다.
- 교사가 영아의 몸을 받쳐 준 후 영아에게 교사를 모방하여 머리를 자유롭게 움직여 보게 한다.
- 수행되면 교사가 영아의 몸을 받쳐 준 후 영아 스스로 머리를 자유롭게 움직여 보게 한다.
- 수행되면 영아의 특성에 맞는 적절한 강화제를 제공한다.

방법 ❷

- 교사가 머리를 자유롭게 움직이는 시범을 보인다.
- 교사가 영아의 몸을 받쳐 준 후 영아에게 교사를 모방하여 머리를 자유롭게 움직여 보게 한다.
- 모방하지 못하면 교사가 예를 들어 오른손으로 영아의 몸을 받쳐 준 다음 왼손으로 영아의 고개를 잡고 움직여 준다.
- 움직이지 못하면 교사가 오른손으로 영아의 몸을 받쳐 준 다음 왼손으로 영아의 고개를 잡고 움직여 주는 동작을 반복해 준다.
- 수행되면 교사가 오른손으로 영아의 몸을 받쳐 준 다음 왼손을 영아의 고개에 살

짝 대준 후 영아에게 머리를 자유롭게 움직여 보게 한다.

• 도움을 점차 줄여 간다.
• 수행되면 교사가 영아의 몸을 받쳐 준 후 영아 스스로 머리를 자유롭게 움직여 보게 한다.
• 수행되면 영아의 특성에 맞는 적절한 강화제를 제공한다.

37 원하지 않는 물건 밀어내기 0~1세

목표 | 원하지 않는 물건을 밀어낼 수 있다.
자료 | 영아가 싫어하는 장난감 또는 물건 등, 강화제

방법 ❶
• 교사가 원하지 않는 물건을 밀어내는 시범을 보인다.
• 교사가 영아 앞에 싫어하는 장난감이나 또는 물건 등을 제시한 후 밀어내 보게 한다.
• 수행되면 영아 앞에 싫어하는 장난감이나 또는 물건 등을 제시한 후 영아 스스로 밀어내 보게 한다.
• 수행되면 영아의 특성에 맞는 적절한 강화제를 제공한다.

방법 ❷
• 교사가 원하지 않는 물건을 밀어내는 시범을 보인다.
• 교사가 영아 앞에 싫어하는 장난감이나 또는 물건 등을 제시한 후 밀어내 보게 한다.
• 밀어내지 못하면 영아 앞에 싫어하는 장난감이나 또는 물건 등을 제시한 후 영아의 손을 잡고 원하지 않는 물건을 밀어내 준다.

- 밀어내지 못하면 교사가 영아의 손을 잡고 원하지 않는 물건을 밀어내는 동작을 반복해 준다.
- 수행되면 교사가 원하지 않는 물건에 영아의 손을 대 준 후 밀어내 보게 한다.
- 도움을 점차 줄여 간다.
- 수행되면 영아 앞에 싫어하는 장난감이나 또는 물건 등을 제시한 후 영아 스스로 밀어내 보게 한다.
- 수행되면 영아의 특성에 맞는 적절한 강화제를 제공한다.

38 앉아 있을 때 넘어지면 팔 펴기

목표 | 앉아 있을 때 넘어지면 팔을 펼 수 있다.

자료 | 매트(담요), 강화제

방법 ❶
- 교사가 매트(담요) 위에 앉아 넘어지면서 팔을 펴는 시범을 보인다.
- 교사가 영아를 매트 위에 앉힌 후 영아에게 교사를 모방하여 넘어지면서 팔을 펴 보게 한다.
- 수행되면 영아를 매트 위에 앉힌 후 스스로 넘어지면서 팔을 펴 보게 한다.
- 수행되면 영아의 특성에 맞는 적절한 강화제를 제공한다.

방법 ❷
- 교사가 매트(담요) 위에 앉아 넘어지면서 팔을 펴는 시범을 보인다.
- 교사가 영아를 매트 위에 앉힌 후 영아에게 교사를 모방하여 넘어지면서 팔을 펴 보게 한다.
- 모방하지 못하면 영아를 매트 위에 앉힌 후 교사가 영아를 살짝 넘어지게 하면서

팔을 펴 준다.

- 펴지 못하면 영아를 매트 위에 앉힌 후 교사가 영아를 살짝 넘어지게 하면서 팔을 펴는 동작을 반복해 준다.
- 수행되면 영아를 매트 위에 앉힌 후 교사가 영아를 살짝 넘어지게 하면서 영아에게 팔을 펴 보게 한다.
- 도움을 점차 줄여 간다.
- 수행되면 영아를 매트 위에 앉힌 후 스스로 넘어지면서 팔을 펴 보게 한다.
- 수행되면 영아의 특성에 맞는 적절한 강화제를 제공한다.

39 가구 붙잡고 서 있기 0~1세

목표 | 가구를 붙잡고 서 있을 수 있다.
자료 | 가구, 강화제

방법 ❶

- 도움받아 서기는 앞 단계에서 수행하였으므로 확인한 후 시행한다.
- 교사가 가구를 붙잡고 서 있는 시범을 보인다.
- 교사가 영아를 가구 가까이 세워 준 후 영아에게 교사를 모방하여 가구를 붙잡고 서 있게 한다.
- 수행되면 영아를 가구 가까이 세워 준 후 영아 스스로 가구를 붙잡고 서 있게 한다.
- 수행되면 영아의 특성에 맞는 적절한 강화제를 제공한다.

방법 ❷

- 도움받아 서기는 앞 단계에서 수행하였으므로 확인한 후 시행한다.

- 교사가 예를 들어 침대 울타리를 붙잡고 서 있는 시범을 보인다.
- 교사가 영아의 양손을 잡고 침대 옆에 세운 후 영아에게 교사를 모방하여 침대 울타리를 붙잡고 서 있게 한다.
- 모방하지 못하면 영아의 양손을 잡고 침대 옆에 세운 후 교사가 영아의 손을 잡아 침대 울타리를 붙잡아 서 있게 해 준다.
- 서 있지 못하면 교사가 영아의 양손을 잡고 침대 옆에 세운 후 영아의 손을 잡아 침대 울타리를 붙잡고 서 있는 동작을 반복해 준다.
- 수행되면 교사가 영아의 양손을 잡고 침대 옆에 세운 후 영아의 손을 잡아 침대 울타리에 대 준 다음 붙잡고 서 있게 한다.
- 도움을 점차 줄여 간다.
- 수행되면 교사가 영아의 양손을 잡고 침대 옆에 세운 후 영아 스스로 침대 울타리를 붙잡고 서 있게 한다.
- 수행되면 다른 가구를 붙잡고 서 있는 것도 침대 울타리를 붙잡고 서 있는 것과 같은 방법으로 지도한다.
- 수행되면 영아의 특성에 맞는 적절한 강화제를 제공한다.

☞ 가구를 붙잡고 서 있는 동안 영아가 좋아하는 장난감을 주거나 전신 거울을 준비해 서 있는 모습을 볼 수 있도록 해 주면 서 있는 활동에 영아가 흥미를 가질 수 있어 효과적이다.

40 좋아하는 물건에 손 내밀기 0~1세

목표 | 좋아하는 물건에 손을 내밀 수 있다.
자료 | 매트(담요), 영아가 좋아하는 물건, 강화제

방법 ❶

- 교사가 좋아하는 물건에 손을 내미는 시범을 보인다.
- 교사가 영아가 좋아하는 물건을 제시한 후 영아에게 교사를 모방하여 손을 내밀어 보게 한다.
- 수행되면 교사가 영아가 좋아하는 물건을 제시할 때 영아 스스로 손을 내밀어 보게 한다.
- 수행되면 영아의 특성에 맞는 적절한 강화제를 제공한다.

방법 ❷

- 교사가 좋아하는 물건에 손을 내미는 시범을 보인다.
- 교사가 영아가 좋아하는 물건을 제시한 후 영아에게 교사를 모방하여 손을 내밀어 보게 한다.
- 모방하지 못하면 영아가 좋아하는 물건을 제시한 후 교사가 영아의 손을 잡고 내밀어 준다.
- 내밀지 못하면 영아가 좋아하는 물건을 제시한 후 교사가 영아의 손을 잡고 내밀어 주는 동작을 반복해 준다.
- 수행되면 영아가 좋아하는 물건을 제시한 후 교사가 영아의 손을 좋아하는 물건 가까이 대 준 다음 영아에게 손을 내밀어 보게 한다.
- 도움을 점차 줄여 간다.
- 수행되면 교사가 영아가 좋아하는 물건을 제시할 때 영아 스스로 손을 내밀어 보게 한다.
- 수행되면 영아의 특성에 맞는 적절한 강화제를 제공한다.

☞ 영아가 좋아하는 장난감 중 소리 나는 장난감을 흔들어 영아에게 손을 내밀도록 지도하면 효과적이다.

41 5초 이상 혼자 서 있기 0~1세

목표 | 5초 이상 혼자 서 있을 수 있다.

자료 | 강화제

방법 ❶

- 가구 붙잡고 서기는 앞 단계에서 수행하였으므로 확인한 후 시행한다.
- 교사가 5초 이상 혼자 서 있는 시범을 보인다.
- 영아에게 교사를 모방하여 5초 이상 혼자 서 있어 보게 한다.
- 수행되면 영아 스스로 5초 이상 혼자 서 있어 보게 한다.
- 수행되면 영아의 특성에 맞는 적절한 강화제를 제공한다.

방법 ❷

- 가구 붙잡고 서기는 앞 단계에서 수행하였으므로 확인한 후 시행한다.
- 교사가 5초 이상 혼자 서 있는 시범을 보인다.
- 영아에게 교사를 모방하여 5초 이상 혼자 서 있어 보게 한다.
- 모방하지 못하면 교사가 3초 정도 영아의 손을 잡아 주거나 허리를 잡아 준 후 2초 동안 혼자 서 있어 보게 한다.
- 수행되면 교사가 1초 정도 영아의 손을 잡아 주거나 허리를 잡아 준 후 4초 동안 혼자 서 있어 보게 한다.
- 도움을 점차 줄여 간다.
- 수행되면 영아 스스로 5초 이상 혼자 서 있어 보게 한다.
- 수행되면 영아의 특성에 맞는 적절한 강화제를 제공한다.

☞ 서 있는 동안 영아가 좋아하는 장난감을 보여 주거나 소리 나는 장난감을 흔들어 주면서 시선을 유도하면 영아가 좀 더 오래 서 있을 수 있어 효과적이다.

누운 상태에서 양쪽으로 구르기   0~1세

목표 | 누운 상태에서 양쪽으로 구를 수 있다.

자료 | 매트(담요), 강화제

방법 ❶

- 한쪽 방향으로 구르기는 앞 단계에서 수행하였으므로 확인한 후 시행한다.
- 교사가 매트(담요) 위에 누워 오른쪽으로 구른 다음 왼쪽으로 구르는 시범을 보인다.
- 교사가 영아를 매트 위에 눕힌 후 영아에게 교사를 모방하여 오른쪽으로 구른 다음 왼쪽으로 굴러 보게 한다.
- 수행되면 교사가 영아를 매트 위에 눕힌 후 영아 스스로 오른쪽으로 구른 다음 왼쪽으로 굴러 보게 한다.
- 수행되면 영아의 특성에 맞는 적절한 강화제를 제공한다.

방법 ❷

- 한쪽 방향으로 구르기는 앞 단계에서 수행하였으므로 확인한 후 시행한다.
- 교사가 매트(담요) 위에 누워 오른쪽으로 구른 다음 왼쪽으로 구르는 시범을 보인다.
- 교사가 영아를 매트 위에 눕힌 후 영아에게 교사를 모방하여 오른쪽으로 구른 다음 왼쪽으로 굴러 보게 한다.
- 모방하지 못하면 교사가 영아를 매트 위에 눕힌 후 오른쪽으로 구른 다음 왼쪽으로 굴려 준다.
- 구르지 못하면 교사가 영아를 매트 위에 눕힌 후 오른쪽으로 구른 다음 왼쪽으로 구르는 동작을 반복해 준다.

- 수행되면 교사가 영아를 매트 위에 눕힌 후 오른쪽 방향으로 영아의 몸을 틀어 주어 오른쪽으로 구른 다음 왼쪽으로 굴러 보게 한다.
- 도움을 점차 줄여 간다.
- 수행되면 영아를 매트 위에 눕힌 후 영아 스스로 오른쪽으로 구른 다음 왼쪽으로 굴러 보게 한다.
- 수행되면 영아의 특성에 맞는 적절한 강화제를 제공한다.

43 서 있는 자세에서 쪼그려 앉기　0~1세

목표 | 서 있는 자세에서 쪼그려 앉을 수 있다.
자료 | 담요(매트), 강화제

방법 ❶
- 혼자 앉기는 앞 단계에서 수행하였으므로 확인한 후 시행한다.
- 교사가 서 있다가 쪼그려 앉는 시범을 보인다.
- 영아에게 교사를 모방하여 서 있다가 쪼그려 앉아 보게 한다.
- 수행되면 영아 스스로 서 있다가 쪼그려 앉아 보게 한다.
- 수행되면 영아의 특성에 맞는 적절한 강화제를 제공한다.

방법 ❷
- 혼자 앉기는 앞 단계에서 수행하였으므로 확인한 후 시행한다.
- 교사가 서 있다가 쪼그려 앉는 시범을 보인다.
- 영아에게 교사를 모방하여 서 있다가 쪼그려 앉아 보게 한다.
- 모방하지 못하면 교사가 서 있는 영아의 양쪽 어깨를 눌러 주며 쪼그려 앉게 해 준다.

- 앉지 못하면 교사가 영아의 양쪽 어깨를 눌러 주며 앉는 동작을 반복해 준다.
- 수행되면 교사가 서 있는 영아의 한쪽 어깨를 눌러 주며 쪼그려 앉게 한다.
- 도움을 점차 줄여 간다.
- 수행되면 영아 스스로 서 있다가 쪼그려 앉게 한다.
- 수행되면 영아의 특성에 맞는 적절한 강화제를 제공한다.

44 가구 짚고 일어서기 0~1세

목표 │ 가구를 짚고 일어설 수 있다.
자료 │ 가구, 강화제

방법 ❶
- 교사가 가구 옆에 앉았다가 가구를 붙잡고 일어서는 시범을 보인다.
- 교사가 영아를 가구 옆에 앉혀 준 후 영아에게 교사를 모방하여 가구를 짚고 일어서게 한다.
- 수행되면 영아를 가구 옆에 앉혀 준 후 영아 스스로 가구를 짚고 일어서게 한다.
- 수행되면 영아의 특성에 맞는 적절한 강화제를 제공한다.

방법 ❷
- 교사가 가구 옆에 앉았다가 가구를 붙잡고 일어서는 시범을 보인다.
- 교사가 영아를 가구 옆에 앉혀 준 후 영아에게 교사를 모방하여 가구를 짚고 일어서게 한다.
- 모방하지 못하면 교사가 영아를 가구 옆에 앉혀 준 후 영아의 손을 잡고 가구를 짚고 일어서게 해 준다.
- 서지 못하면 교사가 영아를 가구 옆에 앉혀 준 후 영아의 손을 잡고 가구를 짚고

일어서는 동작을 반복해 준다.

- 수행되면 교사가 영아를 가구 옆에 앉혀 준 후 영아의 손을 가구에 대 준 다음 가구를 짚고 일어서게 한다.
- 도움을 점차 줄여 간다.
- 수행되면 영아를 가구 옆에 앉혀 준 후 영아 스스로 가구를 짚고 일어서게 한다.
- 수행되면 영아의 특성에 맞는 적절한 강화제를 제공한다.

45 양손 잡아 주면 걷기　0~1세

목표 | 양손을 잡아 주면 걸을 수 있다.

자료 | 강화제

방법 ❶

- 교사가 다른 유아(다른 교사)의 양손을 잡아 주면 유아(다른 교사)가 걷는 시범을 보인다.
- 교사가 영아의 양손을 잡아 주며 다른 유아를 모방하여 걸어 보게 한다.
- 수행되면 교사가 영아의 양손을 잡아 줄 때 영아 스스로 걸어 보게 한다.
- 수행되면 영아의 특성에 맞는 적절한 강화제를 제공한다.

방법 ❷

- 교사가 다른 유아(다른 교사)의 양손을 잡아 주면 유아(다른 교사)가 걷는 시범을 보인다.
- 교사가 영아의 양손을 잡아 주며 다른 유아를 모방하여 걸어 보게 한다.
- 걷지 못하면 다른 교사가 영아의 양손을 잡아 주고 교사는 영아의 다리를 잡아 번갈아 다리를 옮겨 주어 걸을 수 있도록 해 준다.

- 걷지 못하면 다른 교사가 영아의 양손을 잡아 주고 교사는 영아의 다리를 잡아 번 갈아 다리를 옮겨 주어 걸을 수 있도록 동작을 반복해 준다.
- 도움을 점차 줄여 간다.
- 수행되면 교사가 영아의 양손을 잡아 줄 때 영아 스스로 걷게 한다.
- 수행되면 영아의 특성에 맞는 적절한 강화제를 제공한다.

☞ 교사가 양손을 잡아 주는 대신 보행기를 영아의 두 손으로 잡게 한 후 보행기를 천천히 끌어 주며 보행기를 잡고 걸을 수 있도록 지도해도 무방하다.

46 가구를 양손으로 붙잡고 옆으로 걷기 　0~1세

목표 | 가구를 양손으로 붙잡고 옆으로 걸을 수 있다.
자료 | 가구, 강화제

방법 ❶
- 가구 붙잡고 서 있기는 앞 단계에서 수행하였으므로 확인한 후 시행한다.
- 교사가 가구 앞에 선 후 가구를 양손으로 붙잡고 옆으로 걷는 시범을 보인다.
- 교사가 영아를 가구 앞에 세워 준 후 영아에게 교사를 모방하여 가구를 양손으로 붙잡고 옆으로 걸어 보게 한다.
- 수행되면 영아를 가구 앞에 세워 준 후 영아 스스로 가구를 양손으로 붙잡고 옆으로 걸어 보게 한다.
- 수행되면 영아의 특성에 맞는 적절한 강화제를 제공한다.

방법 ❷
- 가구 붙잡고 서 있기는 앞 단계에서 수행하였으므로 확인한 후 시행한다.

- 교사가 가구 앞에 선 후 가구를 양손으로 붙잡고 옆으로 걷는 시범을 보인다.
- 교사가 영아를 가구 앞에 세워 준 후 영아에게 교사를 모방하여 가구를 양손으로 붙잡고 옆으로 걸어 보게 한다.
- 모방하지 못하면 교사가 영아를 가구 앞에 세워 준 후 영아의 양손을 잡아 가구를 붙잡게 해 준 다음 옆으로 걸어 보게 해 준다.
- 걷지 못하면 교사가 영아를 가구 앞에 세워 준 후 영아의 양손을 잡아 가구를 붙잡게 해 준 다음 옆으로 걷는 동작을 반복해 준다.
- 수행되면 교사가 영아를 가구 앞에 세워 준 후 영아의 양손을 가구에 대 준 다음 가구를 붙잡고 옆으로 걷게 한다.
- 도움을 점차 줄여 간다.
- 수행되면 영아를 가구 앞에 세워 준 후 영아 스스로 가구를 양손으로 붙잡고 옆으로 걸어 보게 한다.
- 수행되면 영아의 특성에 맞는 적절한 강화제를 제공한다.

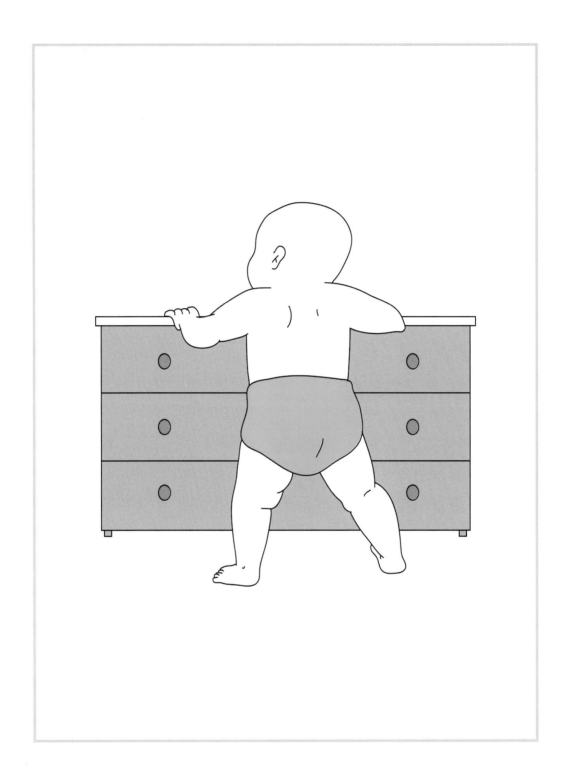

47 뒤쪽으로 팔 뻗기 0~1세

목표 | 뒤쪽으로 팔을 뻗을 수 있다.

자료 | 강화제

방법 ❶

- 교사가 뒤쪽으로 팔을 뻗는 시범을 보인다.
- 영아에게 교사를 모방하여 뒤쪽으로 팔을 뻗어 보게 한다.
- 수행되면 영아 스스로 뒤쪽으로 팔을 뻗어 보게 한다.
- 수행되면 영아의 특성에 맞는 적절한 강화제를 제공한다.

방법 ❷

- 교사가 뒤쪽으로 팔을 뻗는 시범을 보인다.
- 영아에게 교사를 모방하여 뒤쪽으로 팔을 뻗어 보게 한다.
- 모방하지 못하면 교사가 영아의 팔을 잡아 준 후 뒤쪽으로 뻗어 보게 한다.
- 뻗지 못하면 교사가 영아의 팔을 잡아 준 후 뒤쪽으로 뻗는 동작을 반복해 준다.
- 수행되면 교사가 영아의 팔을 잡아 뒤쪽으로 살짝 뻗게 해 준 후 영아에게 뻗어 보게 한다.
- 도움을 점차 줄여 간다.
- 수행되면 영아 스스로 뒤쪽으로 팔을 뻗어 보게 한다.
- 수행되면 영아의 특성에 맞는 적절한 강화제를 제공한다.

48 한 손 잡아 주면 걷기 　`0~1세`

목표 | 한 손을 잡아 주면 걸을 수 있다.
자료 | 강화제

방법 ❶

- 양손 잡아 주면 걷기는 수행하였으므로 확인한 후 시행한다.
- 교사가 다른 유아(다른 교사)의 한 손을 잡아 주면 유아(다른 교사)가 걷는 시범을 보인다.
- 교사가 영아의 한 손을 잡아 주며 다른 유아를 모방하여 걸어 보게 한다.
- 수행되면 교사가 영아의 한 손을 잡아 줄 때 영아 스스로 걸어 보게 한다.
- 수행되면 영아의 특성에 맞는 적절한 강화제를 제공한다.

방법 ❷

- 양손 잡아 주면 걷기는 수행하였으므로 확인한 후 시행한다.
- 교사가 다른 유아(다른 교사)의 한 손을 잡아 주면 유아(다른 교사)가 걷는 시범을 보인다.
- 교사가 영아의 한 손을 잡아 주며 다른 유아를 모방하여 걸어 보게 한다.
- 걷지 못하면 교사가 영아의 양손을 잡아 준 후 걷게 하다가 한 손을 잡고 걸어 보게 한다.
- 걷지 못하면 교사가 영아의 양손을 잡아 준 후 걷게 하다가 한 손을 잡고 걷는 동작을 반복해 준다.
- 도움을 점차 줄여 간다.
- 수행되면 교사가 영아의 한 손을 잡아 줄 때 영아 스스로 걸어 보게 한다.
- 수행되면 영아의 특성에 맞는 적절한 강화제를 제공한다.

49 한 손으로 가구 붙잡고 걷기

목표 | 한 손으로 가구를 붙잡고 걸을 수 있다.
자료 | 가구, 강화제

방법 ❶

- 가구를 양손으로 붙잡고 옆으로 걷기는 앞 단계에서 수행하였으므로 확인한 후 시행한다.
- 교사가 가구 앞에 선 후 한 손으로 가구를 붙잡고 걷는 시범을 보인다.
- 교사가 영아를 가구 앞에 세워 준 후 영아에게 교사를 모방하여 한 손으로 가구를 붙잡고 걸어 보게 한다.
- 수행되면 영아를 가구 앞에 세워 준 후 영아 스스로 한 손으로 가구를 붙잡고 걸어 보게 한다.
- 수행되면 영아의 특성에 맞는 적절한 강화제를 제공한다.

방법 ❷

- 가구를 양손으로 붙잡고 옆으로 걷기는 앞 단계에서 수행하였으므로 확인한 후 시행한다.
- 교사가 가구 앞에 선 후 한 손으로 가구를 붙잡고 걷는 시범을 보인다.
- 교사가 영아를 가구 앞에 세워 준 후 영아에게 교사를 모방하여 한 손으로 가구를 붙잡고 걸어 보게 한다.
- 모방하지 못하면 교사가 영아를 가구 앞에 세워 준 후 영아의 한 손을 잡아 가구를 붙잡게 해 준 다음 걸어 보게 해 준다.
- 걷지 못하면 교사가 영아를 가구 앞에 세워 준 후 영아의 한 손을 잡아 가구를 붙잡게 해 준 다음 걷는 동작을 반복해 준다.

- 수행되면 교사가 영아를 가구 앞에 세워 준 후 영아의 한 손을 가구에 대 준 다음 가구를 붙잡고 걷게 한다.
- 도움을 점차 줄여 간다.
- 수행되면 영아를 가구 앞에 세워 준 후 영아 스스로 한 손으로 가구를 붙잡고 걸어 보게 한다.
- 수행되면 영아의 특성에 맞는 적절한 강화제를 제공한다.

50 스스로 일어서기　　　　　0~1세

목표 | 스스로 일어설 수 있다.
자료 | 매트(담요), 장난감, 전신 거울, 강화제

방법 ❶

- 가구 짚고 일어서기는 앞 단계에서 수행하였으므로 확인한 후 시행한다.
- 교사가 앉았다가 스스로 일어서는 시범을 보인다.
- 교사가 영아를 매트 위에 앉혀 준 후 영아에게 교사를 모방하여 스스로 일어서게 한다.
- 수행되면 영아를 매트 위에 앉혀 준 후 영아 스스로 일어서게 한다.
- 수행되면 영아의 특성에 맞는 적절한 강화제를 제공한다.

방법 ❷

- 가구 짚고 일어서기는 앞 단계에서 수행하였으므로 확인한 후 시행한다.
- 교사가 앉았다가 스스로 일어서는 시범을 보인다.
- 교사가 영아를 매트 위에 앉혀 준 후 영아에게 교사를 모방하여 스스로 일어서게 한다.
- 모방하지 못하면 교사가 영아를 매트 위에 앉혀 준 후 교사의 양손을 잡고 일어서게 해 준다.
- 서지 못하면 교사가 영아를 매트 위에 앉혀 준 후 교사의 양손을 잡고 일어서는 동작을 반복해 준다.
- 수행되면 교사가 영아를 매트 위에 앉혀 준 후 교사의 한 손을 잡고 일어서게 한다.
- 도움을 점차 줄여 간다.
- 수행되면 영아를 매트 위에 앉혀 준 후 영아 스스로 일어서게 한다.

• 수행되면 영아의 특성에 맞는 적절한 강화제를 제공한다.

51 스스로 두세 발자국 걷기 0~1세

목표 | 스스로 두세 발자국을 걸을 수 있다.
자료 | 강화제

방법 ❶

• 한 손으로 가구를 붙잡고 걷기는 앞 단계에서 수행하였으므로 확인한 후 시행한다.
• 교사가 스스로 두세 발자국을 걷는 시범을 보인다.
• 영아에게 교사를 모방하여 두세 발자국을 걸어 보게 한다.
• 수행되면 영아 스스로 두세 발자국을 걸어 보게 한다.
• 수행되면 영아의 특성에 맞는 적절한 강화제를 제공한다.

방법 ❷

• 한 손으로 가구를 붙잡고 걷기는 앞 단계에서 수행하였으므로 확인한 후 시행한다.
• 교사가 스스로 두세 발자국을 걷는 시범을 보인다.
• 영아에게 교사를 모방하여 두세 발자국을 걸어 보게 한다.
• 모방하지 못하면 교사가 영아의 손을 잡고 두세 발자국을 걷게 해 준다.
• 걷지 못하면 교사가 손을 잡아 두세 발자국을 걷는 동작을 반복해 준다.
• 수행되면 영아가 교사의 손가락을 잡고 두세 발자국을 걸어 보게 한다.
• 수행되면 교사가 영아의 옆에서 같이 걸으며 두세 발자국을 걸어 보게 한다.
• 도움을 점차 줄여 간다.

- 수행되면 영아 스스로 두세 발자국을 걸어 보게 한다.
- 수행되면 영아의 특성에 맞는 적절한 강화제를 제공한다.

☞ 영아를 세워 놓고 두세 발짝 떨어진 곳에 영아가 좋아하는 장난감을 놓아둔 후 두세 발자국을 걸어오게 지도해도 효과적이다.

☞ 영아가 좋아하는 소리 나는 장난감을 흔들어 두세 발자국을 걸어오게 지도해도 걷기 지도에 도움이 된다.

☞ 영아에게 고무 봉을 붙잡고 두세 발자국을 걸어오게 하거나 교사가 손뼉을 치면서 영아의 이름을 부르며 두세 발자국을 걸어올 수 있도록 지도하는 방법도 있다.

52 동요 장단에 맞춰 고개 끄덕이기 0~1세

목표 | 동요 장단에 맞춰 고개를 끄덕일 수 있다.
자료 | 카세트, 강화제

방법 ❶
- 교사가 신나는 동요를 틀어 놓은 후 동요 장단에 맞춰 고개를 끄덕이는 시범을 보인다.
- 영아에게 교사를 모방하여 동요 장단에 맞춰 고개를 끄덕여 보게 한다.
- 수행되면 영아 스스로 동요 장단에 맞춰 고개를 끄덕여 보게 한다.
- 수행되면 영아의 특성에 맞는 적절한 강화제를 제공한다.

- 교사가 신나는 동요를 틀어 놓은 후 동요 장단에 맞춰 고개를 끄덕이는 시범을 보인다.
- 영아에게 교사를 모방하여 동요 장단에 맞춰 고개를 끄덕여 보게 한다.
- 모방하지 못하면 교사가 영아의 고개를 잡아 동요 장단에 맞춰 고개를 끄덕여 준다.
- 끄덕이지 못하면 교사가 영아의 고개를 잡아 동요 장단에 맞춰 고개를 끄덕여 주는 동작을 반복해 준다.
- 수행되면 교사가 영아의 고개에 손을 살짝 대 준 후 동요 장단에 맞춰 고개를 끄덕여 보게 한다.
- 도움을 점차 줄여 간다.
- 수행되면 영아 스스로 동요 장단에 맞춰 고개를 끄덕여 보게 한다.
- 수행되면 영아의 특성에 맞는 적절한 강화제를 제공한다.

53 스스로 열 발자국 걷기 0~1세

목표 | 스스로 열 발자국을 걸을 수 있다.
자료 | 강화제

방법 ❶

- 스스로 두세 발자국을 걷기는 앞 단계에서 수행하였으므로 확인한 후 시행한다.
- 교사가 스스로 열 발자국을 걷는 시범을 보인다.
- 영아에게 교사를 모방하여 열 발자국을 걸어 보게 한다.
- 수행되면 영아 스스로 열 발자국을 걸어 보게 한다.
- 수행되면 영아의 특성에 맞는 적절한 강화제를 제공한다.

방법 ❷

- 스스로 두세 발자국을 걷기는 앞 단계에서 수행하였으므로 확인한 후 시행한다.
- 교사가 스스로 열 발자국을 걷는 시범을 보인다.
- 영아에게 교사를 모방하여 열 발자국을 걸어 보게 한다.
- 모방하지 못하면 교사가 영아의 손을 잡고 열 발자국을 걷게 해 준다.
- 걷지 못하면 교사가 손을 잡아 열 발자국을 걷는 동작을 반복해 준다.
- 수행되면 영아가 교사의 손가락을 잡고 열 발자국을 걸어 보게 한다.
- 수행되면 교사가 영아의 옆에서 같이 걸으며 열 발자국을 걸어 보게 한다.
- 도움을 점차 줄여 간다.
- 수행되면 영아 스스로 열 발자국을 걸어 보게 한다.
- 수행되면 영아의 특성에 맞는 적절한 강화제를 제공한다.

☞ 영아를 세워 놓고 두세 발짝 떨어진 곳에 영아가 좋아하는 장난감을 놓아둔 후 열 발자국을 걸어오게 지도해도 효과적이다.

☞ 영아가 좋아하는 소리 나는 장난감을 흔들어 열 발자국을 걸어오게 지도해도 걷기 지도에 도움이 된다.

☞ 영아에게 고무 봉을 붙잡고 열 발자국을 걸어오게 하거나 교사가 손뼉을 치면서 영아의 이름을 부르며 열 발자국을 걸어올 수 있도록 지도하는 방법도 있다.

0~1세

54 스스로 걷기

목표 | 스스로 걸을 수 있다.

자료 | 강화제

방법 ❶

- 스스로 열 발자국 걷기는 앞 단계에서 수행하였으므로 확인한 후 시행한다.
- 교사가 스스로 걷는 시범을 보인다.
- 영아에게 교사를 모방하여 스스로 걸어 보라고 한다.
- 수행되면 영아 스스로 걸어 보라고 한다.
- 수행되면 영아의 특성에 맞는 적절한 강화제를 제공한다.

방법 ❷

- 스스로 열 발자국을 걷기는 앞 단계에서 수행하였으므로 확인한 후 시행한다.
- 교사가 스스로 걷는 시범을 보인다.
- 영아에게 교사를 모방하여 스스로 걸어 보라고 한다.
- 걷지 못하면 교사가 영아의 손을 살짝 잡고 걸어 준다.
- 수행되면 교사가 영아의 옆에서 같이 걸으며 스스로 걸어 보라고 한다.
- 도움을 점차 줄여 간다.

- 수행되면 영아 스스로 걸어 보라고 한다.
- 수행되면 영아의 특성에 맞는 적절한 강화제를 제공한다.

☞ 교사가 먼 거리에서 영아가 좋아하는 장난감을 소리 내어 흔들며 영아 스스로 걸어 오게 지도해도 효과적이다.

55 물건 마음대로 던지기   1~2세

목표 | 물건을 마음대로 던질 수 있다.
자료 | 작은 우레탄 블록, 스펀지 장난감, 강화제

방법 ❶
- 교사가 물건을 마음대로 던지는 시범을 보인다.
- 영아에게 교사를 모방하여 물건을 마음대로 던져 보라고 한다.
- 수행되면 영아 스스로 물건을 마음대로 던져 보라고 한다.
- 수행되면 영아의 특성에 맞는 적절한 강화제를 제공한다.

방법 ❷
- 교사가 예를 들어 작은 우레탄 블록을 마음대로 던지는 시범을 보인다.
- 영아에게 교사를 모방하여 작은 우레탄 블록을 마음대로 던져 보라고 한다.
- 모방하지 못하면 교사가 영아의 손을 잡고 작은 우레탄 블록을 마음대로 던져 준다.
- 던지지 못하면 교사가 영아의 손을 잡고 작은 우레탄 블록을 마음대로 던지는 동작을 반복해 준다.
- 수행되면 교사가 영아의 손에 작은 우레탄 블록을 쥐어 준 후 영아에게 마음대로 던져 보라고 한다.

- 도움을 점차 줄여 간다.
- 수행되면 영아 스스로 작은 우레탄 블록을 마음대로 던져 보라고 한다.
- 수행되면 다른 물건을 마음대로 던지는 것도 작은 우레탄 블록을 지도한 것과 같은 방법으로 지도한다.
- 수행되면 영아의 특성에 맞는 적절한 강화제를 제공한다.

56 양팔을 뻗어 좌우로 움직이기 1~2세

목표 | 양팔을 뻗어 좌우로 움직일 수 있다.
자료 | 강화제

방법 ❶
- 교사가 양팔을 앞으로 뻗어서 들고 있는 상태로 오른쪽과 왼쪽으로 움직이는 시범을 보인다.
- 영아에게 교사를 모방하여 양팔을 앞으로 뻗어서 들고 있는 상태로 오른쪽과 왼쪽으로 움직여 보라고 한다.
- 수행되면 영아 스스로 양팔을 앞으로 뻗어서 들고 있는 상태로 오른쪽과 왼쪽으로 움직여 보라고 한다.
- 수행되면 영아의 특성에 맞는 적절한 강화제를 제공한다.

방법 ❷
- 교사가 양팔을 앞으로 뻗어서 들고 있는 상태로 오른쪽과 왼쪽으로 움직이는 시범을 보인다.
- 영아에게 교사를 모방하여 양팔을 앞으로 뻗어서 들고 있는 상태로 오른쪽과 왼쪽으로 움직여 보라고 한다.

- 움직이지 못하면 교사가 영아의 양팔을 잡아 앞으로 뻗어 준 상태에서 오른쪽과 왼쪽으로 움직여 준다.
- 교사가 영아의 양팔을 잡아 앞으로 뻗어 준 상태에서 오른쪽으로 돌려 준 후 왼쪽으로 돌려 보라고 한다.
- 돌리지 못하면 교사가 영아의 양팔을 잡아 앞으로 뻗어 준 상태에서 오른쪽과 왼쪽으로 움직여 주는 동작을 반복해 준다.
- 수행되면 영아가 양팔을 앞으로 뻗어서 들고 있는 상태에서 오른쪽으로 돌려 보라고 한다.
- 수행되면 영아가 양팔을 앞으로 뻗어서 들고 있는 상태에서 왼쪽으로 돌려 보라고 한다.
- 도움을 점차 줄여 간다.
- 수행되면 영아 스스로 양팔을 앞으로 뻗어서 들고 있는 상태로 오른쪽과 왼쪽으로 움직여 보라고 한다.
- 수행되면 영아의 특성에 맞는 적절한 강화제를 제공한다.
- 영아가 양팔을 앞으로 뻗어서 오른쪽으로 돌릴 수 있도록 먼저 지도한 후 수행되면 왼쪽으로 돌리는 것을 지도한 다음 오른쪽과 왼쪽으로 움직여 보게 지도하는 방법도 있다.

57 블록 쓰러뜨리기 1~2세

목표 | 블록을 쓰러뜨릴 수 있다.
자료 | 작은 의자, 강화제

방법 ❶
- 교사가 블록을 쓰러뜨리는 시범을 보인다.

- 영아에게 교사를 모방하여 블록을 쓰러뜨려 보라고 한다.
- 수행되면 영아 스스로 블록을 쓰러뜨려 보라고 한다.
- 수행되면 영아의 특성에 맞는 적절한 강화제를 제공한다.

방법 ❷

- 교사가 블록을 쓰러뜨리는 시범을 보인다.
- 영아에게 교사를 모방하여 블록을 쓰러뜨려 보라고 한다.
- 모방하지 못하면 교사가 영아의 손을 잡고 블록을 쓰러뜨리게 해 준다.
- 교사가 영아를 블록 앞에 세워 준 후 영아에게 블록을 쓰러뜨려 보라고 한다.
- 쓰러뜨리지 못하면 교사가 영아의 손을 잡고 블록을 쓰러뜨리는 동작을 반복해 준다.
- 도움을 점차 줄여 간다.
- 수행되면 영아 스스로 블록을 쓰러뜨려 보라고 한다.
- 수행되면 영아의 특성에 맞는 적절한 강화제를 제공한다.

58 배를 받쳐 주면 머리, 등, 다리 쭉 뻗기 `1~2세`

목표 | 배를 받쳐 주면 머리, 등, 다리를 쭉 뻗을 수 있다.
자료 | 매트(담요), 강화제

방법 ❶

- 교사가 매트(담요) 위에서 다른 유아를 데리고 배를 받쳐 주면 유아가 머리, 등, 다리를 쭉 뻗는 시범을 보인다.
- 교사가 영아의 배를 받쳐 주면 유아를 모방하여 머리, 등, 다리를 쭉 뻗어 보라고 한다.

- 수행되면 교사가 영아의 배를 받쳐 줄 때 영아 스스로 머리, 등, 다리를 쭉 뻗어 보라고 한다.
- 수행되면 영아의 특성에 맞는 적절한 강화제를 제공한다.

방법 ❷

- 교사가 매트(담요) 위에서 다른 유아를 데리고 배를 받쳐 주면 유아가 머리, 등, 다리를 쭉 뻗는 시범을 보인다.
- 교사가 영아의 배를 받쳐 주면 유아를 모방하여 머리, 등, 다리를 쭉 뻗어 보라고 한다.
- 모방하지 못하면 교사가 영아의 배를 받쳐 줄 때 다른 교사가 영아의 머리, 등, 다리를 쭉 뻗게 도와준다.
- 뻗지 못하면 교사가 영아의 배를 받쳐 줄 때 다른 교사가 영아의 머리, 등, 다리를 쭉 뻗을 수 있도록 동작을 반복해 준다.
- 도움을 점차 줄여 간다.
- 수행되면 교사가 영아의 배를 받쳐 줄 때 영아 스스로 머리, 등, 다리를 쭉 뻗어 보라고 한다.
- 수행되면 영아의 특성에 맞는 적절한 강화제를 제공한다.

동요 장단에 마음대로 몸 흔들기 1~2세

목표 | 동요 장단에 마음대로 몸을 흔들 수 있다.
자료 | 카세트, 강화제

방법 ❶
- 교사가 동요 장단에 마음대로 몸을 흔드는 시범을 보인다.
- 영아에게 교사를 모방하여 동요 장단에 마음대로 몸을 흔들어 보라고 한다.
- 수행되면 영아 스스로 동요 장단에 마음대로 몸을 흔들어 보라고 한다.
- 수행되면 영아의 특성에 맞는 적절한 강화제를 제공한다.

방법 ❷
- 교사가 동요 장단에 마음대로 몸을 흔드는 시범을 보인다.
- 영아에게 교사를 모방하여 동요 장단에 마음대로 몸을 흔들어 보라고 한다.
- 모방하지 못하면 교사가 영아의 몸을 잡고 동요 장단에 마음대로 몸을 흔들어 준다.
- 수행되면 교사가 영아의 손을 잡고 동요 장단에 마음대로 몸을 흔들어 보라고 한다.
- 흔들지 못하면 교사가 영아의 손이나 몸을 잡고 동요 장단에 마음대로 몸을 흔드는 동작을 반복해 준다.
- 도움을 점차 줄여 간다.
- 수행되면 영아 스스로 동요 장단에 마음대로 몸을 흔들어 보라고 한다.
- 수행되면 영아의 특성에 맞는 적절한 강화제를 제공한다.

60 작은 의자에 앉기 1~2세

목표 | 작은 의자에 앉을 수 있다.

자료 | 작은 의자, 강화제

방법 ❶

- 교사가 작은 의자(영아용)에 앉는 시범을 보인다.
- 영아에게 교사를 모방하여 작은 의자에 앉아 보라고 한다.
- 수행되면 영아 스스로 작은 의자에 앉아 보라고 한다.
- 수행되면 영아의 특성에 맞는 적절한 강화제를 제공한다.

방법 ❷

- 교사가 작은 의자(영아용)에 앉는 시범을 보인다.
- 영아에게 교사를 모방하여 작은 의자에 앉아 보라고 한다.
- 모방하지 못하면 교사가 영아를 안은 후 작은 의자에 앉혀 준다.
- 교사가 영아를 의자 앞에 세워 준 후 영아에게 작은 의자에 앉아 보라고 한다.
- 앉지 못하면 교사가 작은 의자에 영아가 앉을 수 있도록 앉는 동작을 반복해 준다.
- 교사가 영아를 의자 앞에 세워 준 후 영아의 양쪽 어깨를 눌러 주면서 작은 의자에 앉아 보라고 한다.
- 수행되면 교사가 영아를 의자 앞에 세워 준 후 영아의 한쪽 어깨를 눌러 주면서 작은 의자에 앉아 보라고 한다.
- 수행되면 교사가 의자를 가리키며 영아에게 작은 의자에 앉아 보라고 한다.
- 도움을 점차 줄여 간다.
- 수행되면 영아 스스로 작은 의자에 앉아 보라고 한다.
- 수행되면 영아의 특성에 맞는 적절한 강화제를 제공한다.

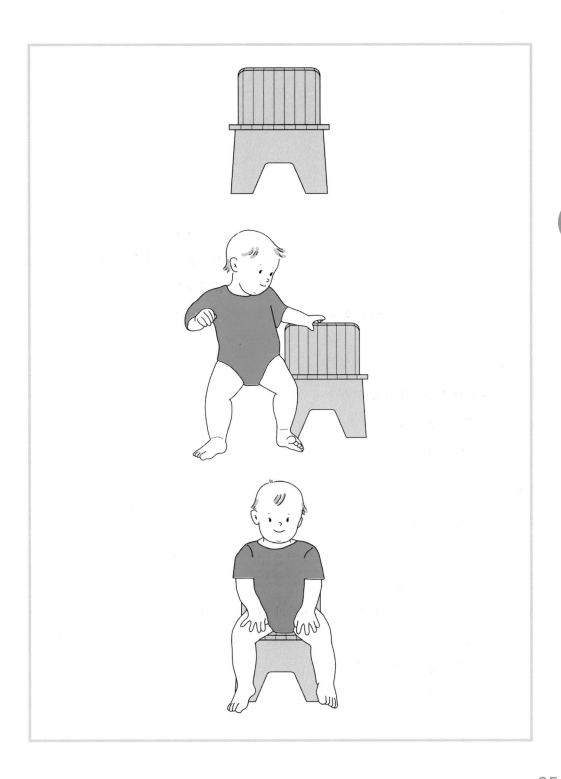

61 소파나 탁자 위로 기어 올라가기 1~2세

목표 | 소파나 탁자 위로 기어 올라갈 수 있다.
자료 | 소파나 탁자, 강화제

방법 ❶

- 교사가 소파나 탁자 위로 기어 올라가는 시범을 보인다.
- 영아에게 교사를 모방하여 소파나 탁자 위로 기어 올라가 보라고 한다.
- 수행되면 영아 스스로 소파나 탁자 위로 기어 올라가 보라고 한다.
- 수행되면 영아의 특성에 맞는 적절한 강화제를 제공한다.

방법 ❷

- 교사가 소파나 탁자 위로 기어 올라가는 시범을 보인다.
- 영아에게 교사를 모방하여 소파나 탁자 위로 기어 올라가 보라고 한다.
- 모방하지 못하면 교사가 영아의 몸을 잡아 소파나 탁자 위로 기어 올라가게 해 준다.
- 교사가 영아를 소파나 탁자 위에 엎드려 준 후 영아에게 소파나 탁자 위로 기어 올라가 보라고 한다.
- 올라가지 못하면 교사가 영아의 몸을 잡아 소파나 탁자 위로 기어 올라가는 동작을 반복해 준다.
- 수행되면 교사가 영아를 소파나 탁자 앞에 세워 준 후 영아에게 기어 올라가 보라고 한다.
- 도움을 점차 줄여 간다.
- 수행되면 영아 스스로 소파나 탁자 위로 기어 올라가 보라고 한다.
- 수행되면 영아의 특성에 맞는 적절한 강화제를 제공한다.

62 양팔을 뻗어 앞뒤로 움직이기

1~2세

목표 | 양팔을 옆으로 뻗어 앞뒤로 움직일 수 있다.

자료 | 강화제

방법 ❶

- 교사가 양팔을 옆으로 뻗어서 들고 있는 상태로 앞뒤로 움직이는 시범을 보인다.
- 영아에게 교사를 모방하여 양팔을 옆으로 뻗어서 들고 있는 상태로 앞뒤로 움직여 보라고 한다.
- 수행되면 영아 스스로 양팔을 옆으로 뻗어서 들고 있는 상태에서 앞뒤로 움직여 보라고 한다.
- 수행되면 영아의 특성에 맞는 적절한 강화제를 제공한다.

방법 ❷

- 교사가 양팔을 옆으로 뻗어서 들고 있는 상태로 앞뒤로 움직이는 시범을 보인다.
- 영아에게 교사를 모방하여 양팔을 옆으로 뻗어서 들고 있는 상태로 앞뒤로 움직여 보라고 한다.
- 움직이지 못하면 교사가 영아의 양팔을 잡아 옆으로 뻗어 준 상태에서 앞뒤로 움직여 준다.
- 교사가 영아의 양팔을 잡아 옆으로 뻗어 준 상태에서 앞으로 돌려 준 후 뒤로 돌려 보라고 한다.
- 돌리지 못하면 교사가 영아의 양팔을 잡아 옆으로 뻗어 준 상태에서 앞뒤로 움직여 주는 동작을 반복해 준다.
- 수행되면 영아가 양팔을 옆으로 뻗어서 들고 있는 상태에서 앞으로 돌려 보라고 한다.

- 수행되면 영아가 양팔을 옆으로 뻗어서 들고 있는 상태에서 뒤로 돌려 보라고 한다.
- 도움을 점차 줄여 간다.
- 수행되면 영아 스스로 양팔을 옆으로 뻗어서 들고 있는 상태에서 앞뒤로 움직여 보라고 한다.
- 수행되면 영아의 특성에 맞는 적절한 강화제를 제공한다.

63 목마에서 몸을 앞뒤로 흔들기 1~2세

목표 | 목마에서 몸을 앞뒤로 흔들 수 있다.
자료 | 목마(흔들의자), 강화제

방법 ❶
- 교사가 목마(흔들의자)에서 몸을 앞뒤로 흔드는 시범을 보인다.
- 교사가 영아를 목마에 앉혀 준 후 영아에게 교사를 모방하여 목마에서 몸을 앞뒤로 흔들어 보라고 한다.
- 수행되면 교사가 영아를 목마에 앉혀 준 후 영아 스스로 목마에서 몸을 앞뒤로 흔들어 보라고 한다.
- 수행되면 영아의 특성에 맞는 적절한 강화제를 제공한다.

방법 ❷
- 교사가 목마(흔들의자)에서 몸을 앞뒤로 흔드는 시범을 보인다.
- 교사가 영아를 목마에 앉혀 준 후 영아에게 교사를 모방하여 목마에서 몸을 앞뒤로 흔들어 보라고 한다.
- 모방하지 못하면 교사가 영아를 목마에 앉힌 후 손을 잡아 목마 손잡이에 올려 준

다음 영아의 허리를 잡고 몸을 앞뒤로 흔들어 준다.
- 교사가 영아를 목마에 앉힌 후 손을 잡아 목마 손잡이에 올려 준 다음 영아에게 몸을 앞뒤로 흔들어 보라고 한다.
- 흔들지 못하면 교사가 영아를 목마에 앉힌 후 손을 잡아 목마 손잡이에 올려 준 다음 영아의 허리를 잡고 몸을 앞뒤로 흔들어 주는 동작을 반복해 준다.
- 도움을 점차 줄여 간다.
- 수행되면 교사가 영아를 목마에 앉혀 준 후 영아 스스로 몸을 앞뒤로 흔들어 보라고 한다.
- 수행되면 영아의 특성에 맞는 적절한 강화제를 제공한다.

1~2
세

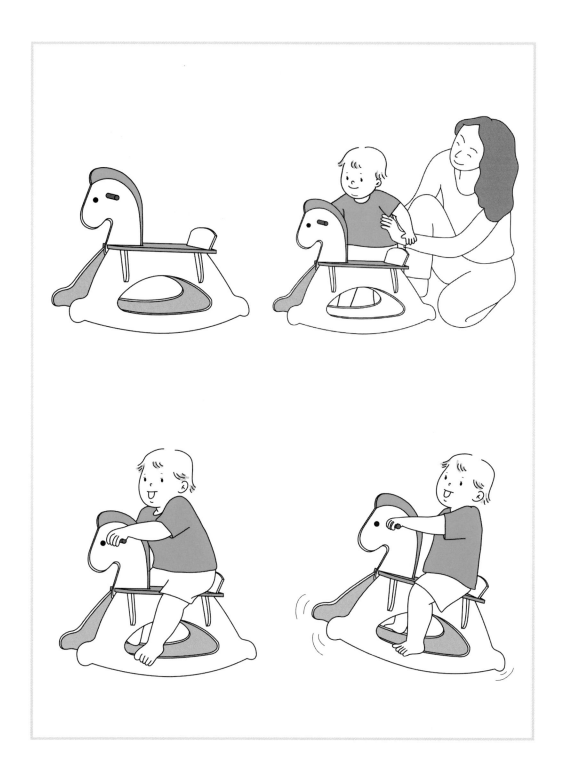

64 허리 굽혀 물건 집어 올리기 1~2세

목표 | 허리를 굽혀 물건을 집어 올릴 수 있다.

자료 | 영아가 좋아하는 장난감, 매트(담요), 강화제

방법 ❶

• 교사가 허리를 굽혀 손으로 물건(장난감)을 집어 올리는 시범을 보인다.

• 영아에게 교사를 모방하여 허리를 굽혀 손으로 물건을 집어 올려 보라고 한다.

• 수행되면 영아 스스로 허리를 굽혀 손으로 물건을 집어 올려 보라고 한다.

• 수행되면 영아의 특성에 맞는 적절한 강화제를 제공한다.

방법 ❷

• 교사가 허리를 굽히는 시범을 보인다.

• 영아에게 교사를 모방하여 허리를 굽혀 보라고 한다.

• 모방하지 못하면 교사가 영아의 허리를 굽혀 준다.

• 굽히지 못하면 교사가 영아의 허리를 잡아 굽혀 주는 동작을 반복해 준다.

• 도움을 점차 줄여 간다.

• 수행되면 영아 스스로 허리를 굽혀 보라고 한다.

• 수행되면 교사가 허리를 굽혀 손으로 물건(장난감)을 집어 올리는 시범을 보인다.

• 영아에게 스스로 허리를 굽혀 보라고 한 후 교사를 모방하여 손으로 물건을 집어
올려 보라고 한다.

• 모방하지 못하면 영아 스스로 허리를 굽혀 보라고 한 후 교사가 영아의 손을 잡고
물건을 집어 올려 준다.

• 집어 올리지 못하면 영아 스스로 허리를 굽혀 보라고 한 후 교사가 영아의 손을
잡고 물건을 집어 올리는 동작을 반복해 준다.

- 수행되면 영아 스스로 허리를 굽혀 보라고 한 후 교사가 물건을 가리키며 영아에게 손으로 집어 올려 보라고 한다.
- 도움을 점차 줄여 간다.
- 수행되면 영아 스스로 허리를 굽혀 손으로 물건을 집어 올려 보라고 한다.
- 수행되면 영아의 특성에 맞는 적절한 강화제를 제공한다.

방법 ❸

- 교사가 허리를 굽혀, 예를 들어 손으로 낮은 식탁 위의 물건(장난감)을 집어 올리는 시범을 보인다.
- 영아에게 교사를 모방하여 허리를 굽혀 손으로 낮은 식탁 위의 물건을 집어 올려 보라고 한다.
- 모방하지 못하면 교사가 영아의 허리를 굽혀 준 후 손을 잡고 낮은 식탁 위의 물건을 집어 올려 준다.
- 집어 올리지 못하면 교사가 영아의 허리를 굽혀 준 후 손을 잡고 낮은 식탁 위의 물건을 집어 올리는 동작을 반복해 준다.
- 수행되면 교사가 낮은 식탁 위의 물건을 가리키며 영아에게 허리를 굽혀 손으로 집어 올려 보라고 한다.
- 수행되면 영아 스스로 허리를 굽혀 낮은 식탁 위의 물건을 손으로 집어 올려 보라고 한다.
- 수행되면 영아 스스로 허리를 굽혀 의자 위의 물건을 손으로 집어 올려 보라고 한다.
- 집어 올리지 못하면 낮은 식탁 위의 물건을 집어 올리는 것과 같은 방법으로 지도한다.
- 수행되면 영아 스스로 허리를 굽혀 바닥 위의 물건을 손으로 집어 올려 보라고 한다.
- 집어 올리지 못하면 낮은 식탁 위의 물건을 집어 올리는 것과 같은 방법으로 지도한다.
- 도움을 점차 줄여 간다.

- 수행되면 영아 스스로 허리를 굽혀 손으로 물건을 집어 올려 보라고 한다.
- 수행되면 영아의 특성에 맞는 적절한 강화제를 제공한다.

65 **누워 있다가 혼자 앉기** 1~2세

목표 | 누워 있다가 혼자 앉을 수 있다.

자료 | 담요(매트), 강화제

방법 ❶

- 서 있는 자세에서 쪼그려 앉기는 앞 단계에서 수행하였으므로 확인한 후 시행한다.
- 교사가 담요(매트) 위에 누워 있다가 혼자 앉는 시범을 보인다.
- 교사가 영아를 담요 위에 눕힌 후 교사를 모방하여 누워 있다가 혼자 앉게 한다.
- 수행되면 교사가 영아를 담요 위에 눕힌 후 영아 스스로 혼자 앉게 한다.
- 수행되면 영아의 특성에 맞는 적절한 강화제를 제공한다.

방법 ❷

- 서 있는 자세에서 쪼그려 앉기는 앞 단계에서 수행하였으므로 확인한 후 시행한다.
- 교사가 담요(매트) 위에 누워 있다가 혼자 앉는 시범을 보인다.
- 교사가 영아를 담요 위에 눕힌 후 교사를 모방하여 누워 있다가 혼자 앉게 한다.
- 앉지 못하면 교사가 영아를 담요 위에 눕힌 후 영아의 등을 받쳐 주거나 양손을 잡아 주어 혼자 앉게 해 준다.
- 수행되면 교사가 영아를 담요 위에 눕힌 후 영아의 한 손을 잡아 준 다음 혼자 앉게 한다.
- 앉지 못하면 교사가 영아를 담요 위에 앉힌 후 영아의 등을 받쳐 주거나 양손을 잡아 주어 혼자 앉는 동작을 반복해 준다.
- 도움을 점차 줄여 간다.

- 수행되면 교사가 영아를 담요 위에 눕힌 후 영아 스스로 혼자 앉게 한다.
- 수행되면 영아의 특성에 맞는 적절한 강화제를 제공한다.

66 의자 밀기 1~2세

목표 | 영아용 의자를 밀 수 있다.
자료 | 바퀴 달린 영아용 의자, 강화제

방법 ❶
- 교사가 바퀴 달린 영아용 의자를 미는 시범을 보인다.
- 영아에게 교사를 모방하여 바퀴 달린 영아용 의자를 밀어 보라고 한다.
- 수행되면 영아 스스로 바퀴 달린 영아용 의자를 밀어 보라고 한다.
- 수행되면 영아의 특성에 맞는 적절한 강화제를 제공한다.

방법 ❷
- 교사가 바퀴 달린 영아용 의자를 미는 시범을 보인다.
- 영아에게 교사를 모방하여 바퀴 달린 영아용 의자를 밀어 보라고 한다.
- 모방하지 못하면 교사가 영아의 손을 잡아 바퀴 달린 영아용 의자를 밀어 준다.
- 교사가 영아의 손을 의자 등받이에 올려 준 후 영아에게 바퀴 달린 영아용 의자를 밀어 보라고 한다.
- 밀지 못하면 교사가 영아의 손을 잡아 바퀴 달린 영아용 의자를 밀어 주는 동작을 반복해 준다.
- 도움을 점차 줄여 간다.
- 수행되면 영아 스스로 바퀴 달린 영아용 의자를 밀어 보라고 한다.
- 수행되면 영아의 특성에 맞는 적절한 강화제를 제공한다.

67 양손으로 공 집어 올리기 1~2세

목표 | 양손으로 공을 집어 올릴 수 있다.
자료 | 공, 강화제

방법 ❶
- 교사가 양손으로 공을 집어 올리는 시범을 보인다.
- 영아에게 교사를 모방하여 양손으로 공을 집어 올려 보라고 한다.
- 수행되면 영아 스스로 양손으로 공을 집어 올려 보라고 한다.
- 수행되면 영아의 특성에 맞는 적절한 강화제를 제공한다.

방법 ❷
- 교사가 양손으로 공을 집어 올리는 시범을 보인다.
- 영아에게 교사를 모방하여 양손으로 공을 집어 올려 보라고 한다.
- 모방하지 못하면 교사가 영아의 양손을 잡고 공을 집어 올려 준다.
- 교사가 영아의 양손에 공을 쥐어 준 다음 영아에게 공을 집어 올려 보라고 한다.
- 올리지 못하면 교사가 영아의 양손을 잡고 공을 집어 올려 주는 동작을 반복해 준다.
- 도움을 점차 줄여 간다.
- 수행되면 영아 스스로 양손으로 공을 집어 올려 보라고 한다.
- 수행되면 영아의 특성에 맞는 적절한 강화제를 제공한다.

계단 기어오르기

목표 | 계단을 기어 올라갈 수 있다.
자료 | 계단 모형, 영아가 좋아하는 장난감, 강화제

방법 ❶
- 교사가 계단을 기어 올라가는 시범을 보인다.
- 영아에게 교사를 모방하여 계단을 기어 올라가 보라고 한다.
- 수행되면 영아 스스로 계단을 기어 올라가 보라고 한다.
- 수행되면 영아의 특성에 맞는 적절한 강화제를 제공한다.

방법 ❷
- 교사가 계단을 기어 올라가는 시범을 보인다.
- 영아에게 교사를 모방하여 계단을 기어 올라가 보라고 한다.
- 모방하지 못하면 교사가 영아의 허리를 잡고 계단을 기어 올라가게 해 준다.
- 교사가 계단에 영아를 기어갈 수 있는 자세로 올려 준 후 영아의 허리를 잡아 주며 계단을 기어 올라가 보라고 한다.
- 오르지 못하면 교사가 계단에 영아를 기어갈 수 있는 자세로 올려 준 후 영아의 허리를 잡아 주며 계단을 기어 올라가는 동작을 반복해 준다.
- 수행되면 교사가 영아를 계단에 영아를 기어갈 수 있는 자세로 올려 준 후 영아가 좋아하는 것을 계단 위에 올려 놓은 다음 영아에게 계단을 기어 올라가 보라고 한다.
- 도움을 점차 줄여 간다.
- 수행되면 영아 스스로 계단을 기어 올라가 보라고 한다.
- 수행되면 영아의 특성에 맞는 적절한 강화제를 제공한다.

69 장난감 밀면서 걷기 1~2세

목표 | 장난감을 밀면서 걸을 수 있다.
자료 | 영아가 좋아하는 밀 수 있는 장난감, 강화제

방법 ❶

- 교사가 장난감을 밀면서 걷는 시범을 보인다.
- 영아에게 교사를 모방하여 장난감을 밀면서 걸어 보라고 한다.
- 수행되면 영아 스스로 장난감을 밀면서 걸어 보라고 한다.
- 수행되면 영아의 특성에 맞는 적절한 강화제를 제공한다.

방법 ❷

- 교사가 예를 들어 장난감 자동차를 밀면서 걷는 시범을 보인다.
- 영아에게 교사를 모방하여 장난감 자동차를 밀면서 걸어 보라고 한다.
- 모방하지 못하면 교사가 영아의 손을 잡고 장난감 자동차를 밀면서 걷게 해 준다.
- 교사가 영아의 손을 장난감 자동차에 올려 준 후 영아에게 밀면서 걸어 보라고 한다.
- 밀지 못하면 교사가 영아의 손을 장난감 자동차에 올려 준 후 영아의 손을 잡고 장난감 자동차를 밀며 걷는 동작을 반복해 준다.
- 수행되면 교사가 영아의 손을 장난감 자동차에 올려 준 후 밀면서 걸어 보라고 한다.
- 수행되면 교사가 영아의 옆에서 같이 걸으며 영아에게 장난감 자동차를 밀면서 걸어 보라고 한다.
- 도움을 점차 줄여 간다.
- 수행되면 영아 스스로 장난감 자동차를 밀면서 걸어 보라고 한다.
- 수행되면 다른 미는 장난감도 장난감 자동차를 미는 것과 같은 방법으로 지도한다.

• 수행되면 영아의 특성에 맞는 적절한 강화제를 제공한다.

☞ 장난감 자동차는 뒤에 손잡이가 있어서 밀 수 있게 되어 있는 것이 지도하기에 편리하며, 유모차나 보행기를 활용해서 밀면서 걷기를 지도해도 무방하다.

☞ 밀면 날개가 접혔다 폈다 움직이는 나비 장난감이 시중에 판매되고 있으므로 이를 활용해도 효과적이다.

70 공을 머리 위까지 들어 올리기 1~2세

목표 | 공을 머리 위까지 들어 올릴 수 있다.
자료 | 공, 강화제

방법 ❶
• 교사가 양손으로 공을 머리 위까지 들어 올리는 시범을 보인다.
• 영아에게 교사를 모방하여 양손으로 공을 머리 위까지 들어 올려 보라고 한다.
• 수행되면 영아 스스로 양손으로 공을 머리 위까지 들어 올려 보라고 한다.
• 수행되면 영아의 특성에 맞는 적절한 강화제를 제공한다.

방법 ❷
• 교사가 양손으로 공을 머리 위까지 들어 올리는 시범을 보인다.
• 영아에게 교사를 모방하여 양손으로 공을 머리 위까지 들어 올려 보라고 한다.
• 모방하지 못하면 교사가 영아의 양손을 잡고 공을 머리 위까지 들어 올려 준다.
• 교사가 공을 영아가 양손으로 잡을 수 있도록 해 준 다음 영아에게 공을 머리 위까지 들어 올려 보라고 한다.

- 올리지 못하면 교사가 영아의 양손을 잡고 공을 머리 위까지 들어 올리는 동작을 반복해 준다.
- 도움을 점차 줄여 간다.
- 수행되면 영아 스스로 양손으로 공을 머리 위까지 들어 올려 보라고 한다.
- 수행되면 영아의 특성에 맞는 적절한 강화제를 제공한다.

71 앉아 있다가 엎드리기 1~2세

목표 | 앉아 있다가 엎드릴 수 있다.
자료 | 담요(매트), 강화제

방법 ❶
- 교사가 담요(매트) 위에 앉아 있다가 엎드리는 시범을 보인다.
- 영아에게 교사를 모방하여 담요 위에 앉아 있다가 엎드려 보라고 한다.
- 수행되면 영아 스스로 담요 위에 앉아 있다가 엎드려 보라고 한다.
- 수행되면 영아의 특성에 맞는 적절한 강화제를 제공한다.

방법 ❷
- 교사가 담요(매트) 위에 앉아 있다가 엎드리는 시범을 보인다.
- 영아에게 교사를 모방하여 담요 위에 앉아 있다가 엎드려 보라고 한다.
- 모방하지 못하면 교사가 영아를 담요 위에 앉힌 후 영아의 배를 받쳐 주거나 양 어깨를 잡아 주며 엎드려 준다.
- 엎드리지 못하면 교사가 영아를 담요 위에 앉힌 후 영아의 배를 받쳐 주거나 양 어깨를 잡아 주며 엎드리게 하는 동작을 반복해 준다.
- 도움을 점차 줄여 간다.

- 수행되면 영아 스스로 담요 위에 앉아 있다가 엎드려 보라고 한다.
- 수행되면 영아의 특성에 맞는 적절한 강화제를 제공한다.

72 끈에 매달린 장난감을 끌면서 걷기 1~2세

목표 | 끈에 매달린 장난감을 끌면서 걸을 수 있다.
자료 | 영아가 좋아하는 끌 수 있는 장난감, 강화제

방법 ❶

- 교사가 끈에 매달린 장난감을 끌면서 걷는 시범을 보인다.
- 영아에게 교사를 모방하여 끈에 매달린 장난감을 끌면서 걸어 보라고 한다.
- 수행되면 영아 스스로 끈에 매달린 장난감을 끌면서 걸어 보라고 한다.
- 수행되면 영아의 특성에 맞는 적절한 강화제를 제공한다.

방법 ❷

- 교사가 끈에 매달린 장난감을 끌면서 걷는 시범을 보인다.
- 영아에게 교사를 모방하여 끈에 매달린 장난감을 끌면서 걸어 보라고 한다.
- 모방하지 못하면 교사가 영아의 손을 잡고 끈에 매달린 장난감을 끌면서 걷게 해 준다.
- 교사가 영아의 손에 끈을 쥐어 준 후 영아에게 끈에 매달린 장난감을 끌면서 걸어 보라고 한다.
- 끌지 못하면 교사가 영아의 손에 끈을 쥐어 준 후 영아의 손을 잡고 장난감을 끌면서 걷는 동작을 반복해 준다.
- 도움을 점차 줄여 간다.
- 수행되면 영아 스스로 끈에 매달린 장난감을 끌면서 걸어 보라고 한다.

- 수행되면 영아의 특성에 맞는 적절한 강화제를 제공한다.

☞ 천으로 된 영아가 좋아하는 장난감에 끈을 매달아 주거나, 큰 상자에 끈을 매달아 끌면서 걷도록 지도하면 된다.

73 한 손 잡아 주면 한 계단에 양발 모으고 계단 올라가기

목표 | 한 손을 잡아 주면 한 계단에 양발을 모으고 계단을 올라갈 수 있다.
자료 | 영아가 좋아하는 장난감, 강화제

방법 ❶

- 교사가 계단에 선 후 오른쪽 발을 들어 계단 위에 올려놓은 다음 왼발을 계단에 올려놓아 양발을 모은 후 다시 계단을 올라가는 시범을 보인다.
- 교사가 영아의 한 손을 잡아 주면 교사를 모방하여 오른쪽 발을 들어 계단 위에 올려놓은 다음 왼발을 계단에 올려놓아 양발을 모은 후 다시 계단을 올라가 보라고 한다.
- 수행되면 교사가 영아의 한 손을 잡아 줄 때 영아 스스로 오른쪽 발을 들어 계단 위에 올려 놓은 다음 왼발을 계단에 올려놓아 양발을 모은 후 다시 올라가 보라고 한다.
- 수행되면 영아의 특성에 맞는 적절한 강화제를 제공한다.

방법 ❷

- 교사가 계단에 선 후 오른쪽 발을 들어 계단 위에 올려놓는 시범을 보인다.
- 교사가 영아의 한 손을 잡아 주면 교사를 모방하여 오른쪽 발을 들어 계단 위에

올려놓아 보라고 한다.

- 모방하지 못하면 교사가 영아의 한 손을 잡고 오른쪽 다리를 잡아 계단 위에 올려 놓아 준다.

- 교사가 영아의 한 손을 잡고 계단을 가리키며 오른쪽 다리를 계단 위에 올려놓아 보라고 한다.

- 올려놓지 못하면 교사가 영아의 한 손을 잡고 오른쪽 다리를 잡아 계단 위에 올려 놓는 동작을 반복해 준다.

- 도움을 점차 줄여 간다.

- 수행되면 교사가 영아의 한 손을 잡아 줄 때 영아 스스로 오른쪽 발을 들어 계단 위에 올려놓아 보라고 한다.

- 수행되면 교사가 계단에 선 후 오른쪽 발을 들어 계단 위에 올려놓은 다음 왼발을 계단에 올려놓아 양발을 모은 후 다시 계단을 올라가는 시범을 보인다.

- 교사가 영아의 한 손을 잡아 주면 영아에게 교사를 모방하여 오른쪽 발을 들어 계단 위에 올려놓은 다음 왼발을 계단에 올려놓아 양발을 모은 후 다시 계단을 올라 가 보라고 한다.

- 모방하지 못하면 교사가 영아의 한 손을 잡아 주며 스스로 오른쪽 다리를 계단 위에 올려놓으라고 한 다음 교사가 영아의 왼발을 잡아 계단에 올려놓아 양발을 모은 후 다시 계단을 올라가게 해 준다.

- 수행되면 교사가 영아의 한 손을 잡아 주며 스스로 오른쪽 다리를 계단 위에 올려 놓으라고 한 다음 영아에게 왼발을 계단에 올려놓아 양발을 모은 후 다시 계단을 올라가 보라고 한다.

- 수행되면 교사가 영아의 한 손을 잡아 주며 스스로 오른쪽 다리를 계단 위에 올려 놓으라고 한 다음 왼발을 가리키며 "왼발을 계단에 올려요."라고 말하며 영아에 게 왼발을 계단에 올려놓아 양발을 모은 후 다시 계단을 올라가 보라고 한다.

- 도움을 점차 줄여 간다.

- 수행되면 교사가 영아의 한 손을 잡아 줄 때 영아 스스로 오른쪽 발을 들어 계단

위에 올려놓은 다음 왼발을 계단에 올려놓아 양발을 모은 후 다시 계단을 올라가
보라고 한다.

• 수행되면 영아의 특성에 맞는 적절한 강화제를 제공한다.

☞ 영아가 좋아하는 장난감이나 강화제를 두세 계단 위에 놓아두어 영아가 계단을 올랐을 때
가지게 하거나 먹게 하면 효과적으로 지도할 수 있다.

74 스펀지 블록 위에 올라가기 1~2세

목표 | 스펀지 블록 위에 올라갈 수 있다.

자료 | 스펀지 블록 여러 개, 강화제

방법 ❶

- 교사가 스펀지 블록을 늘어뜨려 놓은 다음 블록 위에 올라가는 시범을 보인다.
- 교사가 스펀지 블록을 늘어뜨려 놓은 다음 영아에게 교사를 모방하여 블록 위에 올라가 보라고 한다.
- 수행되면 교사가 스펀지 블록을 늘어뜨려 놓은 다음 영아 스스로 블록 위에 올라가 보라고 한다.
- 수행되면 영아의 특성에 맞는 적절한 강화제를 제공한다.

방법 ❷

- 교사가 스펀지 블록을 늘어뜨려 놓은 다음 블록 위에 올라가는 시범을 보인다.
- 교사가 스펀지 블록을 늘어뜨려 놓은 다음 영아에게 교사를 모방하여 블록 위에 올라가 보라고 한다.
- 모방하지 못하면 교사가 영아의 허리를 잡고 스펀지 블록 위에 올라가게 해 준다.
- 올라가지 못하면 교사가 영아의 허리를 잡고 스펀지 블록 위에 올라가는 동작을 반복해 준다.
- 도움을 점차 줄여 간다.
- 수행되면 교사가 스펀지 블록을 늘어뜨려 놓은 다음 영아 스스로 블록 위에 올라가 보라고 한다.
- 수행되면 영아의 특성에 맞는 적절한 강화제를 제공한다.

☞ 영아가 블록 위에 올라갈 때는 교사가 블록을 잡아 주도록 하며, 내려올 때도 영아가 넘어지지 않도록 손을 잡아서 이동시켜 준다.

75 물건 끌어당기기 1~2세

목표 | 물건을 끌어당길 수 있다.
자료 | 영아가 좋아하는 장난감, 강화제

방법 ❶
- 교사가 물건을 끌어당기는 시범을 보인다.
- 영아에게 교사를 모방하여 물건을 끌어당겨 보라고 한다.
- 수행되면 영아 스스로 물건을 끌어당겨 보라고 한다.
- 수행되면 영아의 특성에 맞는 적절한 강화제를 제공한다.

방법 ❷
- 교사가 예를 들어 딸랑이를 끌어당기는 시범을 보인다.
- 영아에게 교사를 모방하여 딸랑이를 끌어당겨 보라고 한다.
- 모방하지 못하면 교사가 영아의 손을 잡고 딸랑이를 끌어당겨 준다.
- 교사가 영아의 손 가까이에 딸랑이를 놓아 준 후 끌어당겨 보라고 한다.
- 당기지 못하면 교사가 영아의 손 가까이에 딸랑이를 놓아 준 후 끌어당기는 동작을 반복해 준다.
- 도움을 점차 줄여 간다.
- 수행되면 영아 스스로 딸랑이를 끌어당겨 보라고 한다.
- 수행되면 다른 물건들도 딸랑이를 지도한 것과 같은 방법으로 지도한다.
- 수행되면 영아의 특성에 맞는 적절한 강화제를 제공한다.

76 누운 상태에서 손과 발 사용하여 일어나기 `1~2세`

목표 | 누운 상태에서 손과 발을 사용하여 일어날 수 있다.

자료 | 담요(매트), 강화제

방법 ❶

- 교사가 담요(매트) 위에 누워 있다가 누운 상태에서 손과 발을 사용하여 일어나는 시범을 보인다.
- 교사가 영아를 담요 위에 눕힌 후 교사를 모방하여 누워 있다가 손과 발을 사용하여 일어나 보라고 한다.
- 수행되면 교사가 영아를 담요 위에 눕힌 후 영아 스스로 손과 발을 사용하여 일어나 보라고 한다.
- 수행되면 영아의 특성에 맞는 적절한 강화제를 제공한다.

방법 ❷

- 교사가 담요(매트) 위에 누워 있다가 누운 상태에서 손과 발을 사용하여 일어나는 시범을 보인다.
- 교사가 영아를 담요 위에 눕힌 후 교사를 모방하여 누워 있다가 손과 발을 사용하여 일어나 보라고 한다.
- 일어나지 못하면 교사가 영아를 담요 위에 눕힌 후 영아의 양손을 바닥에 짚게 한 다음 발을 움직이면서 일어나게 해 준다.
- 수행되면 교사가 영아를 담요 위에 눕힌 후 영아의 한 손을 바닥에 짚게 한 다음 발을 움직이면서 일어나 보라고 한다.
- 일어나지 못하면 교사가 영아를 담요 위에 눕힌 후 영아의 양손을 바닥에 짚게 한 다음 발을 움직이면서 일어나는 동작을 반복해 준다.

- 도움을 점차 줄여 간다.
- 수행되면 교사가 영아를 담요 위에 눕힌 후 영아 스스로 손과 발을 사용하여 일어나게 한다.
- 수행되면 영아의 특성에 맞는 적절한 강화제를 제공한다.

77 무릎 꿇는 자세 취하기

목표 | 무릎 꿇는 자세를 취할 수 있다.

자료 | 강화제

방법 ❶

- 교사가 무릎 꿇는 자세를 시범 보인다.
- 영아에게 교사를 모방하여 무릎을 꿇어 보라고 한다.
- 수행되면 영아 스스로 무릎을 꿇어 보라고 한다.
- 수행되면 영아의 특성에 맞는 적절한 강화제를 제공한다.

방법 ❷

- 교사가 무릎 꿇는 자세를 시범 보인다.
- 영아에게 교사를 모방하여 무릎을 꿇어 보라고 한다.
- 모방하지 못하면 교사가 영아의 양발을 잡아 순서대로 무릎을 꿇게 해 준다.
- 꿇지 못하면 교사가 영아의 양발을 잡아 순서대로 무릎을 꿇는 동작을 반복해 준다.
- 수행되면 교사가 영아의 한 발을 잡아 무릎을 꿇게 해 준 후 영아에게 한 발을 꿇어 보라고 한다.

- 도움을 점차 줄여 간다.
- 수행되면 영아 스스로 무릎을 꿇어 보라고 한다.
- 수행되면 영아의 특성에 맞는 적절한 강화제를 제공한다.

78 한 손 잡아 주면 한 계단에 양발 모으고 계단 내려오기

2~3세

목표 | 한 손을 잡아 주면 한 계단에 양발을 모으고 계단을 내려올 수 있다.
자료 | 영아가 좋아하는 장난감, 강화제

방법 ❶
- 교사가 계단에 선 후 오른쪽 발을 들어 계단 아래 내려놓은 다음 왼발을 계단에 내려놓아 양발을 모은 후 다시 계단을 내려가는 시범을 보인다.
- 교사가 영아의 한 손을 잡아 주면 교사를 모방하여 계단에 선 후 오른쪽 발을 들어 계단 아래 내려놓은 다음 왼발을 계단에 내려놓아 양발을 모은 후 다시 계단을 내려가 보라고 한다.
- 수행되면 교사가 영아의 한 손을 잡아 줄 때 영아 스스로 계단에 선 후 오른쪽 발을 들어 계단 아래 내려놓은 다음 왼발을 계단에 내려놓아 양발을 모은 후 다시 계단을 내려가 보라고 한다.
- 수행되면 영아의 특성에 맞는 적절한 강화제를 제공한다.

방법 ❷
- 교사가 계단에 선 후 오른쪽 발을 들어 계단 아래 내려놓는 시범을 보인다.
- 교사가 영아의 한 손을 잡아 주면 교사를 모방하여 오른쪽 발을 들어 계단 아래 내려놓아 보라고 한다.

- 모방하지 못하면 교사가 영아의 한 손을 잡고 오른쪽 다리를 잡아 계단 아래 내려 놓아 준다.
- 교사가 영아의 한 손을 잡고 계단을 가리키며 오른쪽 다리를 계단 아래 내려놓아 보라고 한다.
- 내려놓지 못하면 교사가 영아의 한 손을 잡고 오른쪽 다리를 잡아 계단 아래 내려 놓는 동작을 반복해 준다.
- 도움을 점차 줄여 간다.
- 수행되면 교사가 영아의 한 손을 잡아 줄 때 영아 스스로 오른쪽 발을 들어 계단 아래 내려놓아 보라고 한다.
- 수행되면 교사가 계단에 선 후 오른쪽 발을 들어 계단 아래 내려놓은 다음 왼발을 계단에 내려놓아 양발을 모은 후 다시 계단을 내려가는 시범을 보인다.

- 교사가 영아의 한 손을 잡아 주면 교사를 모방하여 오른쪽 발을 들어 계단 아래 내려놓은 다음 왼발을 계단에 내려놓아 양발을 모은 후 다시 계단을 내려가 보라 고 한다.
- 모방하지 못하면 교사가 영아의 한 손을 잡아 주며 스스로 오른쪽 다리를 계단 아 래 내려놓으라고 한 다음 교사가 영아의 왼발을 잡아 계단에 내려놓아 양발을 모 은 후 다시 계단을 내려가게 해 준다.
- 수행되면 교사가 영아의 한 손을 잡아 주며 스스로 오른쪽 다리를 계단 아래 내려 놓으라고 한 다음 영아에게 왼발을 계단에 내려놓아 양발을 모은 후 다시 계단을 내려가 보라고 한다.
- 수행되면 교사가 영아의 한 손을 잡아 주며 스스로 오른쪽 다리를 계단 아래 내려 놓으라고 한 다음 왼발을 가리키며 "왼발을 계단에 내려요."라고 말하며 영아에 게 왼발을 계단에 내려놓아 양발을 모은 후 다시 계단을 내려가 보라고 한다.
- 도움을 점차 줄여 간다.
- 수행되면 교사가 영아의 한 손을 잡아 줄 때 영아 스스로 오른쪽 발을 들어 계단 아래 내려놓은 다음 왼발을 계단에 내려놓아 양발을 모은 후 다시 계단을 내려가

보라고 한다.

• 수행되면 영아의 특성에 맞는 적절한 강화제를 제공한다.

☞ 영아가 좋아하는 장난감이나 강화제를 두세 계단 아래 놓아두어 영아가 계단을 내려갔을 때 가지게 하거나 먹게 하면 효과적으로 지도할 수 있다.

79 **물건을 잡기 위해 의자 위로 기어오르기** 2~3세

목표 | 물건을 잡기 위해 의자 위로 기어오를 수 있다.
자료 | 영아가 좋아하는 장난감이나 과자, 강화제

방법 ❶

- 교사가 물건을 잡기 위해 의자 위로 기어오르는 시범을 보인다.
- 영아에게 교사를 모방하여 물건을 잡기 위해 의자 위로 기어올라 보라고 한다.
- 수행되면 영아 스스로 물건을 잡기 위해 의자 위로 기어올라 보라고 한다.
- 수행되면 영아의 특성에 맞는 적절한 강화제를 제공한다.

방법 ❷

- 교사가 예를 들어 자동차를 잡기 위해 의자 위로 기어오르는 시범을 보인다.
- 영아에게 교사를 모방하여 자동차를 잡기 위해 의자 위로 기어올라 보라고 한다.
- 모방하지 못하면 교사가 영아의 허리를 잡고 자동차를 잡기 위해 의자 위로 기어 올라가게 해 준다.
- 교사가 의자에 자동차를 놓아 준 후 영아에게 자동차를 잡기 위해 의자 위로 기어 올라가 보라고 한다.
- 올라가지 못하면 교사가 영아의 허리를 잡고 자동차를 잡기 위해 의자 위로 기어 올라가는 동작을 반복해 준다.
- 도움을 점차 줄여 간다.
- 수행되면 영아 스스로 자동차를 잡기 위해 의자 위로 기어올라 보라고 한다.
- 수행되면 다른 물건들도 자동차를 지도한 것과 같은 방법으로 지도한다.
- 수행되면 영아의 특성에 맞는 적절한 강화제를 제공한다.

80 움직이는 장난감 쫓아가기

2~3세

목표 | 움직이는 장난감을 쫓아갈 수 있다.

자료 | 움직이는 장난감, 강화제

방법 ❶

- 교사가 움직이는 장난감을 쫓아가는 시범을 보인다.
- 영아에게 교사를 모방하여 움직이는 장난감을 쫓아가 보라고 한다.
- 수행되면 영아 스스로 움직이는 장난감을 쫓아가 보라고 한다.
- 수행되면 영아의 특성에 맞는 적절한 강화제를 제공한다.

**2~3
세**

방법 ❷

- 교사가 예를 들어 움직이는 자동차를 쫓아가는 시범을 보인다.
- 영아에게 교사를 모방하여 움직이는 자동차를 쫓아가 보라고 한다.
- 모방하지 못하면 교사가 영아의 손을 잡고 움직이는 자동차를 쫓아가 준다.
- 교사가 영아의 손을 잡고 움직이는 자동차를 쫓아가 주다가 영아에게 쫓아가 보라고 한다.
- 쫓아가지 못하면 교사가 영아의 손을 잡고 움직이는 자동차를 쫓아가는 동작을 반복해 준다.
- 수행되면 교사가 영아를 움직이는 자동차 앞에 세워 준 후 쫓아가 보라고 한다.
- 도움을 점차 줄여 간다.
- 수행되면 영아 스스로 움직이는 자동차를 쫓아가 보라고 한다.
- 수행되면 다른 움직이는 장난감도 움직이는 자동차를 지도한 것과 같은 방법으로 지도한다.
- 수행되면 영아의 특성에 맞는 적절한 강화제를 제공한다.

81 빨리 걷기 2~3세

목표 | 빨리 걸을 수 있다.
자료 | 강화제

방법 ❶
- 스스로 걷기는 앞 단계에서 수행하였으므로 확인한 후 시행한다.
- 교사가 빨리 걷는 시범을 보인다.
- 영아에게 교사를 모방하여 빨리 걸어 보라고 한다.
- 수행되면 영아 스스로 빨리 걸어 보라고 한다.
- 수행되면 영아의 특성에 맞는 적절한 강화제를 제공한다.

방법 ❷
- 스스로 걷기는 앞 단계에서 수행하였으므로 확인한 후 시행한다.
- 교사가 빨리 걷는 시범을 보인다.
- 영아에게 교사를 모방하여 빨리 걸어 보라고 한다.
- 모방하지 못하면 교사가 영아의 손을 잡게 빨리 걷게 해 준다.
- 교사가 영아의 손을 잡고 빨리 걷다가 손을 놓고 영아에게 빨리 걸어 보라고 한다.
- 걷지 못하면 교사가 영아의 손을 잡고 빨리 걷는 동작을 반복해 준다.
- 수행되면 교사가 영아의 옆에서 빨리 걸으며 영아에게 빨리 걸어 보라고 한다.
- 도움을 점차 줄여 간다.
- 수행되면 영아 스스로 빨리 걸어 보라고 한다.
- 수행되면 영아의 특성에 맞는 적절한 강화제를 제공한다.

몸 구부려 다리 사이로 보기

목표 | 몸을 구부려 다리 사이로 볼 수 있다.

자료 | 강화제

방법 ❶

- 교사가 몸을 구부려 다리 사이로 보는 시범을 보인다.
- 영아에게 교사를 모방하여 몸을 구부려 다리 사이로 보라고 한다.
- 수행되면 영아 스스로 몸을 구부려 다리 사이로 보라고 한다.
- 수행되면 영아의 특성에 맞는 적절한 강화제를 제공한다.

방법 ❷

- 교사가 몸을 구부려 다리 사이로 보는 시범을 보인다.
- 영아에게 교사를 모방하여 몸을 구부려 다리 사이로 보라고 한다.
- 모방하지 못하면 교사가 영아의 몸을 구부려 준 후 다리 사이로 보게 해 준다.
- 교사가 영아의 몸을 구부려 준 후 다리 사이로 보라고 한다.
- 보지 못하면 교사가 영아의 몸을 구부려 준 후 다리 사이로 보는 동작을 반복해 준다.
- 수행되면 교사가 영아의 몸을 살짝 구부려 주면서 영아에게 다리 사이로 보라고 한다.
- 도움을 점차 줄여 간다.
- 수행되면 영아 스스로 몸을 구부려 다리 사이로 보라고 한다.
- 수행되면 영아의 특성에 맞는 적절한 강화제를 제공한다.

☞ 몸을 구부려 다리 사이로 보다 넘어질 위험이 있기 때문에 매트(담요) 위에서 시행하면 안전하다.

낮은 미끄럼틀 타기

목표 ┃ 낮은 미끄럼틀을 탈 수 있다.

자료 ┃ 낮은 미끄럼틀, 강화제

방법 ❶

- 교사가 실내에서 낮은 미끄럼틀을 타는 시범을 보인다.
- 영아에게 교사를 모방하여 실내에서 낮은 미끄럼틀을 타 보라고 한다.
- 수행되면 영아 스스로 실내에서 낮은 미끄럼틀을 타 보라고 한다.
- 수행되면 영아의 특성에 맞는 적절한 강화제를 제공한다.

방법 ❷

- 교사가 실내에서 낮은 미끄럼틀을 타는 시범을 보인다.
- 영아에게 교사를 모방하여 실내에서 낮은 미끄럼틀을 타 보라고 한다.
- 모방하지 못하면 교사가 영아를 안고 실내에서 낮은 미끄럼틀을 타게 해 준다.
- 교사가 실내에서 낮은 미끄럼틀에 영아를 앉혀 허리를 잡아 주면서 타 보라고 한다.
- 타지 못하면 교사가 영아를 안고 실내에서 낮은 미끄럼틀을 타는 동작을 반복해 준다.
- 수행되면 교사가 영아를 실내에 있는 낮은 미끄럼틀에 앉혀 준 후 영아에게 미끄럼틀을 타 보라고 한다.
- 도움을 점차 줄여 간다.
- 수행되면 영아 스스로 실내에서 낮은 미끄럼틀을 타 보라고 한다.
- 수행되면 영아의 특성에 맞는 적절한 강화제를 제공한다.

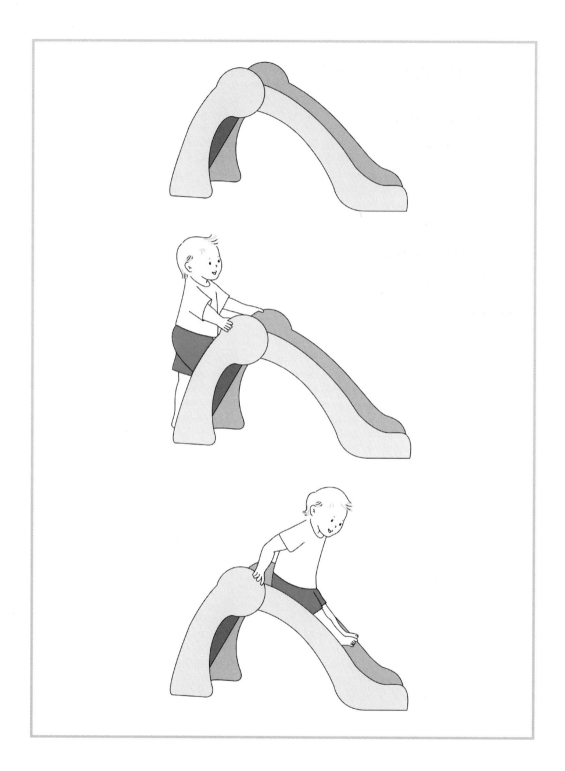

84 땅 짚지 않고 바닥에서 일어서기 {2~3세}

목표 | 땅을 짚지 않고 바닥에서 일어설 수 있다.

자료 | 강화제

방법 ❶

- 교사가 땅을 짚지 않고 바닥에서 일어서는 시범을 보인다.
- 영아에게 교사를 모방하여 땅을 짚지 않고 바닥에서 일어서 보라고 한다.
- 수행되면 영아 스스로 땅을 짚지 않고 바닥에서 일어서 보라고 한다.
- 수행되면 영아의 특성에 맞는 적절한 강화제를 제공한다.

방법 ❷

- 교사가 땅을 짚지 않고 바닥에서 일어서는 시범을 보인다.
- 영아에게 교사를 모방하여 땅을 짚지 않고 바닥에서 일어서 보라고 한다.
- 모방하지 못하면 교사가 영아의 한 손을 잡아 주며 땅을 짚지 않고 바닥에서 일어서 보게 한다.
- 수행되면 교사가 영아에게 한 손으로 땅을 짚고 일어서 보라고 한다.
- 일어서지 못하면 교사가 영아에게 한 손으로 땅을 짚고 일어서는 동작을 반복해 준다.
- 도움을 점차 줄여 간다.
- 수행되면 영아 스스로 땅을 짚지 않고 바닥에서 일어서 보라고 한다.
- 수행되면 영아의 특성에 맞는 적절한 강화제를 제공한다.

85 한 손 잡아 주면 계단 오르내리기 2~3세

목표 | 한 손을 잡아 주면 계단을 오르내릴 수 있다.

자료 | 영아가 좋아하는 장난감, 강화제

방법 ❶

- 한 손 잡아 주면 계단 오르기 및 내리기는 각각 수행하였으므로 확인한 후 시행한다.
- 교사가 계단을 오르내리는 시범을 보인다.
- 교사가 영아의 한 손을 잡아 주면 교사를 모방하여 계단을 오르내려 보라고 한다.
- 수행되면 교사가 영아의 한 손을 잡아 줄 때 영아 스스로 계단을 오르내려 보라고 한다.
- 수행되면 영아의 특성에 맞는 적절한 강화제를 제공한다.

방법 ❷

- 한 손 잡아 주면 계단 오르기 및 내리기는 각각 수행하였으므로 확인한 후 시행한다.
- 교사가 계단을 오르내리는 시범을 보인다.
- 교사가 영아의 한 손을 잡아 주면 교사를 모방하여 계단을 오르내려 보라고 한다.
- 모방하지 못하면 교사가 영아의 한 손을 잡고 오른쪽(왼쪽) 다리를 가리키며 계단을 올라가게 해 준 후 계단에 올라서면 오른쪽(왼쪽) 다리를 가리키며 계단을 내려가게 해 준다.
- 오르내리지 못하면 교사가 영아의 한 손을 잡고 오른쪽(왼쪽) 다리를 가리키며 계단을 올라가게 해 준 후 계단에 올라서면 오른쪽(왼쪽) 다리를 가리키며 계단을 내려가게 하는 동작을 반복해 준다.
- 도움을 점차 줄여 간다.
- 수행되면 교사가 영아의 한 손을 잡아 줄 때 영아 스스로 계단을 오르내려 보라고 한다.

- 수행되면 영아의 특성에 맞는 적절한 강화제를 제공한다.

☞ 영아가 좋아하는 장난감이나 강화제를 두세 계단 위와 아래에 놓아두어 영아가 계단을 오르
내릴 때 가지게 하거나 먹게 하면 효과적으로 지도할 수 있다.

86 앉은 상태에서 공을 올려 던지기 2~3세

목표 | 앉은 상태에서 공을 올려 던질 수 있다.
자료 | 공, 강화제

방법 ❶
- 양손으로 공 집어 올리기는 수행하였으므로 확인한 후 시행한다.
- 교사가 앉은 상태에서 공을 올려 던지는 시범을 보인다.
- 영아에게 교사를 모방하여 앉은 상태에서 공을 올려 던져 보라고 한다.
- 수행되면 앉은 상태에서 영아 스스로 공을 올려 던져 보라고 한다.
- 수행되면 영아의 특성에 맞는 적절한 강화제를 제공한다.

방법 ❷
- 양손으로 공 집어 올리기는 수행하였으므로 확인한 후 시행한다.
- 교사가 앉은 상태에서 공을 올려 던지는 시범을 보인다.
- 영아에게 교사를 모방하여 앉은 상태에서 공을 올려 던져 보라고 한다.
- 모방하지 못하면 영아가 앉은 상태에서 교사가 영아의 양손을 잡고 공을 올려 던져 준다.
- 던지지 못하면 영아가 앉은 상태에서 교사가 영아의 양손을 잡고 공을 올려 던지는 동작을 반복해 준다.

- 도움을 점차 줄여 간다.
- 수행되면 앉은 상태에서 영아 스스로 공을 올려 던져 보라고 한다.
- 수행되면 영아의 특성에 맞는 적절한 강화제를 제공한다.

87 계단 기어 내려가기 `2~3세`

목표 | 계단을 기어 내려갈 수 있다.
자료 | 계단 모형, 영아가 좋아하는 장난감, 강화제

방법 ❶
- 교사가 계단을 기어 내려가는 시범을 보인다.
- 영아에게 교사를 모방하여 계단을 기어 내려가 보라고 한다.
- 수행되면 영아 스스로 계단을 기어 내려가 보라고 한다.
- 수행되면 영아의 특성에 맞는 적절한 강화제를 제공한다.

방법 ❷
- 교사가 계단을 기어 내려가는 시범을 보인다.
- 영아에게 교사를 모방하여 계단을 기어 내려가 보라고 한다.
- 모방하지 못하면 교사가 영아의 허리를 잡고 계단을 기어 내려가게 해 준다.
- 교사가 계단에 영아를 기는 자세로 올려 준 후 영아의 허리를 잡아 주며 계단을 기어 내려가 보라고 한다.
- 내려가지 못하면 교사가 계단에 영아를 기는 자세로 올려 준 후 영아의 허리를 잡아 주며 계단을 기어 내려가는 동작을 반복해 준다.
- 수행되면 교사가 계단에 영아를 기는 자세로 올려 준 후 영아가 좋아하는 것을 계단 아래에 놓아 준 다음 영아에게 계단을 기어 내려가 보라고 한다.

- 도움을 점차 줄여 간다.
- 수행되면 영아 스스로 계단을 기어 내려가 보라고 한다.
- 수행되면 영아의 특성에 맞는 적절한 강화제를 제공한다.

88 양손으로 공 굴리기 2~3세

목표 | 양손으로 공을 굴릴 수 있다.

자료 | 공, 강화제

방법 ❶

- 교사가 앉은 상태에서 양손으로 공을 굴리는 시범을 보인다.
- 영아에게 교사를 모방하여 앉은 상태에서 양손으로 공을 굴려 보라고 한다.
- 수행되면 앉은 상태에서 영아 스스로 양손으로 공을 굴려 보라고 한다.
- 수행되면 영아의 특성에 맞는 적절한 강화제를 제공한다.

방법 ❷

- 교사가 앉은 상태에서 양손으로 공을 굴리는 시범을 보인다.
- 영아에게 교사를 모방하여 앉은 상태에서 양손으로 공을 굴려 보라고 한다.
- 모방하지 못하면 영아가 앉은 상태에서 교사가 영아의 뒤에 앉아 양손을 잡고 공을 굴려 준다.
- 굴리지 못하면 영아가 앉은 상태에서 교사가 영아의 뒤에 앉아 양손을 잡고 공을 굴려 주는 동작을 반복해 준다.
- 도움을 점차 줄여 간다.
- 수행되면 앉은 상태에서 영아 스스로 양손으로 공을 굴려 보라고 한다.
- 수행되면 영아의 특성에 맞는 적절한 강화제를 제공한다.

89 뒤뚱거리며 달리기

2~3세

목표 | 뒤뚱거리며 달릴 수 있다.

자료 | 강화제

방법 ❶

- 교사가 뒤뚱거리며 달리는 시범을 보인다.
- 영아에게 교사를 모방하여 뒤뚱거리며 달려 보라고 한다.
- 수행되면 영아 스스로 뒤뚱거리며 달려 보라고 한다.
- 수행되면 영아의 특성에 맞는 적절한 강화제를 제공한다.

**2~3
세**

방법 ❷

- 교사가 뒤뚱거리며 달리는 시범을 보인다.
- 영아에게 교사를 모방하여 뒤뚱거리며 달려 보라고 한다.
- 모방하지 못하면 교사가 영아의 한 손을 잡고 뒤뚱거리며 달리게 해 준다.
- 달리지 못하면 교사가 영아의 한 손을 잡고 뒤뚱거리며 달리는 동작을 반복해 준다.
- 도움을 점차 줄여 간다.
- 수행되면 영아 스스로 뒤뚱거리며 달려 보라고 한다.
- 수행되면 영아의 특성에 맞는 적절한 강화제를 제공한다.

90 도움받아 뒤로 걷기

목표 | 도움받아 뒤로 걸을 수 있다.

자료 | 강화제

방법 ❶

- 교사가 뒤로 걷는 시범을 보인다.
- 교사가 영아의 손을 잡아 줄 때 교사를 모방하여 뒤로 걸어 보라고 한다.
- 수행되면 교사가 영아의 손을 잡아 줄 때 영아 스스로 뒤로 걸어 보라고 한다.
- 수행되면 영아의 특성에 맞는 적절한 강화제를 제공한다.

방법 ❷

- 교사가 뒤로 걷는 시범을 보인다.
- 교사가 영아의 손을 잡아 줄 때 교사를 모방하여 뒤로 걸어 보라고 한다.
- 모방하지 못하면 교사가 영아의 한 손을 잡고 뒤로 걷게 해 준다.
- 걷지 못하면 교사가 영아의 한 손을 잡고 뒤로 걷는 동작을 반복해 준다.
- 도움을 점차 줄여 간다.
- 수행되면 교사가 영아의 손을 잡아 줄 때 영아 스스로 뒤로 걸어 보라고 한다.
- 수행되면 영아의 특성에 맞는 적절한 강화제를 제공한다.

91 한 손으로 공 굴리기

목표 | 한 손으로 공을 굴릴 수 있다.

자료 | 공, 강화제

방법 **❶**

- 양손으로 공 굴리기는 수행하였으므로 확인한 후 시행한다.
- 교사가 앉은 상태에서 한 손으로 공을 굴리는 시범을 보인다.
- 영아에게 교사를 모방하여 앉은 상태에서 한 손으로 공을 굴려 보라고 한다.
- 수행되면 앉은 상태에서 영아 스스로 한 손으로 공을 굴려 보라고 한다.
- 수행되면 영아의 특성에 맞는 적절한 강화제를 제공한다.

방법 **❷**

- 양손으로 공 굴리기는 수행하였으므로 확인한 후 시행한다.
- 교사가 앉은 상태에서 한 손으로 공을 굴리는 시범을 보인다.
- 영아에게 교사를 모방하여 앉은 상태에서 한 손으로 공을 굴려 보라고 한다.
- 모방하지 못하면 영아가 앉은 상태에서 교사가 영아의 뒤에 앉아 한 손을 잡고 공을 굴려 준다.
- 굴리지 못하면 영아가 앉은 상태에서 교사가 영아의 뒤에 앉아 한 손을 잡고 공을 굴려 주는 동작을 반복해 준다.
- 도움을 점차 줄여 간다.
- 수행되면 앉은 상태에서 영아 스스로 한 손으로 공을 굴려 보라고 한다.
- 수행되면 영아의 특성에 맞는 적절한 강화제를 제공한다.

2~3세

92 난간 잡고 계단 오르기 2~3세

목표 | 난간을 잡고 계단을 오를 수 있다.

자료 | 계단, 영아가 좋아하는 장난감, 강화제

방법 ❶

- 한 손 잡아 주면 계단 오르기 및 내리기는 각각 수행하였으므로 확인한 후 시행한다.
- 교사가 난간을 잡고 계단을 오르는 시범을 보인다.
- 영아에게 교사를 모방하여 난간을 잡고 계단을 올라가 보라고 한다.
- 수행되면 영아 스스로 난간을 잡고 계단을 올라가 보라고 한다.
- 수행되면 영아의 특성에 맞는 적절한 강화제를 제공한다.

방법 ❷

- 한 손 잡아 주면 계단 오르기 및 내리기는 각각 수행하였으므로 확인한 후 시행한다.
- 교사가 난간을 잡고 계단을 오르는 시범을 보인다.
- 영아에게 교사를 모방하여 난간을 잡고 계단을 올라가 보라고 한다.
- 모방하지 못하면 교사가 영아의 손을 잡아 난간을 잡게 해 준 후 계단을 올라가게 해 준다.
- 오르지 못하면 교사가 영아의 손을 잡아 난간을 잡게 해 준 후 계단을 올라가는 동작을 반복해 준다.
- 수행되면 교사가 영아의 손을 난간 가까이 대 준 후 영아에게 난간을 잡고 계단을 올라가 보라고 한다.
- 수행되면 교사가 난간을 가리키며 잡으라고 말해 준 후 영아에게 난간을 잡고 계단을 올라가 보라고 한다.
- 수행되면 교사가 난간을 잡으라고 말해 준 후 영아에게 난간을 잡고 계단을 올라가 보라고 한다.
- 도움을 점차 줄여 간다.
- 수행되면 영아 스스로 난간을 잡고 계단을 올라가 보라고 한다.
- 수행되면 영아의 특성에 맞는 적절한 강화제를 제공한다.

☞ 영아가 좋아하는 장난감이나 강화제를 두세 계단 위에 놓아두어 영아가 계단을 오를 때 가

지게 하거나 먹게 하면 효과적으로 지도할 수 있다.

93 매달린 풍선 치기 `2~3세`

목표 | 매달린 풍선을 칠 수 있다.

자료 | 풍선, 노끈, 강화제

방법 ❶

- 노끈에 풍선을 매달아 제시한다.
- 교사가 매달린 풍선을 치는 시범을 보인다.
- 영아에게 교사를 모방하여 매달린 풍선을 쳐 보라고 한다.
- 수행되면 영아 스스로 매달린 풍선을 쳐 보라고 한다.
- 수행되면 영아의 특성에 맞는 적절한 강화제를 제공한다.

방법 ❷

- 노끈에 풍선을 매달아 제시한다.
- 교사가 매달린 풍선을 치는 시범을 보인다.
- 영아에게 교사를 모방하여 매달린 풍선을 쳐 보라고 한다.
- 모방하지 못하면 교사가 풍선을 잡아 준 후 영아의 손을 잡고 매달린 풍선을 쳐 준다.
- 교사가 풍선을 잡아 준 후 영아에게 매달린 풍선을 쳐 보라고 한다.
- 치지 못하면 교사가 영아의 손을 잡고 매달린 풍선을 치는 동작을 반복해 준다.
- 도움을 점차 줄여 간다.
- 수행되면 영아 스스로 매달린 풍선을 쳐 보라고 한다.
- 수행되면 영아의 특성에 맞는 적절한 강화제를 제공한다.

94 바구니에 팥 주머니 넣기

목표 | 바구니에 팥 주머니를 넣을 수 있다.

자료 | 바구니, 팥 주머니, 강화제

방법 ❶

- 교사가 바구니에 팥 주머니를 넣는 시범을 보인다.
- 영아에게 교사를 모방하여 바구니에 팥 주머니를 넣어 보라고 한다.
- 수행되면 영아 스스로 바구니에 팥 주머니를 넣어 보라고 한다.
- 수행되면 영아의 특성에 맞는 적절한 강화제를 제공한다.

방법 ❷

- 교사가 바구니에 팥 주머니를 넣는 시범을 보인다.
- 영아에게 교사를 모방하여 바구니에 팥 주머니를 넣어 보라고 한다.
- 모방하지 못하면 교사가 영아의 손을 잡고 바구니에 팥 주머니를 넣어 준다.
- 교사가 바구니를 영아 앞에 놓아 준 후 영아에게 팥 주머니를 넣어 보라고 한다.
- 넣지 못하면 교사가 영아의 손을 잡고 바구니에 팥 주머니를 넣는 동작을 반복해 준다.
- 도움을 점차 줄여 간다.
- 수행되면 영아 스스로 바구니에 팥 주머니를 넣어 보라고 한다.
- 수행되면 영아의 특성에 맞는 적절한 강화제를 제공한다.

☞ 양말 뒤꿈치를 잘라 팥이나 콩을 넣은 후 꿰매어 팥 주머니를 만들어도 되고 시중에서 판매하는 오자미를 활용해도 된다.

☞ 처음 지도 시에는 바구니를 영아 앞에 제시했다가 영아의 상태에 따라 거리를 조금씩 띄어도 무방하다.

95 작은 의자에 앉기 2~3세

목표 | 작은 의자에 앉을 수 있다.

자료 | 작은 의자, 강화제

방법 ❶

- 교사가 작은 의자(영아용)에 앉는 시범을 보인다.
- 영아에게 교사를 모방하여 작은 의자에 앉아 보라고 한다.
- 수행되면 영아 스스로 작은 의자에 앉아 보라고 한다.
- 수행되면 영아의 특성에 맞는 적절한 강화제를 제공한다.

방법 ❷

- 교사가 작은 의자(영아용)에 앉는 시범을 보인다.
- 영아에게 교사를 모방하여 작은 의자에 앉아 보라고 한다.
- 모방하지 못하면 교사가 영아의 허리를 잡고 작은 의자에 앉혀 준다.
- 교사가 영아를 작은 의자 뒤에 세워 준 후 영아에게 의자에 앉아 보라고 한다.
- 앉지 못하면 교사가 영아의 허리를 잡고 작은 의자에 앉는 동작을 반복해 준다.
- 교사가 영아를 작은 의자에 세워 준 후 영아의 양쪽 어깨를 눌러 주며 의자 뒤로 앉아 보라고 한다.
- 수행되면 교사가 영아를 작은 의자에 세워 준 후 영아의 한쪽 어깨를 눌러 주며 의자에 앉아 보라고 한다.
- 수행되면 교사가 작은 의자를 가리키며 영아에게 의자 뒤로 앉아 보라고 한다.

- 도움을 점차 줄여 간다.
- 수행되면 영아 스스로 작은 의자 뒤로 앉아 보라고 한다.
- 수행되면 영아의 특성에 맞는 적절한 강화제를 제공한다.

96 달리기 2~3세

목표 | 달릴 수 있다.

자료 | 강화제

방법 ❶
- 교사가 달리는 시범을 보인다.
- 영아에게 교사를 모방하여 달려 보라고 한다.
- 수행되면 영아 스스로 달려 보라고 한다.
- 수행되면 영아의 특성에 맞는 적절한 강화제를 제공한다.

방법 ❷
- 교사가 달리는 시범을 보인다.
- 영아에게 교사를 모방하여 달려 보라고 한다.
- 모방하지 못하면 교사가 영아의 한 손을 잡고 달리게 해 준다.
- 교사가 영아의 등을 밀며 달려 보라고 한다.
- 달리지 못하면 교사가 영아의 한 손을 잡고 달리는 동작을 반복해 준다.
- 수행되면 교사가 영아의 옆에서 달려 주며 영아에게 달려 보라고 한다.
- 수행되면 교사가 "달려요."라고 말해 주며 영아에게 달려 보라고 한다.
- 도움을 점차 줄여 간다.
- 수행되면 유아 스스로 달려 보라고 한다.

- 수행되면 유아의 특성에 맞는 적절한 강화제를 제공한다.

97 성인 의자에 앉기 2~3세

목표 | 성인 의자에 앉을 수 있다.
자료 | 성인 의자(큰 의자), 발판, 강화제

방법 ❶

- 교사가 성인 의자(큰 의자)에 앉는 시범을 보인다.
- 영아에게 교사를 모방하여 성인 의자에 앉아 보라고 한다.
- 수행되면 영아 스스로 성인 의자에 앉아 보라고 한다.
- 수행되면 영아의 특성에 맞는 적절한 강화제를 제공한다.

방법 ❷

- 교사가 성인 의자(큰 의자)에 앉는 시범을 보인다.
- 영아에게 교사를 모방하여 성인 의자에 앉아 보라고 한다.
- 모방하지 못하면 교사가 영아를 안은 후 성인 의자에 앉혀 준다.
- 앉지 못하면 교사가 영아를 성인 의자 앞에 세워 준 후 영아의 양쪽 어깨를 눌러 주며 앉는 동작을 반복해 준다.
- 교사가 영아를 성인 의자 앞에 세워 준 후 영아의 양쪽 어깨를 눌러 주며 앉아 보라고 한다.
- 수행되면 교사가 영아를 성인 의자 앞에 세워 준 후 영아의 한쪽 어깨를 눌러 주면서 앉아 보라고 한다.
- 수행되면 교사가 영아를 성인 의자 앞에 세워 준 후 영아에게 앉아 보라고 한다.
- 수행되면 교사가 성인 의자를 가리키며 영아에게 앉아 보라고 한다.

- 도움을 점차 줄여 간다.
- 수행되면 영아 스스로 성인 의자에 앉아 보라고 한다.
- 수행되면 영아의 특성에 맞는 적절한 강화제를 제공한다.

☞ 영아가 쉽게 앉을 수 있도록 성인 의자 앞에 미리 발판을 준비해 놓도록 한다.

98 서 있는 공 차기　　2~3세

목표 | 서 있는 공을 찰 수 있다.
자료 | 공, 강화제

방법 ❶
- 교사가 공을 세워 놓고 차는 시범을 보인다.
- 교사가 영아 앞에 공을 세워 준 후 영아에게 교사를 모방하여 공을 차 보라고 한다.
- 수행되면 교사가 영아 앞에 공을 세워 준 후 스스로 공을 차 보라고 한다.
- 수행되면 영아의 특성에 맞는 적절한 강화제를 제공한다.

방법 ❷
- 교사가 공을 세워 놓고 차는 시범을 보인다.
- 교사가 영아 앞에 공을 세워 준 후 영아에게 교사를 모방하여 공을 차 보라고 한다.
- 모방하지 못하면 교사가 영아 앞에 공을 세워 준 후 영아의 발을 잡고 공을 차 준다.
- 교사가 영아 앞에 공을 세워 준 후 영아에게 공을 차 보라고 한다.
- 차지 못하면 교사가 영아 앞에 공을 세워 준 후 영아의 발을 잡고 공을 차는 동작

147

을 반복해 준다.

- 교사가 공을 영아 앞에 세워 준 후 공을 가리키며 영아에게 차 보라고 한다.
- 수행되면 교사가 공을 영아 앞에 세워 준 후 "공을 차요."라고 말하며 영아에게 차 보라고 한다.
- 도움을 점차 줄여 간다.
- 수행되면 교사가 공을 영아 앞에 세워 준 후 영아 스스로 공을 차 보라고 한다.
- 수행되면 영아의 특성에 맞는 적절한 강화제를 제공한다.

난간 잡고 계단 내려가기

목표 | 난간을 잡고 계단을 내려갈 수 있다.
자료 | 계단, 영아가 좋아하는 장난감, 강화제

방법 ❶

- 한 손 잡아 주면 계단 오르기 및 내리기는 각각 수행하였으므로 확인한 후 시행한다.
- 교사가 난간을 잡고 계단을 내려가는 시범을 보인다.
- 영아에게 교사를 모방하여 난간을 잡고 계단을 내려가 보라고 한다.
- 수행되면 영아 스스로 난간을 잡고 계단을 내려가 보라고 한다.
- 수행되면 영아의 특성에 맞는 적절한 강화제를 제공한다.

방법 ❷

- 한 손 잡아 주면 계단 오르기 및 내리기는 각각 수행하였으므로 확인한 후 시행한다.
- 교사가 난간을 잡고 계단을 내려가는 시범을 보인다.
- 영아에게 교사를 모방하여 난간을 잡고 계단을 내려가 보라고 한다.
- 모방하지 못하면 교사가 영아의 손을 잡아 난간을 잡게 해 준 후 계단을 내려가게 해 준다.
- 내려가지 못하면 교사가 영아의 손을 잡아 난간을 잡게 해 준 후 계단을 내려가는 동작을 반복해 준다.
- 수행되면 교사가 영아의 손을 난간 가까이 대 준 후 영아에게 난간을 잡고 계단을 내려가 보라고 한다.
- 수행되면 교사가 난간을 가리키며 잡으라고 말해 준 후 영아에게 난간을 잡고 계

단을 내려가 보라고 한다.

- 수행되면 교사가 난간을 잡으라고 말해 준 후 영아에게 난간을 잡고 계단을 내려가 보라고 한다.
- 도움을 점차 줄여 간다.
- 수행되면 영아 스스로 난간을 잡고 계단을 내려가 보라고 한다.
- 수행되면 영아의 특성에 맞는 적절한 강화제를 제공한다.

☞ 영아가 좋아하는 장난감이나 강화제를 두세 계단 아래에 놓아두어 영아가 계단을 내려 갔을 때 가지게 하거나 먹게 하면 효과적으로 지도할 수 있다.

2~3세

100 양손으로 큰 공 던지기 `2~3세`

목표 | 양손으로 큰 공을 던질 수 있다.
자료 | 큰 공, 강화제

방법 ❶
- 교사가 양손으로 큰 공을 던지는 시범을 보인다.
- 영아에게 교사를 모방하여 양손으로 큰 공을 던져 보라고 한다.
- 수행되면 영아 스스로 양손으로 큰 공을 던져 보라고 한다.
- 수행되면 영아의 특성에 맞는 적절한 강화제를 제공한다.

방법 ❷
- 교사가 양손으로 큰 공을 던지는 시범을 보인다.
- 영아에게 교사를 모방하여 양손으로 큰 공을 던져 보라고 한다.
- 모방하지 못하면 교사가 영아의 양손을 잡고 큰 공을 던져 준다.

- 교사가 영아의 양손에 큰 공을 잡게 해 준 후 영아에게 던져 보라고 한다.
- 던지지 못하면 교사가 영아의 양손을 잡고 큰 공을 던지는 동작을 반복해 준다.
- 수행되면 교사가 큰 공을 가리키며 영아에게 던져 보라고 한다.
- 수행되면 교사가 "공 던져요."라고 말하며 영아에게 던져 보라고 한다.
- 도움을 점차 줄여 간다.
- 수행되면 영아 스스로 양손으로 큰 공을 던져 보라고 한다.
- 수행되면 영아의 특성에 맞는 적절한 강화제를 제공한다.

101 음악 들으며 스카프 흔들기 2~3세

목표 | 음악을 들으며 스카프를 흔들 수 있다.
자료 | 카세트, 스카프, 강화제

방법 ❶
- 교사가 음악을 들으며 스카프를 흔드는 시범을 보인다.
- 영아에게 교사를 모방하여 음악을 들으며 스카프를 흔들어 보라고 한다.
- 수행되면 음악을 들으며 영아 스스로 스카프를 흔들어 보라고 한다.
- 수행되면 영아의 특성에 맞는 적절한 강화제를 제공한다.

방법 ❷
- 교사가 음악을 들으며 스카프를 흔드는 시범을 보인다.
- 영아에게 교사를 모방하여 음악을 들으며 스카프를 흔들어 보라고 한다.
- 모방하지 못하면 교사가 영아의 손에 스카프를 쥐어 준 후 음악을 들으며 영아의 손을 잡고 스카프를 흔들어 준다.
- 교사가 영아의 손에 스카프를 쥐어 준 후 음악을 들으며 스카프를 흔들어 보라고 한다.
- 흔들지 못하면 교사가 영아의 손에 스카프를 쥐어 준 후 음악을 들으며 영아의 손을 잡고 스카프를 흔드는 동작을 반복해 준다.
- 수행되면 교사가 스카프를 가리키며 영아에게 음악을 들으며 스카프를 흔들어 보라고 한다.
- 도움을 점차 줄여 간다.
- 수행되면 음악을 들으며 영아 스스로 스카프를 흔들어 보라고 한다.
- 수행되면 영아의 특성에 맞는 적절한 강화제를 제공한다.

102 옆으로 걷기　　　　2~3세

목표 | 옆으로 걸을 수 있다.

자료 | 강화제

방법 ❶

- 교사가 옆으로 걷는 시범을 보인다.
- 영아에게 교사를 모방하여 옆으로 걸어 보라고 한다.
- 수행되면 영아 스스로 옆으로 걸어 보라고 한다.
- 수행되면 영아의 특성에 맞는 적절한 강화제를 제공한다.

방법 ❷

- 교사가 옆으로 걷는 시범을 보인다.
- 영아에게 교사를 모방하여 옆으로 걸어 보라고 한다.
- 모방하지 못하면 교사가 영아의 손을 잡고 옆으로 걷게 해 준다.
- 수행되면 교사가 영아의 손을 잡고 옆으로 몇 걸음 걷게 해 준 후 영아에게 옆으로 걸어 보라고 한다.
- 걷지 못하면 교사가 영아의 손을 잡고 옆으로 걷는 동작을 반복해 준다.
- 수행되면 교사가 영아와 마주 보고 교사가 옆으로 걸으면서 영아에게 옆으로 걸어 보라고 한다.
- 도움을 점차 줄여 간다.
- 수행되면 영아 스스로 옆으로 걸어 보라고 한다.
- 수행되면 영아의 특성에 맞는 적절한 강화제를 제공한다.

103 데굴데굴 굴러가기 2~3세

목표 | 데굴데굴 굴러갈 수 있다.

자료 | 매트(담요), 강화제

방법 ❶

- 교사가 매트(담요) 위에서 데굴데굴 굴러가는 시범을 보인다.
- 영아에게 교사를 모방하여 매트 위에서 데굴데굴 굴러가 보라고 한다.
- 수행되면 영아 스스로 매트 위에서 데굴데굴 굴러가 보라고 한다.
- 수행되면 영아의 특성에 맞는 적절한 강화제를 제공한다.

방법 ❷

- 교사가 매트(담요) 위에서 데굴데굴 굴러가는 시범을 보인다.
- 영아에게 교사를 모방하여 매트 위에서 데굴데굴 굴러가 보라고 한다.
- 모방하지 못하면 교사가 매트 위에서 영아의 몸을 데굴데굴 굴려 준다.
- 교사가 매트 위에서 영아의 몸을 몇 번 데굴데굴 굴려 준 후 영아에게 굴러 보라고 한다.
- 구르지 못하면 교사가 영아를 몸을 잡고 매트 위에서 데굴데굴 구르는 동작을 반복해 준다.
- 도움을 점차 줄여 간다.
- 수행되면 영아 스스로 매트 위에서 데굴데굴 굴러가 보라고 한다.
- 수행되면 영아의 특성에 맞는 적절한 강화제를 제공한다.

종이벽돌 옮기기

목표 ┃ 종이벽돌을 옮길 수 있다.

자료 ┃ 종이벽돌, 강화제

방법 ❶

- 교사가 종이벽돌을 옮기는 시범을 보인다.
- 영아에게 교사를 모방하여 종이벽돌을 옮겨 보라고 한다.
- 수행되면 영아 스스로 종이벽돌을 옮겨 보라고 한다.
- 수행되면 영아의 특성에 맞는 적절한 강화제를 제공한다.

방법 ❷

- 교사가 종이벽돌을 옮기는 시범을 보인다.
- 영아에게 교사를 모방하여 종이벽돌을 옮겨 보라고 한다.
- 모방하지 못하면 교사가 영아의 손을 잡고 종이벽돌을 옮겨 준다.
- 교사가 영아와 함께 종이벽돌을 잡고 옮겨 주다가 영아 혼자 옮겨 보라고 한다.
- 옮기지 못하면 교사가 영아의 손을 잡고 종이벽돌을 옮기는 동작을 반복해 준다.
- 교사가 바닥에 있는 종이벽돌을 가리키며 영아에게 옮겨 보라고 한다.
- 도움을 점차 줄여 간다.
- 수행되면 영아 스스로 종이벽돌을 옮겨 보라고 한다.
- 수행되면 영아의 특성에 맞는 적절한 강화제를 제공한다.

105 팔을 좌우로 흔들며 걷기 2~3세

목표 | 팔을 좌우로 흔들며 걸을 수 있다.
자료 | 강화제

방법 ❶
- 교사가 팔을 좌우로 흔들며 걷는 시범을 보인다.
- 영아에게 교사를 모방하여 팔을 좌우로 흔들며 걸어 보라고 한다.
- 수행되면 영아 스스로 팔을 좌우로 흔들며 걸어 보라고 한다.
- 수행되면 영아의 특성에 맞는 적절한 강화제를 제공한다.

방법 ❷
- 교사가 팔을 좌우로 흔들며 걷는 시범을 보인다.
- 영아에게 교사를 모방하여 팔을 좌우로 흔들며 걸어 보라고 한다.
- 모방하지 못하면 교사가 영아의 팔을 잡고 좌우로 흔들며 걷게 해 준다.
- 교사가 영아의 팔을 잡고 좌우로 흔들며 걷게 해 주다가 영아 혼자 팔을 좌우로 흔들며 걸어 보라고 한다.
- 흔들지 못하면 교사가 영아를 팔을 잡고 좌우로 흔들며 걷는 동작을 반복해 준다.
- 교사가 영아의 옆에서 팔을 좌우로 흔드는 것을 보여 주며 영아에게 팔을 좌우로 흔들며 걸어 보라고 한다.
- 도움을 점차 줄여 간다.
- 수행되면 영아 스스로 팔을 좌우로 흔들며 걸어 보라고 한다.
- 수행되면 영아의 특성에 맞는 적절한 강화제를 제공한다.

106 도움받아 앞으로 구르기

목표 | 도움받아 앞으로 구를 수 있다.

자료 | 매트(담요), 강화제

방법 ①

- 교사가 매트(담요) 위에서 손바닥으로 바닥을 누르고 무릎을 구부린 후 고개를 바닥에 닿게 하여 앞으로 구르는 시범을 보인다.
- 영아에게 매트 위에서 손바닥으로 바닥을 누르고 무릎을 구부린 다음 고개를 바닥에 닿게 해 준 후 교사가 영아의 엉덩이를 들어 주며 앞으로 굴러 보라고 한다.
- 수행되면 영아 스스로 매트 위에서 손바닥으로 바닥을 누르고 무릎을 구부린 다음 고개를 바닥에 닿게 하라고 한 후 교사가 영아의 엉덩이를 들어 주며 앞으로 굴러 보라고 한다.
- 수행되면 영아의 특성에 맞는 적절한 강화제를 제공한다.

방법 ②

- 교사가 매트(담요) 위에서 손바닥으로 바닥을 누른 후 무릎을 구부리는 시범을 보인다.
- 영아에게 교사를 모방하여 매트 위에서 손바닥으로 바닥을 누른 후 무릎을 구부려 보라고 한다.
- 모방하지 못하면 교사가 매트 위에서 영아의 두 손을 잡아 손바닥으로 바닥을 누른 후 무릎을 잡아 구부려 준다.
- 교사가 매트 위에서 영아의 두 손을 잡아 손바닥으로 바닥을 누르게 해 준 후 영아에게 무릎을 구부려 보라고 한다.
- 구부리지 못하면 교사가 매트 위에서 영아의 두 손을 잡아 손바닥으로 바닥을 누

르게 한 다음 영아에게 무릎을 구부리게 하는 동작을 반복해 준다.

- 수행되면 교사가 매트 위에서 영아의 두 손을 잡아 손바닥으로 바닥을 누르게 한 다음 영아 스스로 무릎을 구부려 보라고 한다.
- 수행되면 교사가 "손바닥을 바닥에 붙이고 무릎을 구부려요."라고 말해 주면서 영아에게 손바닥으로 바닥을 누른 다음 무릎을 구부려 보라고 한다.
- 도움을 점차 줄여 간다.
- 수행되면 영아 스스로 매트 위에서 손바닥으로 바닥을 누른 후 무릎을 구부려 보라고 한다.
- 수행되면 교사가 매트 위에서 손바닥으로 바닥을 누르고 무릎을 구부린 다음 고개를 바닥에 닿게 하는 시범을 보인다.
- 교사가 매트 위에서 영아 스스로 손바닥으로 바닥을 누르고 무릎을 구부린 다음 교사를 모방하여 고개를 바닥에 닿게 해 보라고 한다.
- 닿지 못하면 매트 위에서 영아 스스로 손바닥으로 바닥을 누르고 무릎을 구부리게 한 후 교사가 영아의 고개를 잡아 바닥에 닿게 해 준다.
- 수행되면 매트 위에서 영아 스스로 손바닥으로 바닥을 누르고 무릎을 구부린 다음 고개를 바닥에 닿게 해 보라고 한다.
- 수행되면 교사가 매트 위에서 손바닥으로 바닥을 누르고 무릎을 구부린 후 고개를 바닥에 닿게 하여 앞으로 구르는 시범을 보인다.
- 매트 위에서 영아 스스로 손바닥으로 바닥을 누르고 무릎을 구부린 다음 고개를 바닥에 닿게 하라고 한 후 교사가 영아의 엉덩이를 들어 주며 앞으로 굴러 보라고 한다.
- 구르지 못하면 매트 위에서 영아 스스로 손바닥으로 바닥을 누르고 무릎을 구부린 후 고개를 바닥에 닿게 한 다음 교사가 영아의 엉덩이를 들어 주며 앞으로 구르는 동작을 반복해 준다.
- 수행되면 매트 위에서 영아 스스로 손바닥으로 바닥을 누르고 무릎을 구부린 후 교사가 "발뒤꿈치를 들고, 머리 숙여요."라고 말해 주며 영아의 엉덩이를 들어 준

다음 앞으로 굴러 보라고 한다.

- 도움을 점차 줄여 간다.
- 수행되면 영아 스스로 매트 위에서 손바닥으로 바닥을 누르고 무릎을 구부린 다음 고개를 바닥에 닿게 하여 교사가 영아의 엉덩이를 들어 주며 앞으로 굴러 보라고 한다.
- 수행되면 영아의 특성에 맞는 적절한 강화제를 제공한다.

107 공을 상자 안으로 던지기

목표 | 공을 상자 안으로 던질 수 있다.

자료 | 공, 강화제

방법 ❶

- 교사가 공을 상자 안으로 던지는 시범을 보인다.
- 유아에게 교사를 모방하여 공을 상자 안으로 던져 보라고 한다.
- 수행되면 유아 스스로 공을 상자 안으로 던져 보라고 한다.
- 수행되면 유아의 특성에 맞는 적절한 강화제를 제공한다.

방법 ❷

- 교사가 공을 상자 안으로 던지는 시범을 보인다.
- 유아에게 교사를 모방하여 공을 상자 안으로 던져 보라고 한다.
- 모방하지 못하면 교사가 유아의 손을 잡고 공을 상자 안으로 던져 준다.
- 교사가 상자를 유아 앞에 대 준 후 유아에게 공을 상자 안으로 던져 보라고 한다.
- 던지지 못하면 교사가 유아의 손을 잡고 공을 상자 안으로 던지는 동작을 반복해 준다.
- 수행되면 교사가 상자를 가리키며 유아에게 공을 상자 안으로 던져 보라고 한다.

- 도움을 점차 줄여 간다.
- 수행되면 유아 스스로 공을 상자 안으로 던져 보라고 한다.
- 수행되면 유아의 특성에 맞는 적절한 강화제를 제공한다.

108 팔을 흔들며 열 발짝 뛰어가기 3~4세

목표 | 팔을 흔들며 열 발짝 뛰어갈 수 있다.

자료 | 강화제

방법 ❶
- 팔을 좌우로 흔들며 걷기는 앞 단계에서 수행하였으므로 확인한 후 시행한다.
- 교사가 팔을 흔들며 열 발짝 뛰어가는 시범을 보인다.
- 유아에게 교사를 모방하여 팔을 흔들며 열 발짝 뛰어가 보라고 한다.
- 수행되면 유아 스스로 팔을 흔들며 열 발짝 뛰어가 보라고 한다.
- 수행되면 유아의 특성에 맞는 적절한 강화제를 제공한다.

방법 ❷
- 팔을 좌우로 흔들며 걷기는 앞 단계에서 수행하였으므로 확인한 후 시행한다.
- 교사가 팔을 흔들며 열 발짝 뛰어가는 시범을 보인다.
- 유아에게 교사를 모방하여 팔을 흔들며 열 발짝 뛰어가 보라고 한다.
- 모방하지 못하면 교사가 유아의 팔을 잡고 흔들며 열 발짝 뛰어가게 해 준다.
- 교사가 유아의 옆에서 팔을 흔들며 열 발짝 뛰어가는 것을 보여 주며 유아에게 팔을 흔들며 열 발짝 뛰어가 보라고 한다.
- 뛰지 못하면 교사가 유아를 팔을 잡고 흔들며 열 발짝 뛰어가는 동작을 반복해 준다.

- 수행되면 교사가 유아의 팔을 잡고 흔들며 몇 발짝 뛰다가 유아에게 팔을 흔들며 열 발짝 뛰어가 보라고 한다.
- 수행되면 교사가 "팔을 흔들며 뛰어요."라고 말하면서 유아에게 팔을 흔들며 열 발짝 뛰어가 보라고 한다.
- 도움을 점차 줄여 간다.
- 수행되면 유아 스스로 팔을 흔들며 열 발짝 뛰어가 보라고 한다.
- 수행되면 유아의 특성에 맞는 적절한 강화제를 제공한다.

방법 ❸

- 팔을 좌우로 흔들며 걷기는 앞 단계에서 수행하였으므로 확인한 후 시행한다.
- 교사가 팔을 흔들며 다섯 발짝 뛰어가는 시범을 보인다.
- 유아에게 교사를 모방하여 팔을 흔들며 다섯 발짝 뛰어가 보라고 한다.
- 모방하지 못하면 교사가 유아의 팔을 잡고 흔들며 다섯 발짝 뛰어가게 해 준다.
- 교사가 유아의 옆에서 팔을 흔들며 다섯 발짝 뛰어가는 것을 보여 주며 유아에게 팔을 흔들며 다섯 발짝 뛰어가 보라고 한다.
- 뛰지 못하면 교사가 유아를 팔을 잡고 흔들며 다섯 발짝 뛰어가는 동작을 반복해 준다.
- 수행되면 교사가 유아의 팔을 잡고 흔들며 두세 발짝 뛰다가 유아에게 팔을 흔들며 다섯 발짝 뛰어가 보라고 한다.
- 수행되면 교사가 "팔을 흔들며 뛰어요."라고 말하면서 유아에게 팔을 흔들며 다섯 발짝 뛰어가 보라고 한다.
- 도움을 점차 줄여 간다.
- 수행되면 유아 스스로 팔을 흔들며 다섯 발짝 뛰어가 보라고 한다.
- 수행되면 교사가 팔을 흔들며 일곱 발짝 뛰어가는 시범을 보인다.
- 유아에게 교사를 모방하여 팔을 흔들며 일곱 발짝 뛰어가 보라고 한다.
- 모방하지 못하면 팔을 흔들며 다섯 발짝 뛰어가는 것과 같은 방법으로 지도한다.

- 수행되면 교사가 팔을 흔들며 열 발짝 뛰어가는 시범을 보인다.
- 유아에게 교사를 모방하여 팔을 흔들며 열 발짝 뛰어가 보라고 한다.
- 모방하지 못하면 팔을 흔들며 다섯 발짝 뛰어가는 것과 같은 방법으로 지도한다.
- 수행되면 유아 스스로 팔을 흔들며 열 발짝 뛰어가 보라고 한다.
- 수행되면 유아의 특성에 맞는 적절한 강화제를 제공한다.

☞ 교사가 열 발짝 정도의 지점에 강화제를 들고 서 있으면서 유아에게 팔을 흔들며 뛰어 오도록 촉진해도 효과적이다.

109 미끄럼틀 타기 3~4세

목표 ┃ 미끄럼틀을 탈 수 있다.
자료 ┃ 미끄럼틀, 강화제

방법 ❶
- 낮은 미끄럼틀 타기는 앞 단계에서 수행하였으므로 확인한 후 시행한다.
- 교사가 미끄럼틀을 타는 시범을 보인다.
- 유아에게 교사를 모방하여 미끄럼틀을 타 보라고 한다.
- 수행되면 유아 스스로 미끄럼틀을 타 보라고 한다.
- 수행되면 유아의 특성에 맞는 적절한 강화제를 제공한다.

방법 ❷
- 낮은 미끄럼틀 타기는 앞 단계에서 수행하였으므로 확인한 후 시행한다.
- 교사가 미끄럼틀을 타는 시범을 보인다.
- 유아에게 교사를 모방하여 미끄럼틀을 타 보라고 한다.

- 모방하지 못하면 교사가 유아를 안고 미끄럼틀을 타게 해 준다.
- 교사가 유아의 허리를 잡아 주며 미끄럼틀을 타 보라고 한다.
- 타지 못하면 교사가 유아를 안고 미끄럼틀을 타는 동작을 반복해 준다.
- 수행되면 교사가 무릎 사이에 유아를 앉힌 후 미끄럼틀을 타고 내려온다.
- 수행되면 교사가 유아를 안고 미끄럼틀의 3/4까지 타고 내려오다가 나머지는 유아 스스로 타 보라고 한다.
- 수행되면 교사가 유아를 안고 미끄럼틀의 2/4까지 타고 내려오다가 나머지는 유아 스스로 타 보라고 한다.
- 수행되면 교사가 유아를 안고 미끄럼틀의 1/4까지 타고 내려오다가 나머지는 유아 스스로 타 보라고 한다.
- 수행되면 교사가 유아를 미끄럼틀에 앉혀 준 후 유아에게 미끄럼틀을 타 보라고 한다.
- 도움을 점차 줄여 간다.
- 수행되면 유아 스스로 미끄럼틀을 타 보라고 한다.
- 수행되면 유아의 특성에 맞는 적절한 강화제를 제공한다.

110 30cm 높이에서 뛰어내리기 3~4세

목표 | 30cm 높이에서 뛰어내릴 수 있다.

자료 | 매트(담요), 강화제

방법 ❶

- 교사가 30cm 높이에서 뛰어내리는 시범을 보인다.
- 유아에게 교사를 모방하여 30cm 높이에서 뛰어내려 보라고 한다.
- 수행되면 유아 스스로 30cm 높이에서 뛰어내려 보라고 한다.

- 수행되면 유아의 특성에 맞는 적절한 강화제를 제공한다.

방법 ❷

- 교사가 30cm 높이에서 뛰어내리는 시범을 보인다.
- 유아에게 교사를 모방하여 30cm 높이에서 뛰어내려 보라고 한다.
- 모방하지 못하면 교사가 유아의 양손을 잡고 30cm 높이에서 뛰어내리게 도와 준다.
- 수행되면 교사가 유아의 한 손을 잡아 주며 30cm 높이에서 뛰어내려 보라고 한다.
- 뛰어내리지 못하면 교사가 유아의 양손을 잡고 30cm 높이에서 뛰어내리는 동작을 반복해 준다.
- 수행되면 교사가 유아에게 "뛰어내려요."라고 말해 주며 유아에게 30cm 높이에서 뛰어내려 보라고 한다.
- 도움을 점차 줄여 간다.
- 수행되면 유아 스스로 30cm 높이에서 뛰어내려 보라고 한다.
- 수행되면 유아의 특성에 맞는 적절한 강화제를 제공한다.

3~4
세

111 두 발 교대로 계단 오르기   3~4세

목표 | 두 발을 교대로 움직여 계단을 오를 수 있다.
자료 | 계단, 유아가 좋아하는 장난감, 강화제

방법 ❶

- 한 손 잡아 주면 계단 오르기 및 내리기는 각각 수행하였으므로 확인한 후 시행한다.

- 교사가 두 발을 교대로 움직여 계단을 오르는 시범을 보인다.
- 유아에게 교사를 모방하여 두 발을 교대로 움직여 계단을 올라가 보라고 한다.
- 수행되면 유아 스스로 두 발을 교대로 움직여 계단을 올라가 보라고 한다.
- 수행되면 유아의 특성에 맞는 적절한 강화제를 제공한다.

방법 ❷

- 한 손 잡아 주면 계단 오르기 및 내리기는 각각 수행하였으므로 확인한 후 시행한다.
- 교사가 두 발을 교대로 움직여 계단을 오르는 시범을 보인다.
- 유아에게 교사를 모방하여 두 발을 교대로 움직여 계단을 올라가 보라고 한다.
- 모방하지 못하면 교사가 "한쪽 발을 계단에 올린 다음 다른 발도 올려요."라고 말해 주며 유아에게 두 발을 교대로 움직여 계단을 올라가 보라고 한다.
- 오르지 못하면 두 발을 교대로 움직여 계단을 올라가는 동작을 반복해 준다.
- 수행되면 교사가 계단을 가리키며 유아에게 두 발을 교대로 움직여 계단을 올라가 보라고 한다.
- 도움을 점차 줄여 간다.
- 수행되면 유아 스스로 두 발을 교대로 움직여 계단을 올라가 보라고 한다.
- 수행되면 유아의 특성에 맞는 적절한 강화제를 제공한다.

112 밀어 주면 그네 타기 `3~4세`

목표 ┃ 밀어 주면 그네를 탈 수 있다.

자료 ┃ 그네, 매트(담요), 강화제

방법 ❶

- 교사가 두 손으로 그네 줄을 잡고 그네를 타는 시범을 보인다.
- 교사가 그네를 밀어 주면 유아에게 교사를 모방하여 두 손으로 그네 줄을 잡고 그네를 타 보라고 한다.
- 수행되면 교사가 그네를 밀어 줄 때 유아 스스로 두 손으로 그네 줄을 잡고 그네를 타 보라고 한다.
- 수행되면 유아의 특성에 맞는 적절한 강화제를 제공한다.

방법 ❷

- 교사가 두 손으로 그네 줄을 잡고 그네에 앉는 시범을 보인다.
- 유아에게 교사를 모방하여 두 손으로 그네 줄을 잡고 그네에 앉아 보라고 한다.
- 모방하지 못하면 교사가 유아를 안아서 그네에 앉혀 준 후 유아의 두 손을 잡아 그네 줄을 잡게 해 준다.
- 교사가 유아를 그네에 앉혀 준 후 유아에게 그네 줄을 잡아 보라고 한다.
- 잡지 못하면 교사가 유아를 안아서 그네에 앉혀 준 후 유아의 두 손을 잡아 그네 줄을 잡는 동작을 반복해 준다.
- 수행되면 교사가 유아에게 "그네에 앉아 줄을 잡아요."라고 말해 주며 유아에게 그네 줄을 잡고 앉아 보라고 한다.
- 도움을 점차 줄여 간다.
- 수행되면 유아 스스로 두 손으로 그네 줄을 잡고 그네에 앉아 보라고 한다.
- 수행되면 교사가 두 손으로 그네 줄을 잡고 그네를 타는 시범을 보인다.
- 교사가 그네를 밀어 주면 유아에게 교사를 모방하여 두 손으로 그네 줄을 잡고 그네를 타 보라고 한다.
- 모방하지 못하면 유아 스스로 그네 줄을 잡으라고 한 후 교사가 그네를 밀어 주어 타게 해 준다.
- 수행되면 교사가 그네 줄을 가리키며 유아에게 줄을 잡으라고 한 후 교사가 그네

3~4
세

169

를 밀어 주면 타 보라고 한다.

- 타지 못하면 유아 스스로 그네 줄을 잡으라고 한 후 교사가 그네를 밀어 주어 타는 동작을 반복해 준다.
- 수행되면 유아 스스로 그네 줄을 잡으라고 한 후 교사가 "그네 타요."라고 말하며 그네를 밀어 줄 때 유아에게 그네를 타 보라고 한다.
- 도움을 점차 줄여 간다.
- 수행되면 교사가 그네를 밀어 줄 때 유아 스스로 두 손으로 그네 줄을 잡고 그네를 타 보라고 한다.
- 수행되면 유아의 특성에 맞는 적절한 강화제를 제공한다.

☞ 그네 타기 지도 시에는 안전사고에 대비하도록 하며, 유아의 상태에 따라 실내용 그네로 지도할 경우에는 그네 앞에 매트나 담요를 깔아 준 후 지도하도록 한다.

113 두 발 모아 제자리에서 뛰기　　3~4세

목표 | 두 발 모아 제자리에서 뛸 수 있다.
자료 | 강화제

방법 ❶
- 교사가 두 발 모아 제자리에서 뛰는 시범을 보인다.
- 유아에게 교사를 모방하여 두 발 모아 제자리에서 뛰어 보라고 한다.
- 수행되면 유아 스스로 두 발 모아 제자리에서 뛰어 보라고 한다.
- 수행되면 유아의 특성에 맞는 적절한 강화제를 제공한다.

방법 ❷

- 교사가 두 발 모아 제자리에서 뛰는 시범을 보인다.
- 유아에게 교사를 모방하여 두 발 모아 제자리에서 뛰어 보라고 한다.
- 모방하지 못하면 교사가 유아의 두 손을 잡고 두 발 모아 제자리에서 뛰게 해 준다.
- 수행되면 교사가 유아의 한 손을 잡고 두 발 모아 제자리에서 뛰어 보라고 한다.
- 뛰지 못하면 교사가 유아의 한 손을 잡고 두 발 모아 제자리에서 뛰는 동작을 반복해 준다.
- 수행되면 교사가 "두 발 모아 제자리에서 뛰어요."라고 말하며 유아에게 제자리에서 두 발 모아 뛰어 보라고 한다.
- 도움을 점차 줄여 간다.
- 수행되면 유아 스스로 두 발 모아 제자리에서 뛰어 보라고 한다.
- 수행되면 유아의 특성에 맞는 적절한 강화제를 제공한다.

3~4
세

114 선 따라 걷기

목표 | 선을 따라 걸을 수 있다.

자료 | 강화제

방법 ❶

- 교사가 바닥에 선을 그어 준다.
- 교사가 선을 따라 걷는 시범을 보인다.
- 유아에게 교사를 모방하여 선을 따라 걸어 보라고 한다.
- 수행되면 유아 스스로 선을 따라 걸어 보라고 한다.
- 수행되면 유아의 특성에 맞는 적절한 강화제를 제공한다.

방법 ❷

- 교사가 바닥에 선을 그어 준다.
- 교사가 선을 따라 걷는 시범을 보인다.
- 유아에게 교사를 모방하여 선을 따라 걸어 보라고 한다.
- 모방하지 못하면 교사가 유아의 한 손을 잡고 선을 따라 걷게 해 준다.
- 수행되면 교사가 유아를 선에 세워 준 후 선을 따라 걸어 보라고 한다.
- 걷지 못하면 교사가 유아의 한 손을 잡고 선을 따라 걷는 동작을 반복해 준다.
- 수행되면 교사가 선을 가리키며 유아에게 선을 따라 걸어 보라고 한다.
- 수행되면 교사가 "선을 따라 걸어 보아요."라고 말해 주며 유아에게 선을 따라 걸어 보라고 한다.
- 도움을 점차 줄여 간다.
- 수행되면 유아 스스로 선을 따라 걸어 보라고 한다.
- 수행되면 유아의 특성에 맞는 적절한 강화제를 제공한다.

115 넘어지지 않고 달리기 3~4세

목표 | 넘어지지 않고 달릴 수 있다.

자료 | 강화제

방법 ❶

- 달리기는 수행하였으므로 확인한 후 시행한다.
- 교사가 넘어지지 않고 달리는 시범을 보인다.
- 유아에게 교사를 모방하여 넘어지지 않고 달려 보라고 한다.
- 수행되면 유아 스스로 넘어지지 않고 달려 보라고 한다.
- 수행되면 유아의 특성에 맞는 적절한 강화제를 제공한다.

방법 ❷

- 달리기는 수행하였으므로 확인한 후 시행한다.
- 교사가 넘어지지 않고 달리는 시범을 보인다.
- 유아에게 교사를 모방하여 넘어지지 않고 달려 보라고 한다.
- 모방하지 못하면 교사가 유아의 한 손을 잡고 넘어지지 않게 달려 준다.
- 교사가 "달려요."라고 말해 주며 유아에게 넘어지지 않고 달려 보라고 한다.
- 달리지 못하면 교사가 유아의 한 손을 잡고 넘어지지 않게 달리는 동작을 반복해 준다.
- 도움을 점차 줄여 간다.
- 수행되면 유아 스스로 넘어지지 않고 달려 보라고 한다.
- 수행되면 유아의 특성에 맞는 적절한 강화제를 제공한다.

116 앉아서 공 잡기　　　　3~4세

목표 | 앉아서 공을 잡을 수 있다.

자료 | 부드러운 공, 강화제

방법 ❶

- 교사가 앉아서 다른 교사에게 공을 굴려 주면 다른 교사가 앉아서 공을 잡는 시범을 보인다.
- 교사가 공을 굴려 주면 유아에게 교사를 모방하여 앉아서 공을 잡아 보라고 한다.
- 수행되면 교사가 공을 굴려 줄 때 유아 스스로 앉아서 공을 잡아 보라고 한다.
- 수행되면 유아의 특성에 맞는 적절한 강화제를 제공한다.

방법 ❷

- 교사가 앉아서 다른 교사에게 공을 굴려 주면 다른 교사가 앉아서 공을 잡는 시범을 보인다.
- 교사가 공을 굴려 주면 유아에게 교사를 모방하여 앉아서 공을 잡아 보라고 한다.
- 모방하지 못하면 교사가 유아를 앉힌 다음 다른 교사(유아)에게 공을 굴려 달라고 한 후 유아의 두 손을 잡고 공을 잡아 준다.
- 수행되면 교사가 유아를 앉힌 다음 다른 교사(유아)에게 공을 굴려 달라고 한 후 유아의 한 손을 잡아 준 다음 공을 잡아 보라고 한다.
- 교사가 굴러가는 공을 가리키며 유아에게 앉아서 공을 잡아 보라고 한다.
- 잡지 못하면 교사가 유아를 앉힌 다음 다른 교사(유아)에게 공을 굴려 달라고 한 후 유아의 두 손을 잡고 공을 잡아 주는 동작을 반복해 준다.
- 교사가 공을 굴리며 "공을 잡아요."라고 하면서 유아에게 앉아서 공을 잡아 보라고 한다.

- 도움을 점차 줄여 간다.
- 수행되면 교사가 공을 굴려 줄 때 유아 스스로 앉아서 공을 잡아 보라고 한다.
- 수행되면 유아의 특성에 맞는 적절한 강화제를 제공한다.

117 의자에서 뛰어내리기 3~4세

목표 | 의자에서 뛰어내릴 수 있다.

자료 | 의자, 매트(담요), 강화제

방법 ❶
- 물건을 잡기 위해 의자 위로 기어오르기 및 의자에 앉기는 앞 단계에서 수행하였으므로 확인한 후 시행한다.
- 교사가 의자에서 뛰어내리는 시범을 보인다.
- 유아에게 교사를 모방하여 의자에서 뛰어내려 보라고 한다.
- 수행되면 유아 스스로 의자에서 뛰어내려 보라고 한다.
- 수행되면 유아의 특성에 맞는 적절한 강화제를 제공한다.

방법 ❷
- 물건을 잡기 위해 의자 위로 기어오르기 및 의자에 앉기는 앞 단계에서 수행하였으므로 확인한 후 시행한다.
- 교사가 의자에서 뛰어내리는 시범을 보인다.
- 유아에게 교사를 모방하여 의자에서 뛰어내려 보라고 한다.
- 모방하지 못하면 교사가 유아의 두 손을 잡고 의자에서 뛰어내리게 해 준다.
- 교사가 유아의 한 손을 잡아 주며 의자에서 뛰어내려 보라고 한다.
- 뛰어내리지 못하면 교사가 유아의 한 손을 잡고 의자에서 뛰어내리는 동작을 반

복해 준다.

- 수행되면 교사가 "의자에서 뛰어내려요."라고 말해 주며 유아에게 뛰어내려 보라고 한다.
- 도움을 점차 줄여 간다.
- 수행되면 유아 스스로 의자에서 뛰어내려 보라고 한다.
- 수행되면 유아의 특성에 맞는 적절한 강화제를 제공한다.

118 두 발 교대로 계단 내려오기 3~4세

목표 | 두 발을 교대로 움직여 계단을 내려올 수 있다.
자료 | 계단, 유아가 좋아하는 장난감, 강화제

방법 ❶

- 한 손 잡아 주면 계단 오르기 및 내리기는 각각 수행하였으므로 확인한 후 시행한다.
- 교사가 두 발을 교대로 움직여 계단을 내려오는 시범을 보인다.
- 유아에게 교사를 모방하여 두 발을 교대로 움직여 계단을 내려와 보라고 한다.
- 수행되면 유아 스스로 두 발을 교대로 움직여 계단을 내려와 보라고 한다.
- 수행되면 유아의 특성에 맞는 적절한 강화제를 제공한다.

방법 ❷

- 한 손 잡아 주면 계단 오르기 및 내리기는 각각 수행하였으므로 확인한 후 시행한다.
- 교사가 두 발을 교대로 움직여 계단을 내려오는 시범을 보인다.
- 유아에게 교사를 모방하여 두 발을 교대로 움직여 계단을 내려가 보라고 한다.

- 모방하지 못하면 교사가 "한쪽 발을 계단에 내린 다음 다른 발도 내려요."라고 말하며 유아에게 두 발을 교대로 움직여 계단을 내려가 보라고 한다.
- 내려가지 못하면 두 발을 교대로 움직여 계단을 내려가는 동작을 반복해 준다.
- 수행되면 교사가 계단을 가리키며 유아에게 두 발을 교대로 움직여 계단을 내려가 보라고 한다.
- 도움을 점차 줄여 간다.
- 수행되면 유아 스스로 두 발을 교대로 움직여 계단을 내려가 보라고 한다.
- 수행되면 유아의 특성에 맞는 적절한 강화제를 제공한다.

119 20cm 폭 사이 걷기 3~4세

목표 | 20cm 폭 사이를 걸을 수 있다.
자료 | 매직 혹은 색깔 테이프, 강화제

방법 ❶

- 교사가 바닥에 매직이나 색깔 테이프로 20cm 폭을 그어 준다.
- 교사가 20cm 폭 사이를 걷는 시범을 보인다.
- 유아에게 교사를 모방하여 20cm 폭 사이를 걸어 보라고 한다.
- 수행되면 유아 스스로 20cm 폭 사이를 걸어 보라고 한다.
- 수행되면 유아의 특성에 맞는 적절한 강화제를 제공한다.

방법 ❷

- 교사가 바닥에 매직이나 색깔 테이프로 20cm 폭을 그어 준다.
- 교사가 20cm 폭 사이를 걷는 시범을 보인다.
- 유아에게 교사를 모방하여 20cm 폭 사이를 걸어 보라고 한다.

- 모방하지 못하면 교사가 유아의 한 손을 잡고 20cm 폭 사이를 걷게 해 준다.
- 수행되면 교사가 유아를 20cm 폭 사이에 세워 준 후 걸어 보라고 한다.
- 걷지 못하면 교사가 유아의 한 손을 잡고 20cm 폭 사이를 걷는 동작을 반복해 준다.
- 수행되면 교사가 20cm 폭 사이를 가리키며 유아에게 걸어 보라고 한다.
- 수행되면 교사가 "선 사이로 걸어요."라고 말하며 유아에게 20cm 폭 사이를 걸어 보라고 한다.
- 도움을 점차 줄여 간다.
- 수행되면 유아 스스로 20cm 폭 사이를 걸어 보라고 한다.
- 수행되면 유아의 특성에 맞는 적절한 강화제를 제공한다.

120 약 1m 정도 뒤로 걷기　3~4세

목표 | 약 1m 정도 뒤로 걸을 수 있다.
자료 | 매직 혹은 색깔 테이프, 강화제

방법 ❶
- 교사가 바닥에 매직이나 색깔 테이프로 약 1m 정도 선을 그어 준다.
- 교사가 약 1m 정도 뒤로 걷는 시범을 보인다.
- 유아에게 교사를 모방하여 약 1m 정도 뒤로 걸어 보라고 한다.
- 수행되면 유아 스스로 약 1m 정도 뒤로 걸어 보라고 한다.
- 수행되면 유아의 특성에 맞는 적절한 강화제를 제공한다.

방법 ❷
- 교사가 바닥에 매직이나 색깔 테이프로 약 1m 정도 선을 그어 준다.

- 교사가 약 1m 정도 뒤로 걷는 시범을 보인다.
- 유아에게 교사를 모방하여 약 1m 정도 뒤로 걸어 보라고 한다.
- 모방하지 못하면 교사가 유아의 발을 잡고 약 1m 정도 뒤로 걷게 해 준다.
- 걷지 못하면 교사가 유아의 발을 잡고 약 1m 정도 뒤로 걷는 동작을 반복해 준다.
- 수행되면 교사가 유아의 한 손을 잡고 약 1m 정도 뒤로 걸어 보라고 한다.
- 수행되면 교사가 유아의 한 손을 잡고 약 0.7m 정도 뒤로 걸은 후 나머지는 유아에게 걸어 보라고 한다.
- 수행되면 교사가 유아의 한 손을 잡고 약 0.5m 정도 뒤로 걸은 후 나머지는 유아에게 걸어 보라고 한다.
- 수행되면 교사가 유아의 한 손을 잡고 약 0.2m 정도 뒤로 걸은 후 나머지는 유아에게 걸어 보라고 한다.
- 수행되면 교사가 선을 가리키며 유아에게 뒤로 걸어 보라고 한다.
- 수행되면 교사가 유아에게 "뒤로 걸어 보아요."라고 말하며 약 1m 정도 뒤로 걸어 보라고 한다.
- 도움을 점차 줄여 간다.
- 수행되면 유아 스스로 약 1m 정도 뒤로 걸어 보라고 한다.
- 수행되면 유아의 특성에 맞는 적절한 강화제를 제공한다.

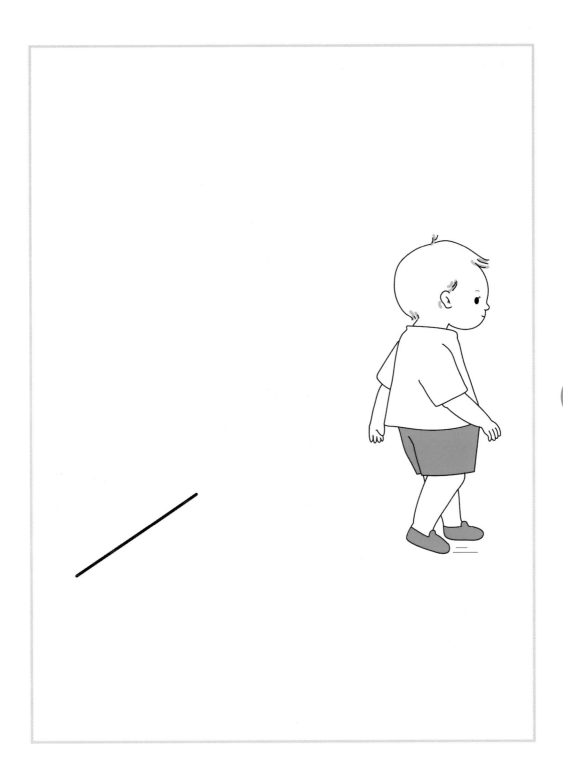

121 양손으로 작은 공 던지기 3~4세

목표 | 양손으로 작은 공을 던질 수 있다.
자료 | 작은 공, 강화제

방법 ❶
- 교사가 양손으로 작은 공을 던지는 시범을 보인다.
- 유아에게 교사를 모방하여 양손으로 작은 공을 던져 보라고 한다.
- 수행되면 유아 스스로 양손으로 작은 공을 던져 보라고 한다.
- 수행되면 유아의 특성에 맞는 적절한 강화제를 제공한다.

방법 ❷
- 교사가 양손으로 작은 공을 던지는 시범을 보인다.
- 유아에게 교사를 모방하여 양손으로 작은 공을 던져 보라고 한다.
- 모방하지 못하면 교사가 유아의 양손을 잡고 작은 공을 던져 준다.
- 교사가 유아에게 양손으로 작은 공을 잡게 해 준 후 유아에게 던져 보라고 한다.
- 던지지 못하면 교사가 유아의 양손을 잡고 작은 공을 던지는 동작을 반복해 준다.
- 수행되면 교사가 작은 공을 가리키며 유아에게 던져 보라고 한다.
- 수행되면 교사가 "공 던져요."라고 말하며 유아에게 던져 보라고 한다.
- 도움을 점차 줄여 간다.
- 수행되면 유아 스스로 양손으로 작은 공을 던져 보라고 한다.
- 수행되면 유아의 특성에 맞는 적절한 강화제를 제공한다.

122 징검다리 건너기

목표 | 징검다리를 건널 수 있다.

자료 | 종이벽돌이나 부드러운 큰 블록, 강화제

방법 ❶

- 교사가 종이벽돌이나 부드러운 큰 블록으로 징검다리를 미리 만들어 제시한다.
- 교사가 징검다리를 건너는 시범을 보인다.
- 유아에게 교사를 모방하여 징검다리를 건너 보라고 한다.
- 수행되면 유아 스스로 징검다리를 건너 보라고 한다.
- 수행되면 유아의 특성에 맞는 적절한 강화제를 제공한다.

방법 ❷

- 교사가 종이벽돌이나 부드러운 큰 블록으로 징검다리를 미리 만들어 제시한다.
- 교사가 징검다리를 건너는 시범을 보인다.
- 유아에게 교사를 모방하여 징검다리를 건너 보라고 한다.
- 모방하지 못하면 교사가 유아의 허리를 잡고 징검다리를 건널 수 있게 해 준다.
- 수행되면 교사가 유아의 한 손을 잡아 준 후 징검다리를 건너 보라고 한다.
- 건너지 못하면 교사가 유아의 한 손을 잡고 징검다리를 건너는 동작을 반복해 준다.
- 수행되면 교사가 징검다리의 3/4까지 유아의 한 손을 잡고 건너다가 나머지는 유아에게 건너 보라고 한다.
- 수행되면 교사가 징검다리의 2/4까지 유아의 한 손을 잡고 건너다가 나머지는 유아에게 건너 보라고 한다.
- 수행되면 교사가 징검다리의 1/4까지 유아의 한 손을 잡고 건너다가 나머지는 유

아에게 건너 보라고 한다.

- 수행되면 교사가 "징검다리를 건너요."라고 말하며 유아에게 징검다리를 건너 보라고 한다.
- 도움을 점차 줄여 간다.
- 수행되면 유아 스스로 징검다리를 건너 보라고 한다.
- 수행되면 유아의 특성에 맞는 적절한 강화제를 제공한다.

☞ 징검다리가 끝나는 지점에 유아가 좋아하는 장난감이나 강화제를 놓아 주면 좀 더 효과적으로 지도할 수 있다.

123 두 발 모아 제자리에서 높이 뛰기 　3~4세

목표 | 두 발 모아 제자리에서 높이 뛸 수 있다.

자료 | 매트, 강화제

방법 ❶

- 두 발 모아 제자리에서 뛰기는 수행하였으므로 확인한 후 시행한다.
- 교사가 두 발 모아 제자리에서 높이 뛰는 시범을 보인다.
- 유아에게 교사를 모방하여 두 발 모아 제자리에서 높이 뛰어 보라고 한다.
- 수행되면 유아 스스로 두 발 모아 제자리에서 높이 뛰어 보라고 한다.
- 수행되면 유아의 특성에 맞는 적절한 강화제를 제공한다.

방법 ❷

- 두 발 모아 제자리에서 뛰기는 수행하였으므로 확인한 후 시행한다.
- 교사가 두 발을 모아 제자리에서 무릎을 굽히는 시범을 보인다.
- 유아에게 교사를 모방하여 두 발을 모아 제자리에서 무릎을 굽혀 보라고 한다.
- 모방하지 못하면 교사가 유아의 두 발을 모아 제자리에서 무릎을 굽혀 준다.
- 굽히지 못하면 교사가 유아의 두 발을 모아 제자리에서 무릎을 굽히는 동작을 반복해 준다.
- 수행되면 교사가 유아의 두 무릎에 손을 대 준 후 무릎을 굽혀 보라고 한다.
- 수행되면 교사가 "무릎을 굽혀요."라고 말하며 유아에게 제자리에서 무릎을 굽혀 보라고 한다.
- 도움을 점차 줄여 간다.
- 수행되면 유아 스스로 제자리에서 무릎을 굽혀 보라고 한다.
- 수행되면 교사가 두 발을 모아 굽힌 무릎을 펴면서 제자리에서 높이 뛰는 시범을

보인다.

- 유아에게 교사를 모방하여 두 발을 모아 굽힌 무릎을 펴면서 제자리에서 높이 뛰어 보라고 한다.
- 모방하지 못하면 교사가 유아의 두 무릎을 펴 주며 제자리에서 높이 뛰게 해 준다.
- 뛰지 못하면 교사가 유아의 두 무릎을 펴 주며 두 발 모아 제자리에서 높이 뛰는 동작을 반복해 준다.
- 수행되면 교사가 유아의 두 무릎에 손을 살짝 대 준 후 제자리에서 높이 뛰어 보라고 한다.
- 수행되면 교사가 "발 모아 제자리에서 높이 뛰어요."라고 말하며 유아에게 제자리에서 높이 뛰어 보라고 한다.
- 도움을 점차 줄여 간다.
- 수행되면 유아 스스로 두 발 모아 제자리에서 높이 뛰어 보라고 한다.
- 수행되면 유아의 특성에 맞는 적절한 강화제를 제공한다.

☞ 무릎을 펴며 높이 뛸 때 교사가 "깡~충, 깡~충"이라고 말해 주거나 제자리에서 높이 뛰기를 지도한 후 트램펄린이나 침대에서 뛰게 하여 높이 뛰기에 흥미를 가지도록 해 주면 효과적이다.

124 북소리 들으며 박자 맞춰 걷기 　3~4세

목표 | 북소리를 들으며 박자에 맞춰 걸을 수 있다.

자료 | 카세트, 강화제

방법 ❶

- 교사가 북소리를 준비하여 미리 틀어 놓는다.
- 교사가 북소리를 들으며 박자에 맞춰 걷는 시범을 보인다.
- 유아에게 교사를 모방하여 북소리를 들으며 박자에 맞춰 걸어 보라고 한다.
- 수행되면 유아 스스로 북소리를 들으며 박자에 맞춰 걸어 보라고 한다.
- 수행되면 유아의 특성에 맞는 적절한 강화제를 제공한다.

방법 ❷

- 교사가 북소리를 준비하여 미리 틀어 놓는다.
- 교사가 북소리를 들으며 박자에 맞춰 걷는 시범을 보인다.
- 유아에게 교사를 모방하여 북소리를 들으며 박자에 맞춰 걸어 보라고 한다.
- 모방하지 못하면 교사가 유아의 손을 잡고 북소리를 들으며 박자에 맞춰 걷게 해 준다.
- 교사가 유아의 손을 잡고 북소리를 들으며 박자에 맞춰 걷다가 손을 놓고 유아에게 박자에 맞춰 걸어 보라고 한다.
- 걷지 못하면 교사가 유아의 손을 잡고 북소리를 들으며 박자에 맞춰 걷는 동작을 반복해 준다.
- 도움을 점차 줄여 간다.
- 수행되면 유아 스스로 북소리를 들으며 박자에 맞춰 걸어 보라고 한다.
- 수행되면 유아의 특성에 맞는 적절한 강화제를 제공한다.

125 세발자전거 타기 3~4세

목표 | 세발자전거를 탈 수 있다.

자료 | 세발자전거, 강화제

방법 ❶

- 교사가 세발자전거의 손잡이를 잡은 후 페달에 발을 올려놓고 자전거를 타는 시범을 보인다.
- 유아에게 교사를 모방하여 세발자전거의 손잡이를 잡은 후 페달에 발을 올려놓고 자전거를 타 보라고 한다.
- 수행되면 유아 스스로 세발자전거의 손잡이를 잡은 후 페달에 발을 올려놓고 자전거를 타 보라고 한다.
- 수행되면 유아의 특성에 맞는 적절한 강화제를 제공한다.

방법 ❷

- 교사가 세발자전거를 세워 놓고 손잡이를 잡은 후 페달에 발을 올려놓는 시범을 보인다.
- 유아에게 교사를 모방하여 세발자전거의 손잡이를 잡은 후 페달에 발을 올려놓아 보라고 한다.
- 모방하지 못하면 교사가 유아에게 세발자전거의 손잡이를 잡게 한 후 두 발을 세발자전거의 페달에 올려 준다.
- 교사가 세발자전거의 페달을 가리키며 유아에게 세발자전거의 손잡이를 잡은 후 발을 올려놓아 보라고 한다.
- 올리지 못하면 교사가 유아에게 세발자전거의 손잡이를 잡게 한 후 두 발을 페달에 올려놓는 동작을 반복해 준다.
- 수행되면 교사가 유아에게 세발자전거의 손잡이를 잡게 한 후 "발을 페달에 올려놓아요."라고 말하며 페달에 발을 올려놓아 보라고 한다.
- 도움을 점차 줄여 간다.
- 수행되면 유아 스스로 세발자전거의 손잡이를 잡은 후 페달에 발을 올려놓아 보라고 한다.
- 수행되면 교사가 자전거를 세워 놓고 세발자전거의 손잡이를 잡은 후 무릎에 힘

을 주어 페달을 돌리는 시범을 보인다.

- 유아에게 교사를 모방하여 세발자전거의 손잡이를 잡은 후 무릎에 힘을 주어 페달을 돌려 보라고 한다.
- 모방하지 못하면 교사가 유아에게 세발자전거의 손잡이를 잡은 후 스스로 페달에 발을 올리라고 한 다음 유아의 양쪽 무릎을 눌러 힘을 주어 페달을 돌려 준다.
- 교사가 유아에게 세발자전거의 손잡이를 잡은 후 스스로 페달에 발을 올리라고 한 다음 유아의 한쪽 무릎을 눌러 힘을 주며 페달을 돌려 보라고 한다.
- 돌리지 못하면 교사가 유아에게 세발자전거의 손잡이를 잡으라고 한 후 무릎을 눌러 힘을 주어 페달을 돌리는 동작을 반복해 준다.
- 수행되면 교사가 유아에게 세발자전거의 손잡이를 잡으라고 한 후 양쪽 무릎에 살짝 손을 대 주며 페달을 돌려 보라고 한다.
- 수행되면 교사가 "페달을 돌려요."라고 말하며 유아에게 페달을 돌려 보라고 한다.
- 수행되면 교사가 페달을 가리키며 유아에게 페달을 돌려 보라고 한다.
- 도움을 점차 줄여 간다.
- 수행되면 유아 스스로 세발자전거의 손잡이를 잡은 후 무릎에 힘을 주어 페달을 돌려 보라고 한다.
- 수행되면 교사가 세발자전거의 손잡이를 잡은 후 페달에 발을 올려놓고 자전거를 타는 시범을 보인다.
- 유아에게 교사를 모방하여 세발자전거의 손잡이를 잡은 후 페달에 발을 올려놓고 자전거를 타 보라고 한다.
- 모방하지 못하면 교사가 유아의 양손을 잡아 세발자전거의 손잡이를 잡은 후 손잡이의 방향을 움직여 주며 유아에게 자전거를 타 보라고 한다.
- 교사가 유아가 타고 있는 세발자전거의 뒤쪽을 잡아 주며 유아에게 자전거를 타 보라고 한다.
- 타지 못하면 교사가 세발자전거의 뒤쪽을 잡아 주며 유아가 자전거를 탈 수 있도록 동작을 반복해 준다.

- 도움을 점차 줄여 간다.
- 수행되면 유아 스스로 세발자전거의 손잡이를 잡은 후 페달에 발을 올려놓고 자전거를 타 보라고 한다.
- 수행되면 유아의 특성에 맞는 적절한 강화제를 제공한다.

126 토끼처럼 깡충깡충 뛰기 3~4세

목표 | 두 발 모아 토끼처럼 깡충깡충 뛸 수 있다.

자료 | 매트, 강화제

방법 ❶

- 두 발 모아 제자리에서 높이 뛰기는 수행하였으므로 확인한 후 시행한다.
- 교사가 두 발 모아 토끼처럼 깡충깡충 뛰는 시범을 보인다.
- 유아에게 교사를 모방하여 두 발 모아 토끼처럼 깡충깡충 뛰어 보라고 한다.
- 수행되면 유아 스스로 두 발 모아 토끼처럼 깡충깡충 뛰어 보라고 한다.
- 수행되면 유아의 특성에 맞는 적절한 강화제를 제공한다.

방법 ❷

- 두 발 모아 제자리에서 높이 뛰기는 수행하였으므로 확인한 후 시행한다.
- 교사가 두 발 모아 토끼처럼 깡충깡충 뛰는 시범을 보인다.
- 유아에게 교사를 모방하여 두 발 모아 토끼처럼 깡충깡충 뛰어 보라고 한다.
- 모방하지 못하면 교사가 유아의 두 발을 모아 토끼처럼 깡충깡충 뛰게 해 준다.
- 뛰지 못하면 교사가 유아의 두 발을 모아 토끼처럼 깡충깡충 뛰는 동작을 반복해 준다.
- 수행되면 교사가 "깡충깡충 뛰어요."라고 말하며 유아에게 토끼처럼 깡충깡충 뛰

어 보라고 한다.

- 도움을 점차 줄여 간다.
- 수행되면 유아 스스로 토끼처럼 깡충깡충 뛰어 보라고 한다.
- 수행되면 유아의 특성에 맞는 적절한 강화제를 제공한다.

127 장애물 피하기 3~4세

목표 | 장애물을 피할 수 있다.

자료 | 장애물(블록), 강화제

방법 ❶

- 교사가 적당한 간격으로 장애물(블록)을 배치해 놓는다.
- 교사가 장애물을 피하는 시범을 보인다.
- 유아에게 교사를 모방하여 장애물을 피해 보라고 한다.
- 수행되면 유아 스스로 장애물을 피해 보라고 한다.
- 수행되면 유아의 특성에 맞는 적절한 강화제를 제공한다.

방법 ❷

- 교사가 예를 들어 적당한 간격으로 장애물(블록)을 다섯 개 배치해 놓는다.
- 교사가 다섯 개의 장애물을 피하는 시범을 보인다.
- 유아에게 교사를 모방하여 다섯 개의 장애물을 피해 보라고 한다.
- 모방하지 못하면 교사가 유아의 한 손을 잡고 다섯 개의 장애물을 피하게 해 준다.
- 교사가 다섯 개의 장애물을 가리키며 유아에게 피해 보라고 한다.
- 피하지 못하면 교사가 유아의 한 손을 잡고 다섯 개의 장애물을 피하는 동작을 반

복해 준다.

- 수행되면 교사가 유아의 한 손을 잡고 다섯 개의 장애물 중 세 개를 피하게 해 준 후 유아에게 두 개의 장애물을 피해 보라고 한다.
- 수행되면 교사가 유아의 한 손을 잡고 다섯 개의 장애물 중 한 개를 피하게 해 준 후 유아에게 네 개의 장애물을 피해 보라고 한다.
- 수행되면 교사가 "블록을 피해서 가요."라고 말하며 유아에게 다섯 개의 장애물을 피해 보라고 한다.
- 도움을 점차 줄여 간다.
- 수행되면 유아 스스로 다섯 개의 장애물을 피해 보라고 한다.
- 수행되면 다른 장애물도 다섯 개의 장애물을 피하는 것과 같은 방법으로 지도한다.
- 수행되면 유아의 특성에 맞는 적절한 강화제를 제공한다.

☞ 가능하면 지도 후 도로에 나가서 장애물이 있는 곳을 골라 유아가 실제 피할 수 있는지 확인하도록 한다.

128 엄지가 위로 향하도록 팔 돌리기 3~4세

목표 | 엄지가 위로 향하도록 팔을 돌릴 수 있다.

자료 | 강화제

방법 ❶

- 교사가 양쪽 팔의 엄지가 위로 향하도록 한 상태에서 팔을 옆으로 쭉 펴 돌리는 시범을 보인다.
- 유아에게 교사를 모방하여 양쪽 팔의 엄지가 위로 향하도록 한 상태에서 팔을 옆

으로 쭉 펴 돌려 보라고 한다.

- 수행되면 유아 스스로 양쪽 팔의 엄지가 위로 향하도록 한 상태에서 팔을 옆으로 쭉 펴 돌려 보라고 한다.
- 수행되면 유아의 특성에 맞는 적절한 강화제를 제공한다.

방법 ❷

- 교사가 왼쪽 팔(유아가 볼 때 오른쪽)의 엄지가 위로 향하도록 한 상태에서 옆으로 쭉 펴는 시범을 보인다.
- 유아에게 교사를 모방하여 오른쪽 팔의 엄지가 위로 향하도록 한 상태에서 옆으로 쭉 펴 보라고 한다.
- 모방하지 못하면 교사가 유아의 오른쪽 엄지가 위로 향하도록 한 상태에서 팔을 잡고 옆으로 쭉 펴 준다.
- 펴지 못하면 교사가 유아의 오른쪽 엄지가 위로 향하도록 한 상태에서 팔을 잡고 옆으로 쭉 펴는 동작을 반복해 준다.
- 수행되면 교사가 유아의 오른쪽 엄지가 위로 향하도록 한 상태에서 팔을 살짝 건드려 주며 옆으로 쭉 펴 보라고 한다.
- 수행되면 유아의 오른쪽 엄지가 위로 향하도록 한 상태에서 교사가 "팔을 옆으로 쭉 펴 보아요."라고 말하며 유아에게 팔을 쭉 펴 보라고 한다.
- 도움을 점차 줄여 간다.
- 수행되면 유아 스스로 오른쪽 팔의 엄지가 위로 향하도록 한 상태에서 옆으로 쭉 펴 보라고 한다.
- 수행되면 왼쪽 엄지가 위로 향하도록 한 상태에서 팔을 옆으로 쭉 펴는 것도 오른쪽을 지도한 것과 같은 방법으로 지도한다.
- 수행되면 교사가 왼쪽 팔(유아가 볼 때 오른쪽)의 엄지가 위로 향하도록 한 상태에서 팔을 옆으로 쭉 펴 돌리는 시범을 보인다.
- 유아에게 교사를 모방하여 오른쪽 팔의 엄지가 위로 향하도록 한 상태에서 팔을

옆으로 쭉 펴 돌려 보라고 한다.

- 모방하지 못하면 교사가 유아의 오른쪽 엄지가 위로 향하도록 한 상태에서 쭉 펴진 팔을 잡고 돌려 준다.

- 펴지 못하면 교사가 유아의 오른쪽 엄지가 위로 향하도록 한 상태에서 쭉 펴진 팔을 잡고 돌리는 동작을 반복해 준다.

- 수행되면 교사가 유아의 오른쪽 엄지가 위로 향하도록 한 상태에서 쭉 펴진 팔을 살짝 건드려 주며 옆으로 돌려 보라고 한다.

- 수행되면 유아의 오른쪽 엄지가 위로 향하도록 팔을 옆으로 쭉 편 상태에서 교사가 "팔을 돌려 보아요."라고 말하며 유아에게 팔을 돌려 보라고 한다.

- 수행되면 교사가 유아의 오른쪽 팔을 가리키며 오른쪽 엄지가 위로 향하도록 팔을 옆으로 쭉 편 상태에서 돌려 보라고 한다.

- 도움을 점차 줄여 간다.

- 수행되면 유아 스스로 오른쪽 팔의 엄지가 위로 향하도록 한 상태에서 팔을 옆으로 쭉 펴 돌려 보라고 한다.

- 수행되면 유아가 왼쪽 팔의 엄지가 위로 향하도록 한 상태에서 팔을 옆으로 쭉 펴 돌리는 것도 오른쪽 팔을 돌리는 것과 같은 방법으로 지도한다.

- 수행되면 교사가 양팔의 엄지가 위로 향하도록 한 상태에서 팔을 돌리는 시범을 보인다.

- 유아에게 교사를 모방하여 양쪽 팔의 엄지가 위로 향하도록 한 상태에서 팔을 옆으로 쭉 펴 돌려 보라고 한다.

- 수행되면 유아의 특성에 맞는 적절한 강화제를 제공한다.

☞ 유아와 마주 보고 지도할 경우 유아가 바라보는 방향(교사가 왼손을 사용해야 유아가 볼 때 오른손이 됨)에서 손 사용에 유의하도록 하고, 왼손잡이의 경우 반대로 지도하면 된다.

까치발로 서기

목표 | 까치발로 설 수 있다.

자료 | 매트, 강화제

방법 ❶

- 교사가 매트 위에서 까치발로 서는 시범을 보인다.
- 유아에게 교사를 모방하여 매트 위에서 까치발로 서 보라고 한다.
- 수행되면 유아 스스로 매트 위에서 까치발로 서 보라고 한다.
- 수행되면 유아의 특성에 맞는 적절한 강화제를 제공한다.

방법 ❷

- 교사가 매트 위에서 까치발로 서는 시범을 보인다.
- 유아에게 교사를 모방하여 매트 위에서 까치발로 서 보라고 한다.
- 모방하지 못하면 교사가 유아의 양발 뒤꿈치에 낮은 블록을 놓아 주어 유아의 발 뒤꿈치가 들리게 해 준다.
- 서지 못하면 교사가 유아가 좋아하는 강화제를 발뒤꿈치를 들면 손이 닿을 수 있는 위치에 둔 후 유아의 발을 잡아 까치발로 만들어 준 다음 강화제를 잡게 해 준다.
- 수행되면 교사가 유아의 양손을 잡아 준 다음 매트 위에서 까치발로 서 보라고 한다.
- 서지 못하면 교사가 매트 위에서 유아를 발을 잡고 까치발로 서는 동작을 반복해 준다.
- 수행되면 교사가 유아의 한 손을 잡아 준 다음 매트 위에서 까치발로 서 보라고 한다.

- 수행되면 교사가 "까치발로 서요."라고 말하며 유아에게 매트 위에서 까치발로 서 보라고 한다.
- 도움을 점차 줄여 간다.
- 수행되면 유아 스스로 매트 위에서 까치발로 서 보라고 한다.
- 수행되면 유아의 특성에 맞는 적절한 강화제를 제공한다.

130 10cm 정도 높이 뛰어넘기 3~4세

목표 | 10cm 정도 높이를 뛰어넘을 수 있다.

자료 | 10cm 높이의 끈, 의자 두 개, 강화제

방법 ❶

- 두 발 모아 제자리에서 높이 뛰기는 수행하였으므로 확인한 후 시행한다.
- 교사가 의자에 10cm 정도 높이의 끈을 묶어 제시한다.
- 교사가 두 발로 10cm 정도 높이의 끈을 뛰어넘는 시범을 보인다.
- 유아에게 교사를 모방하여 두 발로 10cm 정도 높이의 끈을 뛰어넘어 보라고 한다.
- 수행되면 유아 스스로 두 발로 10cm 정도 높이의 끈을 뛰어넘어 보라고 한다.
- 수행되면 유아의 특성에 맞는 적절한 강화제를 제공한다.

방법 ❷

- 두 발 모아 제자리에서 높이 뛰기는 수행하였으므로 확인한 후 시행한다.
- 교사가 의자에 10cm 정도 높이의 끈을 묶어 제시한다.
- 교사가 두 발로 10cm 정도 높이의 끈을 뛰어넘는 시범을 보인다.
- 유아에게 교사를 모방하여 두 발로 10cm 정도 높이의 끈을 뛰어넘어 보라고 한다.
- 모방하지 못하면 교사가 유아의 양손을 잡고 두 발로 10cm 정도 높이의 끈을 뛰어넘게 해 준다.
- 교사가 유아의 한 손을 잡아 준 다음 두 발로 10cm 정도 높이의 끈을 뛰어넘어 보라고 한다.
- 넘지 못하면 교사가 유아의 한 손을 잡고 두 발로 10cm 정도 높이의 끈을 뛰어넘

는 동작을 반복해 준다.

- 수행되면 교사가 10cm 정도 높이의 끈을 가리키며 유아에게 뛰어넘어 보라고 한다.
- 수행되면 교사가 "끈을 뛰어넘어 보아요."라고 말하며 유아에게 두 발로 10cm 정도 높이의 끈을 뛰어넘어 보라고 한다.
- 도움을 점차 줄여 간다.
- 수행되면 유아 스스로 두 발로 10cm 정도 높이의 끈을 뛰어넘어 보라고 한다.
- 수행되면 유아의 특성에 맞는 적절한 강화제를 제공한다.

131 한 손으로 큰 공 던지기 3~4세

목표 | 한 손으로 큰 공을 던질 수 있다.
자료 | 큰 공, 강화제

방법 ❶

- 양손으로 큰 공 던지기는 수행하였으므로 확인한 후 시행한다.
- 교사가 한 손으로 큰 공을 던지는 시범을 보인다.
- 유아에게 교사를 모방하여 한 손으로 큰 공을 던져 보라고 한다.
- 수행되면 유아 스스로 한 손으로 큰 공을 던져 보라고 한다.
- 수행되면 유아의 특성에 맞는 적절한 강화제를 제공한다.

방법 ❷

- 양손으로 큰 공 던지기는 수행하였으므로 확인한 후 시행한다.
- 교사가 한 손으로 큰 공을 던지는 시범을 보인다.
- 유아에게 교사를 모방하여 한 손으로 큰 공을 던져 보라고 한다.

- 모방하지 못하면 교사가 유아의 한 손을 잡고 큰 공을 던져 준다.
- 교사가 유아의 한 손에 큰 공을 잡게 해 준 후 유아에게 던져 보라고 한다.
- 던지지 못하면 교사가 유아의 한 손을 잡고 큰 공을 던지는 동작을 반복해 준다.
- 수행되면 교사가 큰 공을 가리키며 유아에게 한 손으로 던져 보라고 한다.
- 수행되면 교사가 "공 던져요."라고 말하며 유아에게 한 손으로 던져 보라고 한다.
- 도움을 점차 줄여 간다.
- 수행되면 유아 스스로 한 손으로 큰 공을 던져 보라고 한다.
- 수행되면 유아의 특성에 맞는 적절한 강화제를 제공한다.

132 굴러오는 공을 손으로 정지시키기　　　3~4세

목표 | 굴러오는 공을 손으로 정지시킬 수 있다.
자료 | 공, 강화제

방법 ❶

- 교사가 굴러오는 공을 손으로 정지(멈추기)시키는 시범을 보인다.
- 교사가 공을 굴려 줄 때 유아에게 교사를 모방하여 굴러오는 공을 손으로 정지시켜 보라고 한다.
- 수행되면 교사가 공을 굴려 줄 때 유아 스스로 굴러오는 공을 손으로 정지시켜 보라고 한다.
- 수행되면 유아의 특성에 맞는 적절한 강화제를 제공한다.

방법 ❷

- 교사가 굴러오는 공을 손으로 정지시키는 시범을 보인다.
- 교사가 공을 굴려 줄 때 유아에게 교사를 모방하여 굴러오는 공을 손으로 정지시켜 보라고 한다.
- 모방하지 못하면 교사가 다른 교사에게 공을 굴려 달라고 한 후 유아의 두 손을 잡고 굴러오는 공을 정지시켜 준다.
- 교사가 다른 교사에게 공을 굴려 달라고 한 후 유아의 한 손을 잡아 주며 유아에게 굴러오는 공을 손으로 정지시켜 보라고 한다.
- 정지시키지 못하면 교사가 다른 교사에게 공을 굴려 달라고 한 후 유아의 두 손을 잡고 굴러오는 공을 정지시키는 동작을 반복해 준다.
- 수행되면 교사가 공을 굴려 주면서 "공을 잡아요."라고 말하며 유아에게 굴러오는 공을 정지시켜 보라고 한다.

- 도움을 점차 줄여 간다.
- 수행되면 교사가 공을 굴려 줄 때 유아 스스로 굴러오는 공을 손으로 정지시켜 보라고 한다.
- 수행되면 유아의 특성에 맞는 적절한 강화제를 제공한다.

133 달리다가 갑자기 멈추어 서기 3~4세

목표 │ 달리다가 갑자기 멈추어 설 수 있다.
자료 │ 강화제

방법 ❶

- 교사가 달리다가 갑자기 멈추어 서는 시범을 보인다.
- 유아에게 교사를 모방하여 달리다가 갑자기 멈추어 서 보라고 한다.
- 수행되면 유아 스스로 달리다가 갑자기 멈추어 서 보라고 한다.
- 수행되면 유아의 특성에 맞는 적절한 강화제를 제공한다.

방법 ❷

- 교사가 달리다가 갑자기 멈추어 서는 시범을 보인다.
- 유아에게 교사를 모방하여 달리다가 갑자기 멈추어 서 보라고 한다.
- 모방하지 못하면 교사가 유아의 한 손을 잡고 달리다가 갑자기 멈추어 서 준다.
- 교사가 유아의 한 손을 잡고 달리다가 유아에게 갑자기 멈추어 서 보라고 한다.
- 서지 못하면 교사가 유아의 한 손을 잡고 달리다가 갑자기 멈추어 서는 동작을 반복해 준다.
- 수행되면 교사가 달리고 있는 유아에게 "멈추어 서요."라고 말해 주며 갑자기 멈추어 서 보라고 한다.

- 도움을 점차 줄여 간다.
- 수행되면 유아 스스로 달리다가 갑자기 멈추어 서 보라고 한다.
- 수행되면 유아의 특성에 맞는 적절한 강화제를 제공한다.

134 놀이 기구의 낮은 사다리 기어오르기 `3~4세`

목표 | 놀이 기구의 낮은 사다리를 기어오를 수 있다.
자료 | 낮은 사다리가 붙어 있는 놀이 기구, 강화제

방법 ❶
- 교사가 놀이 기구의 낮은 사다리를 기어오르는 시범을 보인다.
- 유아에게 교사를 모방하여 놀이 기구의 낮은 사다리를 기어올라 보라고 한다.
- 수행되면 유아 스스로 놀이 기구의 낮은 사다리를 기어올라 보라고 한다.
- 수행되면 유아의 특성에 맞는 적절한 강화제를 제공한다.

방법 ❷
- 교사가 오른손으로 사다리를 잡은 후 왼발을 사다리에 올리는 시범을 보인다.
- 유아에게 교사를 모방하여 오른손으로 사다리를 잡은 후 왼발을 사다리에 올려 보라고 한다.
- 모방하지 못하면 교사가 유아의 오른손을 잡아 사다리를 잡게 한 후 왼발을 사다리에 올리게 해 준다.
- 교사가 유아의 오른손을 잡아 사다리를 잡게 한 후 유아에게 왼발을 사다리에 올려 보라고 한다.
- 올리지 못하면 교사가 오른손을 잡아 사다리를 잡게 한 후 왼발을 사다리에 올리는 동작을 반복해 준다.

- 수행되면 교사가 유아에게 오른손으로 사다리를 잡으라고 한 후 "왼발을 사다리에 올려요."라고 말해 주며 올려 보라고 한다.
- 도움을 점차 줄여 간다.
- 수행되면 유아 스스로 오른손으로 사다리를 잡은 후 왼발을 사다리에 올려 보라고 한다.
- 수행되면 교사가 왼손으로 사다리를 잡은 후 오른발을 사다리에 올리는 시범을 보인다.
- 유아에게 교사를 모방하여 왼손으로 사다리를 잡은 후 오른발을 사다리에 올려 보라고 한다.
- 모방하지 못하면 교사가 유아의 왼손을 잡아 사다리를 잡게 한 후 오른발을 사다리에 올리게 해 준다.
- 교사가 유아의 왼손을 잡아 사다리를 잡게 한 후 유아에게 오른발을 사다리에 올려 보라고 한다.
- 올리지 못하면 교사가 왼손을 잡아 사다리를 잡게 한 후 오른발을 사다리에 올리는 동작을 반복해 준다.
- 수행되면 교사가 유아에게 왼손으로 사다리를 잡으라고 한 후 "오른발을 사다리에 올려요."라고 말해 주며 올려 보라고 한다.
- 도움을 점차 줄여 간다.
- 수행되면 유아 스스로 왼손으로 사다리를 잡은 후 오른발을 사다리에 올려 보라고 한다.
- 수행되면 교사가 오른손으로 사다리를 잡은 후 왼발을 사다리에 올리고 왼손으로 사다리를 잡은 후 오른발을 사다리에 올려 사다리를 기어오르는 시범을 보인다.
- 유아에게 교사를 모방하여 오른손으로 사다리를 잡은 후 왼발을 사다리에 올리고 왼손으로 사다리를 잡은 후 오른발을 사다리에 올려 사다리를 기어올라 보라고 한다.
- 수행되면 유아 스스로 오른손으로 사다리를 잡은 후 왼발을 사다리에 올리고 왼

손으로 사다리를 잡은 후 오른발을 사다리에 올려 사다리를 기어올라 보라고 한다.
- 수행되면 유아의 특성에 맞는 적절한 강화제를 제공한다.

135 가슴과 양팔로 큰 공 받기

목표 | 가슴과 양팔로 큰 공을 받을 수 있다.

자료 | 공, 강화제

방법 ❶

- 다른 교사가 큰 공을 던져 주면 교사가 가슴과 양팔로 받는 시범을 보인다.
- 교사가 큰 공을 던져 주면 유아에게 교사를 모방하여 가슴과 양팔로 받아 보라고 한다.
- 수행되면 교사가 공을 던져 줄 때 유아 스스로 가슴과 양팔로 받아 보라고 한다.
- 수행되면 유아의 특성에 맞는 적절한 강화제를 제공한다.

방법 ❷

- 다른 교사가 큰 공을 던져 주면 교사가 가슴과 양팔로 받는 시범을 보인다.
- 교사가 큰 공을 던져 주면 유아에게 교사를 모방하여 가슴과 양팔로 받아 보라고 한다.
- 모방하지 못하면 다른 교사가 큰 공을 던져 줄 때 교사가 유아의 팔을 잡아 가슴과 양팔로 공을 받게 해 준다.
- 다른 교사가 큰 공을 던져 줄 때 교사가 유아의 손목을 잡아 주며 가슴과 양팔로

공을 받아 보라고 한다.

- 받지 못하면 다른 교사가 큰 공을 던져 줄 때 교사가 유아의 팔을 잡아 가슴과 양 팔로 공을 받는 동작을 반복해 준다.
- 수행되면 교사가 큰 공을 던져 주면서 "공을 받아요."라고 말하며 유아에게 가슴 과 양팔로 받아 보라고 한다.
- 도움을 점차 줄여 간다.
- 수행되면 교사가 큰 공을 던져 줄 때 유아 스스로 가슴과 양팔로 공을 받아 보라 고 한다.
- 수행되면 유아의 특성에 맞는 적절한 강화제를 제공한다.

136 두 발로 20cm 넓이의 평균대 위에 서기 4~5세

목표 | 두 발로 20cm 넓이의 평균대 위에 설 수 있다.
자료 | 평균대, 강화제

방법 ❶

- 교사가 두 발로 20cm 넓이의 평균대 위에 서는 시범을 보인다.
- 유아에게 교사를 모방하여 두 발로 20cm 넓이의 평균대 위에 서 보라고 한다.
- 수행되면 유아 스스로 두 발로 20cm 넓이의 평균대 위에 서 보라고 한다.
- 수행되면 유아의 특성에 맞는 적절한 강화제를 제공한다.

방법 ❷

- 교사가 두 발로 20cm 넓이의 평균대 위에 서는 시범을 보인다.
- 유아에게 교사를 모방하여 두 발로 20cm 넓이의 평균대 위에 서 보라고 한다.
- 모방하지 못하면 교사가 유아를 20cm 넓이의 평균대 위에 올려 준 후 유아의 양 손을 잡고 평균대 위에 서게 해 준다.
- 서지 못하면 교사가 유아를 20cm 넓이의 평균대 위에 올려 준 후 유아의 양손을 잡고 평균대 위에 서는 동작을 반복해 준다.
- 수행되면 교사가 유아를 20cm 넓이의 평균대 위에 올려 준 후 유아의 한 손을 잡 아 준 다음 평균대 위에 서 보라고 한다.
- 수행되면 교사가 20cm 넓이의 평균대를 가리키며 유아에게 평균대 위에 서 보라 고 한다.
- 수행되면 교사가 "평균대 위에 서 보아요."라고 말하며 유아에게 20cm 넓이의 평 균대 위에 서 보라고 한다.
- 도움을 점차 줄여 간다.

- 수행되면 유아 스스로 20cm 넓이의 평균대 위에 서 보라고 한다.
- 수행되면 유아의 특성에 맞는 적절한 강화제를 제공한다.

137 뒤로 걷기 4~5세

목표 │ 뒤로 걸을 수 있다.

자료 │ 강화제

방법 ❶

- 교사가 뒤로 걷는 시범을 보인다.
- 유아에게 교사를 모방하여 뒤로 걸어 보라고 한다.
- 수행되면 유아 스스로 뒤로 걸어 보라고 한다.
- 수행되면 유아의 특성에 맞는 적절한 강화제를 제공한다.

방법 ❷

- 교사가 뒤로 걷는 시범을 보인다.
- 유아에게 교사를 모방하여 뒤로 걸어 보라고 한다.
- 걷지 못하면 교사가 유아의 손을 잡고 뒤로 걸어 준다.
- 수행되면 교사가 유아의 옆에서 같이 뒤로 걸으며 유아에게 뒤로 걸어 보라고 한다.
- 수행되면 교사가 "뒤로 걸어요."라고 말하며 유아에게 뒤로 걸어 보라고 한다.
- 도움을 점차 줄여 간다.
- 수행되면 유아 스스로 뒤로 걸어 보라고 한다.
- 수행되면 유아의 특성에 맞는 적절한 강화제를 제공한다.

☞ 교사가 먼 거리에서 유아가 좋아하는 장난감을 소리 내어 흔들면서 유아에게 뒤로 걸어오게
지도해도 효과적이다.

138 앞으로 구르기 4~5세

목표 | 앞으로 구를 수 있다.

자료 | 매트(담요), 강화제

방법 ❶

- 도움받아 앞으로 구르기는 앞 단계에서 수행하였으므로 확인한 후 시행한다.
- 교사가 매트(담요) 위에서 손바닥으로 바닥을 누르고 무릎을 구부린 후 고개를 바닥에 닿게 하여 앞으로 구르는 시범을 보인다.
- 유아에게 교사를 모방하여 매트 위에서 손바닥으로 바닥을 누르고 무릎을 구부린 다음 고개를 바닥에 닿게 하여 앞으로 굴러 보라고 한다.
- 수행되면 유아 스스로 매트 위에서 손바닥으로 바닥을 누르고 무릎을 구부린 다음 고개를 바닥에 닿게 하여 앞으로 굴러 보라고 한다.
- 수행되면 유아의 특성에 맞는 적절한 강화제를 제공한다.

방법 ❷

- 도움받아 앞으로 구르기는 앞 단계에서 수행하였으므로 확인한 후 시행한다.
- 교사가 매트(담요) 위에서 손바닥으로 바닥을 누르고 무릎을 구부린 후 고개를 바닥에 닿게 하여 앞으로 구르는 시범을 보인다.
- 유아에게 교사를 모방하여 매트 위에서 손바닥으로 바닥을 누르고 무릎을 구부린 다음 고개를 바닥에 닿게 하여 앞으로 굴러 보라고 한다.
- 모방하지 못하면 교사가 매트 위에서 유아의 손바닥으로 바닥을 누르고 무릎을 구부린 다음 고개를 바닥에 닿게 하여 앞으로 굴려 준다.
- 구르지 못하면 매트 위에서 유아 스스로 손바닥으로 바닥을 누르고 무릎을 구부린 후 고개를 바닥에 닿게 한 다음 앞으로 구르는 동작을 반복해 준다.

- 수행되면 매트 위에서 유아 스스로 손바닥으로 바닥을 누르고 무릎을 구부린 후 교사가 "앞으로 굴러요."라고 말해 주며 유아에게 굴러 보라고 한다.
- 도움을 점차 줄여 간다.
- 수행되면 유아 스스로 매트 위에서 손바닥으로 바닥을 누르고 무릎을 구부린 다음 고개를 바닥에 닿게 하여 앞으로 굴러 보라고 한다.
- 수행되면 유아의 특성에 맞는 적절한 강화제를 제공한다.

139 장애물 뛰어넘기   4~5세

목표 | 장애물을 뛰어넘을 수 있다.
자료 | 블록이나 작은 상자 여러 개, 강화제

방법 ❶
- 토끼처럼 깡충깡충 뛰기는 앞 단계에서 수행하였으므로 확인한 후 시행한다.
- 교사가 예를 들어 블록이나 작은 상자 여러 개를 간격을 두고 제시한다.
- 교사가 장애물을 뛰어넘는 시범을 보인다.
- 유아에게 교사를 모방하여 장애물을 뛰어넘어 보라고 한다.
- 수행되면 유아 스스로 장애물을 뛰어넘어 보라고 한다.
- 수행되면 유아의 특성에 맞는 적절한 강화제를 제공한다.

방법 ❷
- 토끼처럼 깡충깡충 뛰기는 앞 단계에서 수행하였으므로 확인한 후 시행한다.
- 교사가 예를 들어 블록 여러 개를 간격을 두고 제시한다.
- 교사가 블록 여러 개를 뛰어넘는 시범을 보인다.
- 유아에게 교사를 모방하여 블록 여러 개를 뛰어넘어 보라고 한다.

- 모방하지 못하면 교사가 유아의 손을 잡고 블록 여러 개를 뛰어넘게 해 준다.
- 수행되면 교사가 블록 여러 개를 가리키며 유아에게 뛰어넘어 보라고 한다.
- 넘지 못하면 교사가 유아의 손을 잡고 블록 여러 개를 뛰어넘는 동작을 반복해 준다.
- 수행되면 교사가 "블록을 뛰어넘어요."라고 말하며 유아에게 블록 여러 개를 뛰어 넘어 보라고 한다.
- 도움을 점차 줄여 간다.
- 수행되면 유아 스스로 블록 여러 개를 뛰어넘어 보라고 한다.
- 수행되면 유아의 특성에 맞는 적절한 강화제를 제공한다.

140 10cm 정도 폭의 두 선을 따라 걷기 4~5세

목표 | 10cm 정도 폭의 두 선을 따라 걸을 수 있다.
자료 | 색깔 테이프, 강화제

방법 ❶
- 교사가 색깔 테이프를 가지고 10cm 정도 폭으로 두 선(10cm 양쪽 선)을 그어 제시한다.
- 교사가 10cm 정도 폭의 두 선을 따라 걷는 시범을 보인다.
- 유아에게 교사를 모방하여 10cm 정도 폭의 두 선을 따라 걸어 보라고 한다.
- 수행되면 유아 스스로 10cm 정도 폭의 두 선을 따라 걸어 보라고 한다.
- 수행되면 유아의 특성에 맞는 적절한 강화제를 제공한다.

방법 ❷
- 교사가 색깔 테이프를 가지고 10cm 정도 폭으로 두 선(10cm 양쪽 선)을 그어 제시

한다.

- 교사가 10cm 정도 폭의 두 선을 따라 걷는 시범을 보인다.
- 유아에게 교사를 모방하여 10cm 정도 폭의 두 선을 따라 걸어 보라고 한다.
- 모방하지 못하면 교사가 유아의 한 손을 잡고 10cm 정도 폭의 두 선을 따라 걷게 해 준다.
- 교사가 10cm 정도 폭의 두 선을 가리키며 유아에게 두 선을 따라 걸어 보라고 한다.
- 걷지 못하면 교사가 유아의 한 손을 잡고 10cm 정도 폭의 두 선을 따라 걷는 동작을 반복해 준다.
- 수행되면 교사가 유아에게 "두 선을 따라 걸어요."라고 말해 주며 두 선을 따라 걸어 보라고 한다.
- 도움을 점차 줄여 간다.
- 수행되면 유아 스스로 10cm 정도 폭의 두 선을 따라 걸어 보라고 한다.
- 수행되면 유아의 특성에 맞는 적절한 강화제를 제공한다.

141 엄지가 아래로 향하도록 팔 돌리기 `4~5세`

목표 | 엄지가 아래로 향하도록 팔을 돌릴 수 있다.

자료 | 강화제

방법 ❶

- 교사가 양쪽 팔의 엄지가 아래로 향하도록 한 상태에서 팔을 옆으로 쭉 펴 돌리는 시범을 보인다.
- 유아에게 교사를 모방하여 양쪽 팔의 엄지가 아래로 향하도록 한 상태에서 팔을 옆으로 쭉 펴 돌려 보라고 한다.

- 수행되면 유아 스스로 양쪽 팔의 엄지가 아래로 향하도록 한 상태에서 팔을 옆으로 쭉 펴 돌려 보라고 한다.
- 수행되면 유아의 특성에 맞는 적절한 강화제를 제공한다.

방법 ❷

- 교사가 왼쪽 팔(유아가 볼 때 오른쪽)의 엄지가 아래로 향하도록 한 상태에서 옆으로 쭉 펴는 시범을 보인다.
- 유아에게 교사를 모방하여 오른쪽 팔의 엄지가 아래로 향하도록 한 상태에서 옆으로 쭉 펴 보라고 한다.
- 모방하지 못하면 교사가 유아의 오른쪽 엄지가 아래로 향하도록 한 상태에서 팔을 잡고 옆으로 쭉 펴 준다.
- 펴지 못하면 교사가 유아의 오른쪽 엄지가 아래로 향하도록 한 상태에서 팔을 잡고 옆으로 쭉 펴는 동작을 반복해 준다.
- 수행되면 교사가 유아의 오른쪽 엄지가 아래로 향하도록 한 상태에서 팔을 살짝 건드려 주며 옆으로 쭉 펴 보라고 한다.
- 수행되면 유아의 오른쪽 엄지가 아래로 향하도록 한 상태에서 교사가 "팔을 옆으로 쭉 펴 보아요."라고 말하며 유아에게 팔을 쭉 펴 보라고 한다.
- 도움을 점차 줄여 간다.
- 수행되면 유아 스스로 오른쪽 팔의 엄지가 아래로 향하도록 한 상태에서 옆으로 쭉 펴 보라고 한다.
- 수행되면 왼쪽 엄지가 아래로 향하도록 한 상태에서 팔을 옆으로 쭉 펴는 것도 오른쪽을 지도한 것과 같은 방법으로 지도한다.
- 수행되면 교사가 왼쪽 팔(유아가 볼 때 오른쪽)의 엄지가 아래로 향하도록 한 상태에서 팔을 옆으로 쭉 펴 돌리는 시범을 보인다.
- 유아에게 교사를 모방하여 오른쪽 팔의 엄지가 아래로 향하도록 한 상태에서 팔을 옆으로 쭉 펴 돌려 보라고 한다.

- 모방하지 못하면 교사가 유아의 오른쪽 엄지가 아래로 향하도록 한 상태에서 쭉 펴진 팔을 잡고 돌려 준다.
- 펴지 못하면 교사가 유아의 오른쪽 엄지가 아래로 향하도록 한 상태에서 쭉 펴진 팔을 잡고 돌리는 동작을 반복해 준다.
- 수행되면 교사가 유아의 오른쪽 엄지가 아래로 향하도록 한 상태에서 쭉 펴진 팔을 살짝 건드려 주며 옆으로 돌려 보라고 한다.
- 수행되면 유아의 오른쪽 엄지가 아래로 향하도록 팔을 옆으로 쭉 편 상태에서 교사가 "팔을 돌려 보아요."라고 말하며 영아에게 팔을 돌려 보라고 한다.
- 수행되면 교사가 유아의 오른쪽 팔을 가리키며 오른쪽 엄지가 아래로 향하도록 팔을 옆으로 쭉 편 상태에서 돌려 보라고 한다.
- 도움을 점차 줄여 간다.
- 수행되면 유아 스스로 오른쪽 팔의 엄지가 아래로 향하도록 한 상태에서 팔을 옆으로 쭉 펴 돌려 보라고 한다.
- 수행되면 유아가 왼쪽 팔의 엄지가 아래로 향하도록 한 상태에서 팔을 옆으로 쭉 펴 돌리는 것도 오른쪽 팔을 돌리는 것과 같은 방법으로 지도한다.
- 수행되면 교사가 양팔의 엄지가 아래로 향하도록 한 상태에서 팔을 돌리는 시범을 보인다.
- 유아에게 교사를 모방하여 양쪽 팔의 엄지가 아래로 향하도록 한 상태에서 팔을 옆으로 쭉 펴 돌려 보라고 한다.
- 수행되면 유아의 특성에 맞는 적절한 강화제를 제공한다.

☞ 유아와 마주 보고 지도할 경우 유아가 바라보는 방향(교사가 왼손을 사용해야 유아가 볼 때 오른손이 됨)에서 손 사용에 유의하도록 하고, 왼손잡이의 경우 반대로 지도하면 된다.

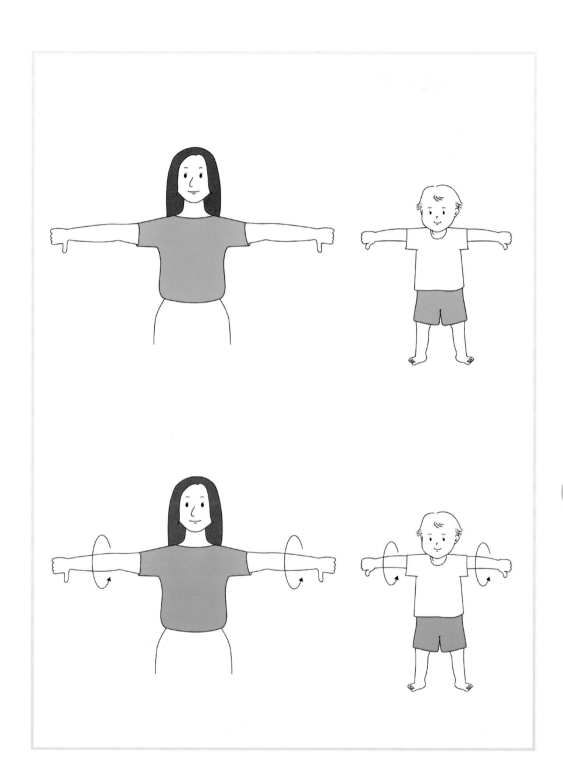

신문지 뭉쳐 던져 넣기 4~5세

목표 | 신문지를 뭉쳐 바구니나 상자에 던져 넣을 수 있다.
자료 | 신문지, 바구니, 상자, 강화제

방법 ❶

- 교사가 "둥글게, 둥글게 ♬ 둥글게, 둥글게 ♬ 신문지를 공처럼 ♬ 뭉쳐 보~아요 ♬"라고 노래를 부르며 신문지를 공처럼 둥글게 뭉쳐 바구니나 상자에 던져 넣는 시범을 보인다.
- 유아에게 교사를 모방하여 신문지를 공처럼 둥글게 뭉쳐 바구니나 상자에 던져 넣어 보라고 한다.
- 수행되면 유아 스스로 신문지를 공처럼 둥글게 뭉쳐 바구니나 상자에 던져 넣어 보라고 한다.
- 수행되면 유아의 특성에 맞는 적절한 강화제를 제공한다.

방법 ❷

- 교사가 "둥글게, 둥글게 ♬ 둥글게, 둥글게 ♬ 신문지를 공처럼 ♬ 뭉쳐 보~아요 ♬"라고 노래를 부르며 신문지를 공처럼 둥글게 뭉치는 시범을 보인다.
- 유아에게 교사를 모방하여 신문지를 공처럼 둥글게 뭉쳐 보라고 한다.
- 모방하지 못하면 교사가 유아의 양손을 잡고 신문지를 공처럼 둥글게 뭉쳐 준다.
- 교사가 유아에게 신문지를 잡게 한 후 신문지를 공처럼 둥글게 뭉쳐 보라고 한다.
- 뭉치지 못하면 교사가 유아의 양손을 잡고 신문지를 공처럼 둥글게 뭉쳐 주는 동작을 반복해 준다.
- 도움을 점차 줄여 간다.
- 수행되면 유아 스스로 신문지를 공처럼 둥글게 뭉쳐 보라고 한다.

- 수행되면 교사가 공처럼 뭉친 신문지를 바구니나 상자에 던져 넣는 시범을 보인다.
- 유아에게 교사를 모방하여 공처럼 뭉친 신문지를 바구니나 상자에 던져 넣어 보라고 한다.
- 모방하지 못하면 교사가 유아의 손을 잡고 공처럼 뭉친 신문지를 바구니나 상자에 던져 넣어 준다.
- 교사가 바구니나 상자를 유아 가까이 대 준 후 공처럼 뭉친 신문지를 바구니나 상자에 던져 넣어 보라고 한다.
- 수행되면 바구니나 상자의 거리를 조금 더 띄어 준 후 공처럼 뭉친 신문지를 바구니나 상자에 던져 넣어 보라고 한다.
- 도움을 점차 줄여 간다.
- 수행되면 유아 스스로 공처럼 뭉친 신문지를 바구니나 상자에 던져 넣어 보라고 한다.
- 수행되면 유아의 특성에 맞는 적절한 강화제를 제공한다.

☞ 신문지 대신 폐지를 활용해도 무방하다.

4~5
세

☞ 공처럼 뭉친 신문지를 바구니나 상자에 던져 넣기 전에 다음 사진처럼 교사가 유아와 마주 앉아 거리를 조금 띄운 후 팔로 농구대 모양을 만들어 공처럼 뭉친 신문지를 던져 넣게 한 후 지도하면 좀 더 쉽게 습득이 가능하다.

143 공 이동시키기

목표 | 공을 이동시킬 수 있다.

자료 | 공, 보자기, 바구니 혹은 상자, 강화제

방법 ❶

- 교사가 다른 교사와 함께 공을 보자기에 올려놓은 후 보자기의 모서리를 잡아 이동한 다음 바구니에 공을 넣는 시범을 보인다.
- 유아에게 교사를 모방하여 공을 보자기에 올려놓은 후 교사와 함께 보자기의 모서리를 잡아 이동한 다음 바구니에 공을 넣어 보라고 한다.
- 수행되면 유아 스스로 공을 보자기에 올려놓은 후 교사와 함께 보자기의 모서리를 잡아 공을 이동한 다음 바구니에 공을 넣어 보라고 한다.
- 수행되면 유아의 특성에 맞는 적절한 강화제를 제공한다.

방법 ❷

- 교사가 다른 교사와 함께 공을 보자기에 올려놓은 후 보자기의 모서리를 잡아 이동한 다음 바구니에 공을 넣는 시범을 보인다.
- 유아에게 교사를 모방하여 공을 보자기에 올려놓은 후 교사와 함께 보자기의 모서리를 잡아 이동한 다음 바구니에 공을 넣어 보라고 한다.
- 모방하지 못하면 공을 보자기에 올려놓은 후 다른 교사에게 보자기의 모서리를 잡게 하고 교사는 유아의 양손을 쥐고 보자기의 모서리를 잡아 이동한 다음 바구니에 공을 넣어 준다.
- 넣지 못하면 교사가 공을 보자기에 올려놓은 후 다른 교사에게 보자기의 모서리를 잡게 하고 교사는 유아의 양손을 쥐고 보자기의 모서리를 잡아 이동한 다음 바구니에 공을 넣는 동작을 반복해 준다.

- 교사가 공을 보자기에 올려놓은 후 "보자기 잡아요."라고 말하며 유아에게 모서리를 잡아 이동한 다음 바구니에 공을 넣어 보라고 한다.
- 도움을 점차 줄여 간다.
- 수행되면 유아 스스로 공을 보자기에 올려놓은 후 교사와 함께 보자기의 모서리를 잡아 공을 이동한 다음 바구니에 공을 넣어 보라고 한다.
- 수행되면 유아의 특성에 맞는 적절한 강화제를 제공한다.

공을 보자기에 올려놓기

이동하여 공을 바구니에 넣는 시범 보이기

유아와 함께 보자기의 모서리 잡기

잡지 못하면 유아의 뒤에서 두 손 잡아 주기

약 2m 정도 뒤로 걷기

목표 | 약 2m 정도 뒤로 걸을 수 있다.

자료 | 매직 혹은 색깔 테이프, 강화제

방법 ❶

- 교사가 바닥에 매직이나 색깔 테이프로 약 2m 정도 선을 그어 준다.
- 교사가 약 2m 정도 뒤로 걷는 시범을 보인다.
- 유아에게 교사를 모방하여 약 2m 정도 뒤로 걸어 보라고 한다.
- 수행되면 유아 스스로 약 2m 정도 뒤로 걸어 보라고 한다.
- 수행되면 유아의 특성에 맞는 적절한 강화제를 제공한다.

방법 ❷

- 교사가 바닥에 매직이나 색깔 테이프로 약 2m 정도 선을 그어 준다.
- 교사가 약 2m 정도 뒤로 걷는 시범을 보인다.
- 유아에게 교사를 모방하여 약 2m 정도 뒤로 걸어 보라고 한다.
- 모방하지 못하면 교사가 유아의 발을 잡고 뒤로 발을 움직이면서 약 2m 정도 뒤로 걷게 해 준다.
- 걷지 못하면 교사가 유아의 발을 잡고 뒤로 발을 움직이면서 약 2m 정도 뒤로 걷는 동작을 반복해 준다.
- 수행되면 교사가 유아의 한 손을 잡고 약 1.5m 정도를 뒤로 걸은 후 나머지는 유아에게 뒤로 걸어 보라고 한다.
- 수행되면 교사가 유아의 한 손을 잡고 약 1m 정도를 뒤로 걸은 후 나머지는 유아에게 뒤로 걸어 보라고 한다.
- 수행되면 교사가 유아의 한 손을 잡고 약 0.5m 정도를 뒤로 걸은 후 나머지는 유

아에게 뒤로 걸어 보라고 한다.

- 수행되면 교사가 약 2m 정도를 가리키며 유아에게 뒤로 걸어 보라고 한다.
- 수행되면 교사가 "뒤로 걸어 보아요."라고 말해 주며 유아에게 약 2m 정도 뒤로 걸어 보라고 한다.
- 도움을 점차 줄여 간다.
- 수행되면 유아 스스로 약 2m 정도 뒤로 걸어 보라고 한다.
- 수행되면 유아의 특성에 맞는 적절한 강화제를 제공한다.

145 두 발 모아 앞으로 열 번 뛰기 4~5세

목표 | 두 발 모아 앞으로 열 번 뛸 수 있다.

자료 | 매트, 강화제

방법 ❶

- 두 발 모아 제자리에서 높이 뛰기는 수행하였으므로 확인한 후 시행한다.
- 교사가 두 발을 모아 앞으로 열 번 뛰는 시범을 보인다.
- 유아에게 교사를 모방하여 두 발을 모아 앞으로 열 번 뛰어 보라고 한다.
- 수행되면 유아 스스로 두 발을 모아 앞으로 열 번 뛰어 보라고 한다.
- 수행되면 유아의 특성에 맞는 적절한 강화제를 제공한다.

방법 ❷

- 두 발 모아 제자리에서 높이 뛰기는 수행하였으므로 확인한 후 시행한다.
- 교사가 두 발을 모아 앞으로 열 번 뛰는 시범을 보인다.
- 유아에게 교사를 모방하여 두 발을 모아 앞으로 열 번 뛰어 보라고 한다.
- 모방하지 못하면 교사가 유아의 두 발을 모아 앞으로 열 번 뛰게 해 준다.

- 교사가 유아에게 두 발을 모아 앞으로 두 번 뛰어 보라고 한다.
- 뛰지 못하면 교사가 유아의 두 발을 모아 앞으로 뛰는 동작을 반복해 준다.
- 수행되면 교사가 "앞으로 뛰어요."라고 말하며 유아에게 두 발을 모아 앞으로 다섯 번 뛰어 보라고 한다.
- 수행되면 교사가 "앞으로 뛰어요."라고 말하며 유아에게 두 발을 모아 앞으로 일곱 번 뛰어 보라고 한다.
- 도움을 점차 줄여 간다.
- 수행되면 유아 스스로 두 발을 모아 앞으로 열 번 뛰어 보라고 한다.
- 수행되면 유아의 특성에 맞는 적절한 강화제를 제공한다.

☞ 앞으로 뛸 때 교사가 "깡~충, 깡~충 ♫ 뛰면서 ♫"라고 노래를 불러 주어 흥미를 가지도록 해 주면 효과적이다.

☞ 수 개념이 없는 경우에는 교사가 "한 번, 두 번~"과 같은 식으로 호령을 붙여 주도록 한다.

146 **도움받아 씽씽카 타기**   4~5세   4~5세

목표 | 도움받아 씽씽카를 탈 수 있다.
자료 | 씽씽카, 강화제

방법 ❶
- 교사가 씽씽카의 손잡이를 잡은 후 한 발을 발판에 올려놓고, 다른 발을 구른 다음 발판에 같이 올려 씽씽카를 타는 시범을 보인다.
- 유아에게 교사를 모방하여 씽씽카의 손잡이를 잡고 한 발을 발판에 올려놓으라고 한 후 유아가 다른 발을 땅에 닿게 하여 구르면 교사가 유아의 발을 발판에 올려

주어 씽씽카를 타 보라고 한다.

- 수행되면 유아 스스로 씽씽카의 손잡이를 잡고 한 발을 발판에 올려놓으라고 한 후 유아가 다른 발을 땅에 닿게 하여 구르면 교사가 유아의 발을 발판에 올려 주어 씽씽카를 타 보라고 한다.
- 수행되면 유아의 특성에 맞는 적절한 강화제를 제공한다.

방법 ❷

- 교사가 씽씽카의 손잡이를 잡은 후 한 발을 발판에 올려놓는 시범을 보인다.
- 유아에게 교사를 모방하여 씽씽카의 손잡이를 잡은 후 한 발을 발판에 올려놓아 보라고 한다.
- 모방하지 못하면 교사가 유아에게 씽씽카의 손잡이를 잡게 한 후 한 발을 발판에 올려 준다.
- 교사가 씽씽카의 손잡이를 가리키며 유아에게 손잡이를 잡으라고 한 후 한 발을 발판에 올려놓아 보라고 한다.
- 올리지 못하면 교사가 유아에게 씽씽카의 손잡이를 잡게 한 후 한 발을 발판에 올려놓는 동작을 반복해 준다.
- 수행되면 교사가 유아에게 씽씽카의 손잡이를 잡게 한 후 "발을 발판에 올려놓아요."라고 말하며 발판에 한 발을 올려놓아 보라고 한다.
- 도움을 점차 줄여 간다.
- 수행되면 유아 스스로 씽씽카의 손잡이를 잡은 후 한 발을 발판에 올려놓아 보라고 한다.
- 수행되면 교사가 씽씽카의 손잡이를 잡은 후 한 발을 발판에 올려놓고, 다른 발을 구른 다음 발판에 같이 올려 씽씽카를 타는 시범을 보인다.
- 유아에게 스스로 씽씽카의 손잡이를 잡고 한 발을 발판에 올려놓으라고 한 후 유아가 다른 발을 땅에 닿게 하여 구르면 교사가 유아의 발을 발판에 올려 주어 씽씽카를 타 보라고 한다.

- 모방하지 못하면 교사가 유아 스스로 씽씽카의 손잡이를 잡고 한 발을 발판에 올려놓으라고 한 후 유아가 다른 발을 땅에 닿게 하여 구르면 교사가 유아의 발을 발판에 올려 주어 씽씽카를 타게 해 준다.
- 교사가 유아 스스로 씽씽카의 손잡이를 잡고 한 발을 발판에 올려놓은 후 다른 발을 땅에 닿게 하여 굴러 보라고 한 다음 유아의 발을 발판에 올려 주어 씽씽카를 타 보라고 한다.
- 타지 못하면 교사가 유아 스스로 씽씽카의 손잡이를 잡고 한 발을 발판에 올려놓으라고 한 후 교사가 유아의 다른 발을 잡고 구른 다음 발판에 올려 주어 씽씽카를 타는 동작을 반복해 준다.
- 수행되면 유아 스스로 씽씽카의 손잡이를 잡고 한 발을 발판에 올려놓으라고 한 후 교사가 "다른 발을 굴러요."라고 말하며 유아에게 다른 발을 구르게 한 다음 교사가 유아의 발을 잡고 발판에 올려 주며 씽씽카를 타 보라고 한다.
- 도움을 점차 줄여 간다.
- 수행되면 유아 스스로 씽씽카의 손잡이를 잡고 한 발을 발판에 올려놓은 후 다른 발을 땅에 닿게 하여 굴러 보라고 한 다음 유아의 발을 발판에 올려 주어 씽씽카를 타 보라고 한다.
- 수행되면 유아의 특성에 맞는 적절한 강화제를 제공한다.

147 한 손으로 작은 공 던지기 4~5세

목표 | 한 손으로 작은 공을 던질 수 있다.

자료 | 작은 공, 강화제

방법 ❶
- 교사가 한 손으로 작은 공을 던지는 시범을 보인다.

- 유아에게 교사를 모방하여 한 손으로 작은 공을 던져 보라고 한다.
- 수행되면 유아 스스로 한 손으로 작은 공을 던져 보라고 한다.
- 수행되면 유아의 특성에 맞는 적절한 강화제를 제공한다.

방법 ❷

- 교사가 한 손으로 작은 공을 던지는 시범을 보인다.
- 유아에게 교사를 모방하여 한 손으로 작은 공을 던져 보라고 한다.
- 모방하지 못하면 교사가 유아의 한 손을 잡고 작은 공을 던져 준다.
- 교사가 유아의 한 손에 작은 공을 잡게 해 준 후 유아에게 던져 보라고 한다.
- 던지지 못하면 교사가 유아의 한 손을 잡고 작은 공을 던지는 동작을 반복해 준다.
- 수행되면 교사가 작은 공을 가리키며 유아에게 던져 보라고 한다.
- 수행되면 교사가 "공 던져요."라고 말하며 유아에게 던져 보라고 한다.
- 도움을 점차 줄여 간다.
- 수행되면 유아 스스로 한 손으로 작은 공을 던져 보라고 한다.
- 수행되면 유아의 특성에 맞는 적절한 강화제를 제공한다.

148 달리면서 모퉁이 돌기 4~5세

목표 | 달리면서 모퉁이를 돌 수 있다.

자료 | 강화제

방법 ❶

- 넘어지지 않고 달리기는 수행하였으므로 확인한 후 시행한다.
- 교사가 달리면서 모퉁이를 도는 시범을 보인다.

- 유아에게 교사를 모방하여 달리면서 모퉁이를 돌아 보라고 한다.
- 수행되면 유아 스스로 달리면서 모퉁이를 돌아 보라고 한다.
- 수행되면 유아의 특성에 맞는 적절한 강화제를 제공한다.

방법 ❷

- 넘어지지 않고 달리기는 수행하였으므로 확인한 후 시행한다.
- 교사가 달리면서 모퉁이를 도는 시범을 보인다.
- 유아에게 교사를 모방하여 달리면서 모퉁이를 돌아 보라고 한다.
- 모방하지 못하면 교사가 유아의 한 손을 잡고 달리면서 모퉁이를 돌게 해 준다.
- 교사가 유아의 옆에서 달려 주며 유아에게 모퉁이를 돌아 보라고 한다.
- 달리지 못하면 교사가 유아의 한 손을 잡고 달리면서 모퉁이를 도는 동작을 반복해 준다.
- 수행되면 교사가 "달리다가 돌아요."라고 말하며 유아에게 달리면서 모퉁이를 돌아 보라고 한다.
- 도움을 점차 줄여 간다.
- 수행되면 유아 스스로 달리면서 모퉁이를 돌아 보라고 한다.
- 수행되면 유아의 특성에 맞는 적절한 강화제를 제공한다.

149 양발로 20cm 정도 높이 뛰어넘기 4~5세

목표 ｜ 양발로 20cm 정도 높이를 뛰어넘을 수 있다.

자료 ｜ 20cm 높이의 끈, 의자 두 개, 강화제

방법 ❶

- 양발로 10cm 정도 높이를 뛰어넘는 것은 수행하였으므로 확인한 후 시행한다.

- 교사가 의자에 20cm 정도 높이의 끈을 묶어 제시한다.
- 교사가 두 발로 20cm 정도 높이의 끈을 뛰어넘는 시범을 보인다.
- 유아에게 교사를 모방하여 두 발로 20cm 정도 높이의 끈을 뛰어넘어 보라고 한다.
- 수행되면 유아 스스로 두 발로 20cm 정도 높이의 끈을 뛰어넘어 보라고 한다.
- 수행되면 유아의 특성에 맞는 적절한 강화제를 제공한다.

방법 ❷
- 양발로 10cm 정도 높이를 뛰어넘는 것은 수행하였으므로 확인한 후 시행한다.
- 교사가 의자에 20cm 정도 높이의 끈을 묶어 제시한다.
- 교사가 두 발로 20cm 정도 높이의 끈을 뛰어넘는 시범을 보인다.
- 유아에게 교사를 모방하여 두 발로 20cm 정도 높이의 끈을 뛰어넘어 보라고 한다.
- 모방하지 못하면 교사가 유아의 허리를 잡고 두 발로 20cm 정도 높이의 끈을 뛰어넘게 해 준다.
- 교사가 유아의 양손을 잡고 두 발로 20cm 정도 높이의 끈을 뛰어넘어 보라고 한다.
- 넘지 못하면 교사가 유아의 허리를 잡고 두 발로 20cm 정도 높이의 끈을 뛰어넘는 동작을 반복해 준다.
- 수행되면 교사가 유아의 한 손을 잡아 준 다음 두 발로 20cm 정도 높이의 끈을 뛰어넘어 보라고 한다.
- 수행되면 교사가 20cm 정도 높이의 끈을 가리키며 유아에게 뛰어넘어 보라고 한다.
- 수행되면 교사가 "끈을 뛰어넘어 보아요."라고 말하며 유아에게 두 발로 20cm 정도 높이의 끈을 뛰어넘어 보라고 한다.
- 도움을 점차 줄여 간다.

- 수행되면 유아 스스로 두 발로 20cm 정도 높이의 끈을 뛰어넘어 보라고 한다.
- 수행되면 유아의 특성에 맞는 적절한 강화제를 제공한다.

150 공을 바닥에 한 번 팅기기 4~5세

목표 | 공을 바닥에 한 번 팅길 수 있다.
자료 | 공, 강화제

방법 ❶
- 교사가 공을 바닥에 한 번 팅기는 시범을 보인다.
- 유아에게 교사를 모방하여 공을 바닥에 한 번 팅겨 보라고 한다.
- 수행되면 유아 스스로 공을 바닥에 한 번 팅겨 보라고 한다.
- 수행되면 유아의 특성에 맞는 적절한 강화제를 제공한다.

방법 ❷
- 교사가 공을 바닥에 한 번 팅기는 시범을 보인다.
- 유아에게 교사를 모방하여 공을 바닥에 한 번 팅겨 보라고 한다.
- 모방하지 못하면 교사가 유아의 손을 잡고 공을 바닥에 한 번 팅겨 준다.
- 교사가 유아의 손에 공을 쥐어 준 후 유아에게 공을 바닥에 한 번 팅겨 보라고 한다.
- 팅기지 못하면 교사가 유아의 손을 잡고 공을 바닥에 한 번 팅기는 동작을 반복해 준다.
- 수행되면 교사가 "공을 팅겨 보아요."라고 말하며 유아에게 공을 바닥에 한 번 팅겨 보라고 한다.
- 도움을 점차 줄여 간다.

- 수행되면 유아 스스로 공을 바닥에 한 번 튕겨 보라고 한다.
- 수행되면 유아의 특성에 맞는 적절한 강화제를 제공한다.

151 세발자전거 타고 모퉁이 돌기 4~5세

목표 ┃ 세발자전거를 타고 모퉁이를 돌 수 있다.
자료 ┃ 세발자전거, 강화제

방법 ❶
- 세발자전거 타기는 수행하였으므로 확인한 후 시행한다.
- 교사가 세발자전거의 손잡이를 잡은 후 페달에 발을 올려놓은 다음 세발자전거를 타고 모퉁이를 도는 시범을 보인다.
- 유아에게 교사를 모방하여 세발자전거의 손잡이를 잡은 후 페달에 발을 올려놓은 다음 세발자전거를 타고 모퉁이를 돌아 보라고 한다.
- 수행되면 유아 스스로 세발자전거의 손잡이를 잡은 후 페달에 발을 올려놓은 다음 세발자전거를 타고 모퉁이를 돌아 보라고 한다.
- 수행되면 유아의 특성에 맞는 적절한 강화제를 제공한다.

방법 ❷
- 세발자전거 타기는 수행하였으므로 확인한 후 시행한다.
- 교사가 세발자전거의 손잡이를 잡은 후 페달에 발을 올려놓은 다음 세발자전거를 타고 모퉁이를 도는 시범을 보인다.
- 유아에게 교사를 모방하여 세발자전거의 손잡이를 잡은 후 페달에 발을 올려놓은 다음 세발자전거를 타고 모퉁이를 돌아 보라고 한다.
- 모방하지 못하면 교사가 유아에게 세발자전거에 타게 한 후 손잡이를 잡고 모퉁

이를 돌아 준다.

- 교사가 유아가 타고 있는 세발자전거의 뒤쪽을 잡아 주며 유아에게 자전거를 타다가 모퉁이를 돌아 보라고 한다.
- 돌지 못하면 교사가 유아에게 세발자전거에 타게 한 후 손잡이를 잡고 모퉁이를 도는 동작을 반복해 준다.
- 교사가 유아가 타고 있는 세발자전거의 뒤쪽을 잡아 주다가 놓으며 유아에게 자전거를 타고 모퉁이를 돌아 보라고 한다.
- 교사가 모퉁이를 가리키며 "모퉁이 돌아요."라고 말하며 유아에게 자전거를 타고 모퉁이를 돌아 보라고 한다.
- 도움을 점차 줄여 간다.
- 수행되면 유아 스스로 세발자전거의 손잡이를 잡은 후 페달에 발을 올려놓은 다음 세발자전거를 타고 모퉁이를 돌아 보라고 한다.
- 수행되면 유아의 특성에 맞는 적절한 강화제를 제공한다.

152 걸어 다니면서 공 차기 4~5세

목표 │ 걸어 다니면서 공을 찰 수 있다.
자료 │ 여러 개의 공, 강화제

방법 ❶

- 서 있는 공을 차는 것은 수행하였으므로 확인한 후 시행한다.
- 교사가 여러 개의 공을 바닥 곳곳에 제시한 후 걸어 다니며 공을 차는 시범을 보인다.
- 교사가 여러 개의 공을 바닥 곳곳에 제시한 후 유아에게 교사를 모방하여 걸어 다니며 공을 차 보라고 한다.

- 수행되면 교사가 여러 개의 공을 바닥 곳곳에 제시한 후 유아 스스로 걸어 다니며 공을 차 보라고 한다.
- 수행되면 유아의 특성에 맞는 적절한 강화제를 제공한다.

방법 ❷

- 서 있는 공을 차는 것은 수행하였으므로 확인한 후 시행한다.
- 교사가 여러 개의 공을 바닥 곳곳에 제시한 후 걸어 다니며 공을 차는 시범을 보인다.
- 교사가 여러 개의 공을 바닥 곳곳에 제시한 후 유아에게 교사를 모방하여 걸어 다니며 공을 차 보라고 한다.
- 모방하지 못하면 교사가 여러 개의 공을 바닥 곳곳에 제시한 후 유아의 손을 잡고 걸어 다니며 공을 차게 해 준다.
- 교사가 여러 개의 공을 바닥 곳곳에 제시한 후 공을 가리키며 유아에게 걸어 다니며 차 보라고 한다.
- 차지 못하면 교사가 여러 개의 공을 바닥 곳곳에 제시한 후 유아의 손을 잡고 걸어 다니며 공을 차는 동작을 반복해 준다.
- 수행되면 교사가 여러 개의 공을 바닥 곳곳에 제시한 후 "공 차요."라고 말하며 유아에게 걸어 다니며 공을 차 보라고 한다.
- 도움을 점차 줄여 간다.
- 수행되면 교사가 여러 개의 공을 바닥 곳곳에 제시한 후 유아 스스로 걸어 다니며 공을 차 보라고 한다.
- 수행되면 유아의 특성에 맞는 적절한 강화제를 제공한다.

153 까치발로 걷기 4~5세

목표 | 까치발로 걸을 수 있다.

자료 | 낮은 블록, 강화제

방법 ❶

- 까치발로 서기는 수행하였으므로 확인한 후 시행한다.
- 교사가 까치발로 걷는 시범을 보인다.
- 유아에게 교사를 모방하여 까치발로 걸어 보라고 한다.
- 수행되면 유아 스스로 까치발로 걸어 보라고 한다.
- 수행되면 유아의 특성에 맞는 적절한 강화제를 제공한다.

방법 ❷

- 까치발로 서기는 수행하였으므로 확인한 후 시행한다.
- 교사가 까치발로 걷는 시범을 보인다.
- 유아에게 교사를 모방하여 까치발로 걸어 보라고 한다.
- 모방하지 못하면 교사가 유아의 양손을 잡고 까치발로 걷게 해 준다.
- 수행되면 교사가 유아의 한 손을 잡아 주며 까치발로 걸어 보라고 한다.
- 수행되면 교사가 유아의 옆에서 까치발로 걸으며 유아에게 까치발로 걸어 보라고 한다.
- 수행되면 교사가 유아에게 "까치발로 걸어요."라고 말하며 까치발로 걸어 보라고 한다.
- 도움을 점차 줄여 간다.
- 수행되면 유아 스스로 까치발로 걸어 보라고 한다.
- 수행되면 유아의 특성에 맞는 적절한 강화제를 제공한다.

4~5세

방법 ❸

- 까치발로 서기는 수행하였으므로 확인한 후 시행한다.
- 교사가 예를 들어 2m를 까치발로 걷는 시범을 보인다.
- 유아에게 교사를 모방하여 2m를 까치발로 걸어 보라고 한다.
- 걷지 못하면 교사가 유아의 발뒤꿈치를 잡고 2m를 까치발로 걷게 해 준다.
- 수행되면 교사가 유아의 한 손을 잡고 1.5m 정도를 걷다가 나머지는 유아 스스로 걸어 보라고 한다.
- 수행되면 교사가 유아의 한 손을 잡고 1m 정도를 걷다가 나머지는 유아 스스로 걸어 보라고 한다.
- 수행되면 교사가 유아의 한 손을 잡고 0.5m 정도를 걷다가 나머지는 유아 스스로 걸어 보라고 한다.
- 도움을 점차 줄여 간다.
- 수행되면 유아 스스로 까치발로 걸어 보라고 한다.
- 수행되면 유아의 특성에 맞는 적절한 강화제를 제공한다.

154 굴러오는 공을 발로 정지시키기 `4~5세`

목표 | 굴러오는 공을 발로 정지시킬 수 있다.
자료 | 공, 강화제

방법 ❶

- 교사가 다른 교사에게 공을 굴려 달라고 한 후 굴러오는 공을 발로 정지(멈추기)시키는 시범을 보인다.
- 교사가 공을 굴려 줄 때 유아에게 교사를 모방하여 굴러오는 공을 발로 정지시켜 보라고 한다.
- 수행되면 교사가 공을 굴려 줄 때 유아 스스로 굴러오는 공을 발로 정지시켜 보라고 한다.
- 수행되면 유아의 특성에 맞는 적절한 강화제를 제공한다.

방법 ❷

- 교사가 다른 교사에게 공을 굴려 달라고 한 후 굴러오는 공을 발로 정지시키는 시범을 보인다.
- 교사가 공을 굴려 줄 때 유아에게 교사를 모방하여 굴러오는 공을 발로 정지시켜 보라고 한다.
- 모방하지 못하면 교사가 다른 교사에게 공을 굴려 달라고 한 후 유아의 발을 잡고 굴러오는 공을 발로 정지시켜 준다.
- 교사가 공을 굴려 준 후 공을 가리키며 유아에게 굴러오는 공을 발로 정지시켜 보라고 한다.
- 정지시키지 못하면 교사가 다른 교사에게 공을 굴려 달라고 한 후 유아의 발을 잡고 굴러오는 공을 발로 정지는 동작을 반복해 준다.

- 수행되면 교사가 공을 굴려 주면서 "발로 공을 멈춰요."라고 말하며 유아에게 굴러오는 공을 발로 정지시켜 보라고 한다.
- 도움을 점차 줄여 간다.
- 수행되면 교사가 공을 굴려 줄 때 유아 스스로 굴러오는 공을 발로 정지시켜 보라고 한다.
- 수행되면 유아의 특성에 맞는 적절한 강화제를 제공한다.

155 한 발로 서기 4~5세

목표 | 한 발로 설 수 있다.
자료 | 매트(담요), 강화제

방법 ❶
- 교사가 매트(담요) 위에서 오른발을 땅에 딛고 왼발을 들어 한 발로 서는 시범을 보인다.
- 유아에게 교사를 모방하여 매트 위에서 오른발을 땅에 딛고 왼발을 들어 한 발로 서 보라고 한다.
- 수행되면 유아 스스로 매트 위에서 오른발을 땅에 딛고 왼발을 들어 한 발로 서 보라고 한다.
- 수행되면 유아의 특성에 맞는 적절한 강화제를 제공한다.

방법 ❷
- 교사가 매트(담요) 위에서 오른발을 땅에 딛고 왼발을 들어 한 발로 서는 시범을 보인다.
- 유아에게 교사를 모방하여 매트 위에서 오른발을 땅에 딛고 왼발을 들어 한 발로

서 보라고 한다.

- 모방하지 못하면 매트 위에서 교사가 유아의 양손을 잡고 오른발을 땅에 딛고 왼 발을 들어 한 발로 서게 해 준다.

- 교사가 매트 위에서 유아에게 교사의 어깨를 잡고 오른발을 땅에 딛고 왼발을 들 어 한 발로 서 보라고 한다.

- 수행되면 교사가 매트 위에서 유아의 한 손을 잡아 주며 오른발을 땅에 딛고 왼발 을 들어 한 발로 서 보라고 한다.

- 수행되면 교사가 매트 위에서 유아를 벽에 세운 후 오른발을 땅에 딛고 왼발을 들 어 한 발로 서 보라고 한다.

- 서지 못하면 교사가 매트 위에서 유아의 양손을 잡고 오른발을 땅에 딛고 왼발을 들어 한 발로 서는 동작을 반복해 준다.

- 수행되면 교사가 매트 위에서 유아에게 "한 발로 서요."라고 말해 주며 유아에게 오른발을 땅에 딛고 왼발을 들어 한 발로 서 보라고 한다.

- 도움을 점차 줄여 간다.

- 수행되면 유아 스스로 매트 위에서 오른발을 땅에 딛고 왼발을 들어 한 발로 서 보라고 한다.

- 수행되면 유아의 특성에 맞는 적절한 강화제를 제공한다.

☞ 유아에 따라 왼발을 땅에 딛고 오른발을 들어 한 발로 서 있도록 지도해도 된다.

156 방향 바꾸어 달리기 4~5세

목표 | 달리다가 방향을 바꾸어 달릴 수 있다.

자료 | 강화제

방법 ❶

- 넘어지지 않고 달리기는 수행하였으므로 확인한 후 시행한다.
- 교사가 달리다가 방향을 바꾸어 달리는 시범을 보인다.
- 유아에게 교사를 모방하여 달리다가 방향을 바꾸어 달려 보라고 한다.
- 수행되면 유아 스스로 달리다가 방향을 바꾸어 달려 보라고 한다.
- 수행되면 유아의 특성에 맞는 적절한 강화제를 제공한다.

방법 ❷

- 넘어지지 않고 달리기는 수행하였으므로 확인한 후 시행한다.
- 교사가 예를 들어 오른쪽으로 달리다가 방향을 바꾸어 왼쪽으로 달리는 시범을 보인다.
- 유아에게 교사를 모방하여 오른쪽으로 달리다가 방향을 바꾸어 왼쪽으로 달려 보라고 한다.
- 모방하지 못하면 교사가 유아의 한 손을 잡고 오른쪽으로 달리다가 방향을 바꾸어 왼쪽으로 달려 준다.
- 교사가 유아의 한 손을 잡고 오른쪽으로 달리다가 "왼쪽으로 달려요."라고 말해 주며 유아에게 방향을 바꾸어 왼쪽으로 달려 보라고 한다.
- 달리지 못하면 교사가 유아의 한 손을 잡고 오른쪽으로 달리다가 방향을 바꾸어 왼쪽으로 달리는 동작을 반복해 준다.
- 도움을 점차 줄여 간다.

4~5
세

- 수행되면 유아 스스로 오른쪽으로 달리다가 방향을 바꾸어 왼쪽으로 달려 보라고 한다.
- 수행되면 유아의 특성에 맞는 적절한 강화제를 제공한다.

157 머리 뒤로 팔을 젖혀 공 던지기 4~5세

목표 | 머리 뒤로 팔을 젖혀 공을 던질 수 있다.
자료 | 공, 강화제

방법 ❶
- 공 던지기는 수행하였으므로 확인한 후 시행하도록 한다.
- 교사가 머리 뒤로 팔을 젖혀 공을 던지는 시범을 보인다.
- 유아에게 교사를 모방하여 머리 뒤로 팔을 젖혀 공을 던져 보라고 한다.
- 수행되면 유아 스스로 머리 뒤로 팔을 젖혀 공을 던져 보라고 한다.
- 수행되면 유아의 특성에 맞는 적절한 강화제를 제공한다.

방법 ❷
- 공 던지기는 수행하였으므로 확인한 후 시행하도록 한다.
- 교사가 머리 뒤로 팔을 젖혀 공을 던지는 시범을 보인다.
- 유아에게 교사를 모방하여 머리 뒤로 팔을 젖혀 공을 던져 보라고 한다.
- 모방하지 못하면 유아가 머리 뒤로 팔을 젖힐 수 있도록 교사가 유아의 팔을 뒤로 잡아 준 후 공을 던지게 해 준다.
- 수행되면 교사가 유아의 머리 뒤로 팔을 젖혀 준 후 공을 던져 보라고 한다.
- 던지지 못하면 유아가 머리 뒤로 팔을 젖힐 수 있도록 교사가 유아의 팔을 뒤로 잡아 준 후 공을 던지는 동작을 반복해 준다.

- 수행되면 교사가 "팔을 뒤로 젖혀 공을 던져요."라고 말하며 유아에게 공을 던져 보라고 한다.
- 도움을 점차 줄여 간다.
- 수행되면 유아 스스로 머리 뒤로 팔을 젖혀 공을 던져 보라고 한다.
- 수행되면 유아의 특성에 맞는 적절한 강화제를 제공한다.

158 1m 높이의 경사진 사다리 기어오르기 `4~5세`

목표 | 1m 높이의 경사진 사다리를 기어오를 수 있다.

자료 | 1m 높이의 경사진 사다리, 강화제

방법 ❶
- 놀이 기구의 낮은 사다리 기어오르기는 수행하였으므로 확인한 후 시행한다.
- 교사가 1m 높이의 경사진 사다리를 기어오르는 시범을 보인다.
- 유아에게 교사를 모방하여 1m 높이의 경사진 사다리를 기어올라 보라고 한다.
- 수행되면 유아 스스로 1m 높이의 경사진 사다리를 기어올라 보라고 한다.
- 수행되면 유아의 특성에 맞는 적절한 강화제를 제공한다.

방법 ❷
- 놀이 기구의 낮은 사다리 기어오르기는 수행하였으므로 확인한 후 시행한다.
- 교사가 1m 높이의 경사진 사다리를 기어오르는 시범을 보인다.
- 유아에게 교사를 모방하여 1m 높이의 경사진 사다리를 기어올라 보라고 한다.
- 모방하지 못하면 교사가 유아의 손을 잡고 1m 높이의 경사진 사다리를 기어오르게 해 준다.
- 교사가 유아의 손을 잡아 사다리를 잡게 한 후 유아에게 1m 높이의 경사진 사다

리를 기어올라 보라고 한다.

- 오르지 못하면 교사가 유아의 손을 잡고 1m 높이의 경사진 사다리를 기어오르는 동작을 반복해 준다.
- 수행되면 1m 높이의 경사진 사다리를 교사가 유아의 손을 잡고 0.7m까지 기어오르다가 나머지는 유아에게 올라 보라고 한다.
- 수행되면 1m 높이의 경사진 사다리를 교사가 유아의 손을 잡고 0.5m까지 기어오르다가 나머지는 유아에게 올라 보라고 한다.
- 수행되면 1m 높이의 경사진 사다리를 교사가 유아의 손을 잡고 0.3m까지 기어오르다가 나머지는 유아에게 올라 보라고 한다.
- 수행되면 교사가 "사다리를 기어 올라가요."라고 말해 주며 유아에게 1m 높이의 경사진 사다리를 기어 올라가 보라고 한다.
- 도움을 점차 줄여 간다.
- 수행되면 유아 스스로 1m 높이의 경사진 사다리를 기어올라 보라고 한다.
- 수행되면 유아의 특성에 맞는 적절한 강화제를 제공한다.

159 세발자전거 타고 방향 바꾸기 `4~5세`

목표 | 세발자전거를 타고 방향을 바꿀 수 있다.

자료 | 세발자전거, 강화제

방법 ❶

- 세발자전거 타고 모퉁이 돌기는 수행하였으므로 확인한 후 시행한다.
- 교사가 세발자전거를 타고 방향을 바꾸는 시범을 보인다.
- 유아에게 교사를 모방하여 세발자전거를 타고 방향을 바꾸어 보라고 한다.
- 수행되면 유아 스스로 세발자전거를 타고 방향을 바꾸어 보라고 한다.

- 수행되면 유아의 특성에 맞는 적절한 강화제를 제공한다.

- 세발자전거 타고 모퉁이 돌기는 수행하였으므로 확인한 후 시행한다.
- 교사가 예를 들어 세발자전거를 타고 오른쪽으로 가다가 왼쪽으로 방향을 바꾸는 시범을 보인다.
- 유아에게 교사를 모방하여 세발자전거를 타고 오른쪽으로 가다가 왼쪽으로 방향을 바꾸어 보라고 한다.
- 모방하지 못하면 유아가 세발자전거를 타고 오른쪽으로 가게 하다가 교사가 세발자전거의 핸들을 잡고 왼쪽으로 방향을 바꾸어 준다.
- 교사가 유아가 타고 있는 세발자전거의 뒤쪽을 잡아 주며 세발자전거를 타고 오른쪽으로 가다가 왼쪽으로 방향을 바꾸어 보라고 한다.
- 바꾸지 못하면 유아가 세발자전거를 타고 오른쪽으로 가게 하다가 교사가 세발자전거의 핸들을 잡고 왼쪽으로 방향을 바꾸는 동작을 반복해 준다.
- 수행되면 교사가 유아가 타고 있는 세발자전거의 뒤쪽을 잡아 주다가 놓으며 유아에게 세발자전거를 타고 오른쪽으로 가다가 왼쪽으로 방향을 바꾸어 보라고 한다.
- 교사가 유아에게 세발자전거를 타고 오른쪽으로 가게 하다가 "왼쪽으로 가요."라고 말하며 유아에게 왼쪽으로 방향을 바꾸어 보라고 한다.
- 도움을 점차 줄여 간다.
- 수행되면 유아 스스로 세발자전거를 타고 오른쪽으로 가다가 왼쪽으로 방향을 바꾸어 보라고 한다.
- 수행되면 유아의 특성에 맞는 적절한 강화제를 제공한다.

4~5
세

160 볼링 놀이

목표 | 볼링공을 굴려 핀을 쓰러뜨릴 수 있다.

자료 | 볼링 세트, 강화제

방법 ❶

- 교사가 볼링공을 굴려 핀을 쓰러뜨리는 시범을 보인다.
- 유아에게 교사를 모방하여 볼링공을 굴려 핀을 쓰러뜨려 보라고 한다.
- 수행되면 유아 스스로 볼링공을 굴려 핀을 쓰러뜨려 보라고 한다.
- 수행되면 유아의 특성에 맞는 적절한 강화제를 제공한다.

방법 ❷

- 교사가 볼링공을 굴려 핀을 쓰러뜨리는 시범을 보인다.
- 유아에게 교사를 모방하여 볼링공을 굴려 핀을 쓰러뜨려 보라고 한다.
- 모방하지 못하면 교사가 유아의 손을 잡고 볼링공을 굴려 핀을 쓰러뜨려 준다.
- 수행되면 교사가 핀을 가리키며 유아에게 볼링공을 굴려 핀을 쓰러뜨려 보라고 한다.
- 쓰러뜨리지 못하면 교사가 유아의 손을 잡고 볼링공을 굴려 핀을 쓰러뜨리는 동작을 반복해 준다.
- 수행되면 교사가 "공을 굴려요."라고 말하며 유아에게 볼링공을 굴려 핀을 쓰러뜨려 보라고 한다.
- 도움을 점차 줄여 간다.
- 수행되면 유아 스스로 볼링공을 굴려 핀을 쓰러뜨려 보라고 한다.
- 수행되면 유아의 특성에 맞는 적절한 강화제를 제공한다.

161 한 발로 5초 이상 서 있기

목표 | 한 발로 5초 이상 서 있을 수 있다.

자료 | 유아용 책상, 강화제

방법 ❶

- 교사가 한 발로 5초 이상 서 있는 시범을 보인다.
- 유아에게 교사를 모방하여 한 발로 5초 이상 서 있어 보라고 한다.
- 수행되면 유아 스스로 한 발로 5초 이상 서 있어 보라고 한다.
- 수행되면 유아의 특성에 맞는 적절한 강화제를 제공한다.

방법 ❷

- 교사가 한 발로 5초 이상 서 있는 시범을 보인다.
- 유아에게 교사를 모방하여 한 발로 5초 이상 서 있어 보라고 한다.
- 모방하지 못하면 유아에게 교사의 어깨를 잡으라고 한 후 한 발로 5초 이상 서 있게 해준다.
- 교사가 유아의 한 손을 잡아 주며 유아에게 한 발로 5초 이상 서 있어 보라고 한다.
- 서 있지 못하면 교사가 유아의 한 손을 잡고 한 발로 5초 이상 서 있는 동작을 반

복해 준다.

- 수행되면 교사가 "한 발로 서요."라고 말하며 유아에게 한 발로 5초 이상 서 있어 보라고 한다.
- 도움을 점차 줄여 간다.
- 수행되면 유아 스스로 한 발로 5초 이상 서 있어 보라고 한다.
- 수행되면 유아의 특성에 맞는 적절한 강화제를 제공한다.

방법 ❸

- 책상 사이에 교사와 유아가 나란히 선 후 교사가 한 발로 5초 이상 서 있는 시범을 보인다.
- 유아에게 교사를 모방하여 한 발로 5초 이상 서 있어 보라고 한다.
- 모방하지 못하면 교사가 유아에게 양손으로 책상을 짚고 한 발로 5초 이상 서 있게 해준다.
- 교사가 유아에게 한 손으로 책상을 짚고 한 발로 5초 이상 서 있어 보라고 한다.
- 서 있지 못하면 교사가 유아에게 양손으로 책상을 짚게 한 후 한 발로 5초 이상 서 있는 동작을 반복해 준다.
- 수행되면 교사가 유아에게 한 발로 3초 이상 서 있어 보라고 한다.
- 수행되면 교사가 "한 발로 서요."라고 말하며 유아에게 한 발로 5초 이상 서 있어 보라고 한다.
- 도움을 점차 줄여 간다.
- 수행되면 유아 스스로 한 발로 5초 이상 서 있어 보라고 한다.
- 수행되면 유아의 특성에 맞는 적절한 강화제를 제공한다.

☞ 유아와 마주 보고 지도할 경우 유아가 바라보는 방향(교사가 왼발을 사용해야 유아가 볼 때 오른발이 됨)에서 발 사용에 유의하도록 하고, 왼발잡이의 경우 반대로 지도하면 된다.

5~6
세

162 그네 타기

목표 | 스스로 그네를 탈 수 있다.

자료 | 그네, 강화제

방법 ❶

- 교사가 두 손으로 그네 줄을 잡고 그네를 타는 시범을 보인다.
- 유아에게 교사를 모방하여 두 손으로 그네 줄을 잡고 그네를 타 보라고 한다.
- 수행되면 유아 스스로 두 손으로 그네 줄을 잡고 그네를 타 보라고 한다.
- 수행되면 유아의 특성에 맞는 적절한 강화제를 제공한다.

방법 ❷

- 교사가 두 손으로 그네 줄을 잡고 그네에 타는 시범을 보인다.
- 유아에게 교사를 모방하여 두 손으로 그네 줄을 잡고 그네를 타 보라고 한다.
- 모방하지 못하면 교사가 유아에게 교사를 모방하여 두 손으로 그네 줄을 잡으라고 한 후 유아의 다리를 잡고 흔들어 주며 그네를 타게 해 준다.
- 수행되면 교사가 그네 줄을 가리키며 유아에게 줄을 잡으라고 한 후 그네를 타 보라고 한다.
- 타지 못하면 교사가 유아에게 교사를 모방하여 두 손으로 그네 줄을 잡으라고 한 후 유아의 다리를 잡고 흔들어 주며 그네를 타는 동작을 반복해 준다.
- 수행되면 교사가 유아에게 그네 줄을 잡으라고 한 후 그네를 밀어 주다가 유아에게 그네를 타 보라고 한다.
- 수행되면 교사가 "그네를 타요."라고 말하며 유아에게 그네를 타 보라고 한다.
- 도움을 점차 줄여 간다.
- 수행되면 유아 스스로 두 손으로 그네 줄을 잡고 그네를 타 보라고 한다.

- 수행되면 유아의 특성에 맞는 적절한 강화제를 제공한다.

163 머리 위로 공을 1m 이상 던지기 5~6세

목표 | 머리 위로 공을 1m 이상 던질 수 있다.

자료 | 공, 강화제

방법 ❶
- 머리 뒤로 팔을 젖혀 공 던지기는 앞 단계에서 수행하였으므로 확인한 후 시행한다.
- 교사가 머리 위로 공을 1m 이상 던지는 시범을 보인다.
- 유아에게 교사를 모방하여 머리 위로 공을 1m 이상 던져 보라고 한다.
- 수행되면 유아 스스로 머리 위로 공을 1m 이상 던져 보라고 한다.
- 수행되면 유아의 특성에 맞는 적절한 강화제를 제공한다.

방법 ❷
- 머리 뒤로 팔을 젖혀 공 던지기는 앞 단계에서 수행하였으므로 확인한 후 시행한다.
- 교사가 머리 위로 공을 1m 이상 던지는 시범을 보인다.
- 유아에게 교사를 모방하여 머리 위로 공을 1m 이상 던져 보라고 한다.
- 모방하지 못하면 교사가 유아의 손을 잡고 머리 위로 공을 1m 이상 던져 준다.
- 수행되면 교사가 유아의 손을 머리 위로 올려 준 후 공을 1m 이상 던져 보라고 한다.
- 던지지 못하면 교사가 유아의 손을 잡고 머리 위로 공을 1m 이상 던지는 동작을 반복해 준다.

- 수행되면 교사가 "공을 멀리 던져요."라고 말하며 유아에게 머리 위로 공을 1m 이상 던져 보라고 한다.
- 도움을 점차 줄여 간다.
- 수행되면 유아 스스로 머리 위로 공을 1m 이상 던져 보라고 한다.
- 수행되면 유아의 특성에 맞는 적절한 강화제를 제공한다.

164 공을 던져 주면 두 손으로 받기 5~6세

목표 | 공을 던져 주면 두 손으로 받을 수 있다.
자료 | 공, 강화제

방법 ❶
- 큰 공을 가슴과 양팔 이용해 받기는 수행하였으므로 확인한 후 시행한다.
- 다른 교사가 공을 던져 주면 교사가 두 손으로 받는 시범을 보인다.
- 유아에게 교사를 모방하여 교사가 공을 던져 주면 두 손으로 받아 보라고 한다.
- 수행되면 교사가 공을 던져 주면 유아 스스로 두 손으로 받아 보라고 한다.
- 수행되면 유아의 특성에 맞는 적절한 강화제를 제공한다.

방법 ❷
- 큰 공을 가슴과 양팔 이용해 받기는 수행하였으므로 확인한 후 시행한다.
- 다른 교사가 공을 던져 주면 교사가 두 손으로 받는 시범을 보인다.
- 유아에게 교사를 모방하여 교사가 공을 던져 주면 두 손으로 받아 보라고 한다.
- 모방하지 못하면 다른 교사가 공을 던져 줄 때 교사가 유아의 두 손을 잡고 공을 받게 해 준다.
- 다른 교사가 공을 던져 줄 때 교사가 유아의 손목을 잡아 주며 두 손으로 공을 받아 보라고 한다.
- 받지 못하면 다른 교사가 공을 던져 줄 때 교사가 유아의 두 손을 잡고 공을 받는 동작을 반복해 준다.
- 수행되면 교사가 공을 던져 주면서 "손으로 공을 받아요."라고 말하며 유아에게 두 손으로 공을 받아 보라고 한다.
- 도움을 점차 줄여 간다.

- 수행되면 교사가 공을 던져 줄 때 유아 스스로 두 손으로 공을 받아 보라고 한다.
- 수행되면 유아의 특성에 맞는 적절한 강화제를 제공한다.

165 무릎 아래 높이 줄 뛰어넘기 5~6세

목표 | 무릎 아래 높이의 줄을 뛰어넘을 수 있다.

자료 | 줄, 의자 두 개, 강화제

방법 ❶
- 양발로 20cm 정도 높이를 뛰어넘는 것은 수행하였으므로 확인한 후 시행한다.
- 교사가 의자에 무릎 아래 높이의 줄을 묶어 제시한다.
- 교사가 두 발로 무릎 아래 높이의 줄을 뛰어넘는 시범을 보인다.
- 유아에게 교사를 모방하여 두 발로 무릎 아래 높이의 줄을 뛰어넘어 보라고 한다.
- 수행되면 유아 스스로 두 발로 무릎 아래 높이의 줄을 뛰어넘어 보라고 한다.
- 수행되면 유아의 특성에 맞는 적절한 강화제를 제공한다.

방법 ❷
- 양발로 20cm 정도 높이를 뛰어넘는 것은 수행하였으므로 확인한 후 시행한다.
- 교사가 의자에 무릎 아래 높이의 줄을 묶어 제시한다.
- 교사가 두 발로 무릎 아래 높이의 줄을 뛰어넘는 시범을 보인다.
- 유아에게 교사를 모방하여 두 발로 무릎 아래 높이의 줄을 뛰어넘어 보라고 한다.
- 모방하지 못하면 교사가 유아의 허리를 잡고 두 발로 무릎 아래 높이의 줄을 뛰어 넘게 해 준다.
- 교사가 유아의 양손을 잡고 두 발로 무릎 아래 높이의 줄을 뛰어넘어 보라고 한다.

5~6세

- 넘지 못하면 교사가 유아의 허리를 잡고 두 발로 무릎 아래 높이의 줄을 뛰어넘는 동작을 반복해 준다.
- 수행되면 교사가 유아의 한 손을 잡아 준 다음 두 발로 무릎 아래 높이의 줄을 뛰어넘어 보라고 한다.
- 수행되면 교사가 "줄을 뛰어넘어 보아요."라고 말하며 유아에게 두 발로 무릎 아래 높이의 줄을 뛰어넘어 보라고 한다.
- 도움을 점차 줄여 간다.
- 수행되면 유아 스스로 두 발로 무릎 아래 높이의 줄을 뛰어넘어 보라고 한다.
- 수행되면 유아의 특성에 맞는 적절한 강화제를 제공한다.

큰 공이 굴러오면 발로 차기

목표 ┃ 큰 공이 굴러오면 발로 찰 수 있다.
자료 ┃ 큰 공, 강화제

방법 ❶

- 걸어 다니면서 공 차기는 수행하였으므로 확인한 후 시행한다.
- 교사가 큰 공이 굴러오면 발로 차는 시범을 보인다.
- 유아에게 교사를 모방하여 큰 공이 굴러오면 발로 차 보라고 한다.
- 수행되면 유아 스스로 큰 공이 굴러오면 발로 차 보라고 한다.
- 수행되면 유아의 특성에 맞는 적절한 강화제를 제공한다.

방법 ❷

- 걸어 다니면서 공 차기는 수행하였으므로 확인한 후 시행한다.
- 교사가 큰 공이 굴러오면 발로 차는 시범을 보인다.
- 유아에게 교사를 모방하여 큰 공이 굴러오면 발로 차 보라고 한다.
- 모방하지 못하면 다른 교사에게 큰 공을 굴려 달라고 한 후 교사가 유아의 발을 잡고 굴러오는 큰 공을 차게 해 준다.
- 교사가 큰 공을 굴려 주며 유아에게 발로 차 보라고 한다.
- 차지 못하면 다른 교사에게 큰 공을 굴려 달라고 한 후 교사가 유아의 발을 잡고 굴러오는 큰 공을 차는 동작을 반복해 준다.
- 수행되면 교사가 큰 공을 굴려 주면서 큰 공을 가리키며 유아에게 차 보라고 한다.
- 수행되면 교사가 큰 공을 굴려 주면서 "공을 차요."라고 말하며 유아에게 큰 공을 차 보라고 한다.

- 도움을 점차 줄여 간다.
- 수행되면 유아 스스로 큰 공이 굴러오면 발로 차 보라고 한다.
- 수행되면 유아의 특성에 맞는 적절한 강화제를 제공한다.

167 철봉에 10초 정도 매달리기 5〜6세

목표 | 철봉에 10초 정도 매달려 있을 수 있다.

자료 | 철봉, 매트, 강화제

방법 ❶

- 교사가 철봉에 10초 정도 매달려 있는 시범을 보인다.
- 유아에게 교사를 모방하여 철봉에 10초 정도 매달려 있어 보라고 한다.
- 수행되면 유아 스스로 철봉에 10초 정도 매달려 있어 보라고 한다.
- 수행되면 유아의 특성에 맞는 적절한 강화제를 제공한다.

방법 ❷

- 교사가 철봉에 10초 정도 매달려 있는 시범을 보인다.
- 유아에게 교사를 모방하여 철봉에 10초 정도 매달려 있어 보라고 한다.
- 모방하지 못하면 교사가 유아의 허리를 잡아 양손으로 철봉을 쥐게 해 준 후 10초 정도 매달리게 해 준다.
- 교사가 유아의 허리를 잡아 준 후 유아에게 양손으로 철봉을 쥐고 10초 정도 매달려 보라고 한다.
- 매달리지 못하면 교사가 유아의 허리를 잡아 양손으로 철봉을 쥐게 해 준 후 10초 정도 매달리는 동작을 반복해 준다.
- 수행되면 교사가 유아의 양손을 철봉 가까이 대 준 후 유아에게 양손으로 철봉을

5〜6세

265

쥐고 10초 정도 매달려 보라고 한다.

- 수행되면 교사가 "철봉을 잡아요."라고 말하며 유아에게 양손으로 철봉을 쥐고 10초 정도 매달려 보라고 한다.
- 도움을 점차 줄여 간다.
- 수행되면 유아 스스로 양손으로 철봉을 쥐고 10초 정도 매달려 보라고 한다.
- 수행되면 유아의 특성에 맞는 적절한 강화제를 제공한다.

☞ 철봉에 매달리는 시간을 처음에는 3초, 수행되면 5초와 같은 식으로 점차 시간을 늘려 가며 지도하는 방법도 있다.

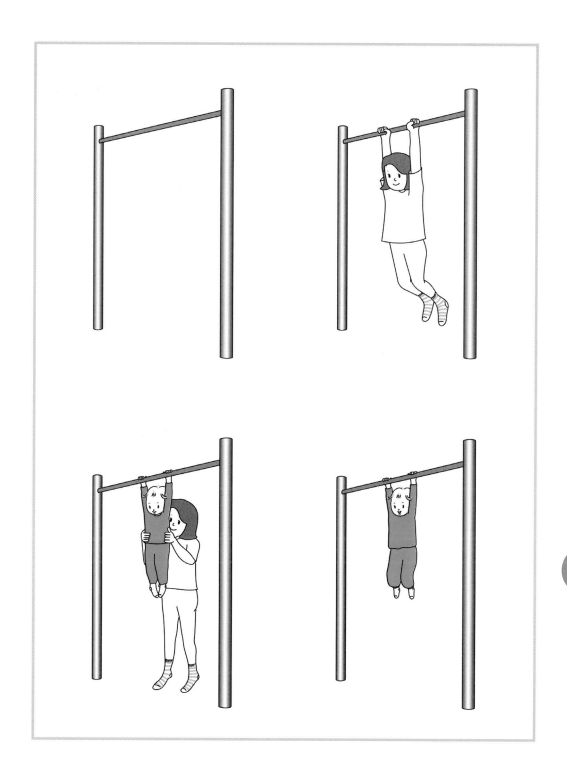

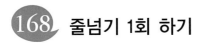# 168 줄넘기 1회 하기 5~6세

목표 | 줄넘기를 1회 할 수 있다.

자료 | 줄넘기, 강화제

방법 ❶

- 교사가 줄넘기를 1회 하는 시범을 보인다.
- 유아에게 교사를 모방하여 줄넘기를 1회 해 보라고 한다.
- 수행되면 유아 스스로 줄넘기를 1회 해 보라고 한다.
- 수행되면 유아의 특성에 맞는 적절한 강화제를 제공한다.

방법 ❷

- 교사가 줄넘기의 줄을 양손으로 쥐는 시범을 보인다.
- 유아에게 교사를 모방하여 줄넘기의 줄을 양손으로 쥐어 보라고 한다.
- 모방하지 못하면 교사가 유아의 양손을 잡고 줄넘기를 쥐게 해 준다.
- 교사가 "양손으로 줄넘기를 잡아요."라고 말하며 유아에게 줄넘기를 쥐어 보라고 한다.
- 잡지 못하면 교사가 유아의 양손을 잡고 줄넘기를 쥐는 동작을 반복해 준다.
- 도움을 점차 줄여 간다.
- 수행되면 유아 스스로 줄넘기를 쥐어 보라고 한다.
- 수행되면 교사가 줄넘기의 줄을 양손으로 쥐고 두 발을 모아 뛰면서 줄넘기를 1회 돌리는 시범을 보인다.
- 유아에게 교사를 모방하여 줄넘기의 줄을 양손으로 쥐고 두 발을 모아 뛰면서 줄넘기를 1회 돌려 보라고 한다.
- 모방하지 못하면 교사가 유아에게 줄넘기의 줄을 양손으로 쥐게 한 다음 두 발을

모아 준 후 유아의 겨드랑이에 손을 넣어 뛰게 하면서 줄넘기를 1회 돌려 준다.

- 교사가 "줄넘기를 돌려요."라고 말하며 유아에게 두 발을 모아 뛰면서 줄넘기를 1회 돌려 보라고 한다.
- 돌리지 못하면 교사가 유아에게 줄넘기의 줄을 양손으로 쥐게 한 다음 두 발을 모아 준 후 유아의 겨드랑이에 손을 넣어 뛰게 하면서 줄넘기를 1회 돌려 주는 동작을 반복해 준다.
- 도움을 점차 줄여 간다.
- 수행되면 유아 스스로 줄넘기의 줄을 양손으로 쥐고 두 발을 모아 뛰면서 줄넘기를 1회 돌려 보라고 한다.
- 수행되면 유아의 특성에 맞는 적절한 강화제를 제공한다.

169 공 던지고 받기 5~6세

목표 | 공을 던지고 받을 수 있다.
자료 | 공, 강화제

방법 ❶
- 공을 던지거나 받는 것은 각각 수행하였으므로 확인한 후 시행한다.
- 교사가 다른 교사(유아)와 마주 보고 서서 서로 공을 던지고 받는 시범을 보인다.
- 교사가 유아와 마주 보고 서서 유아에게 공을 던져 주면 유아가 공을 받아 교사에게 다시 던져 보라고 한다.
- 수행되면 교사가 유아와 마주 보고 서서 유아에게 공을 던져 주면 유아 스스로 공을 받아 교사에게 다시 던져 보라고 한다.
- 수행되면 유아의 특성에 맞는 적절한 강화제를 제공한다.

방법 ❷

- 공을 던지거나 받는 것은 각각 수행하였으므로 확인한 후 시행한다.
- 교사가 다른 교사(유아)와 마주 보고 서서 서로 공을 던지고 받는 시범을 보인다.
- 교사가 유아와 마주 보고 서서 유아에게 공을 던져 주면 유아가 공을 받아 교사에게 다시 던져 보라고 한다.
- 모방하지 못하면 교사가 다른 교사와 유아를 마주 서게 한 후 다른 교사가 공을 던져 주면 교사는 유아의 뒤에 서서 유아의 두 손을 잡아 공을 받아 교사에게 다시 던져 준다.
- 교사가 다른 교사와 유아를 마주 서게 한 후 다른 교사가 공을 던져 주면 교사는 유아의 뒤에 서서 유아의 두 손을 잡아 공을 받은 후 유아에게 다시 던져 보라고 한다.
- 도움을 점차 줄여 간다.
- 수행되면 교사가 유아와 마주 보고 서서 유아에게 공을 던져 주면 유아 스스로 공을 받아 교사에게 다시 던져 보라고 한다.
- 수행되면 유아의 특성에 맞는 적절한 강화제를 제공한다.

170 보조 바퀴가 있는 두발자전거 타기　5~6세

목표 | 보조 바퀴가 있는 두발자전거를 탈 수 있다.
자료 | 보조 바퀴가 있는 두발자전거, 강화제

방법 ❶

- 세발자전거 타기는 수행하였으므로 확인한 후 시행한다.
- 교사가 보조 바퀴가 있는 두발자전거의 손잡이를 잡은 후 페달에 발을 올려놓고 자전거를 타는 시범을 보인다.

- 유아에게 교사를 모방하여 보조 바퀴가 있는 두발자전거의 손잡이를 잡은 후 페달에 발을 올려놓고 자전거를 타 보라고 한다.
- 수행되면 유아 스스로 보조 바퀴가 있는 두발자전거의 손잡이를 잡은 후 페달에 발을 올려놓고 자전거를 타 보라고 한다.
- 수행되면 유아의 특성에 맞는 적절한 강화제를 제공한다.

방법 ❷

- 세발자전거 타기는 수행하였으므로 확인한 후 시행한다.
- 교사가 보조 바퀴가 있는 두발자전거의 손잡이를 잡은 후 페달에 발을 올려놓고 자전거를 타는 시범을 보인다.
- 유아에게 교사를 모방하여 보조 바퀴가 있는 두발자전거의 손잡이를 잡은 후 페달에 발을 올려놓고 자전거를 타 보라고 한다.
- 모방하지 못하면 교사가 유아의 양손을 잡아 보조 바퀴가 있는 두발자전거의 손잡이를 잡은 후 페달을 움직여 자전거를 타 보라고 한다.
- 교사가 유아가 타고 있는 보조 바퀴가 있는 두발자전거의 뒤쪽을 잡아 주며 유아에게 자전거를 타 보라고 한다.
- 타지 못하면 교사가 보조 바퀴가 있는 두발자전거의 뒤쪽을 잡아 주며 유아가 자전거를 탈 수 있도록 동작을 반복해 준다.
- 도움을 점차 줄여 간다.
- 수행되면 유아 스스로 보조 바퀴가 있는 두발자전거의 손잡이를 잡은 후 페달에 발을 올려놓고 자전거를 타 보라고 한다.
- 수행되면 유아의 특성에 맞는 적절한 강화제를 제공한다.

5~6
세

271

171 평균대 위에서 앞으로 걷기 5~6세

목표 | 평균대 위에서 앞으로 걸을 수 있다.

자료 | 평균대, 매트, 강화제

방법 ❶

- 두 발로 20cm 넓이의 평균대 위에 서기는 수행하였으므로 확인한 후 시행한다.
- 교사가 평균대 위에서 앞으로 걷는 시범을 보인다.
- 유아에게 교사를 모방하여 평균대 위에서 앞으로 걸어 보라고 한다.
- 수행되면 유아 스스로 평균대 위에서 앞으로 걸어 보라고 한다.
- 수행되면 유아의 특성에 맞는 적절한 강화제를 제공한다.

방법 ❷

- 두 발로 20cm 넓이의 평균대 위에 서기는 수행하였으므로 확인한 후 시행한다.
- 교사가 평균대 위에서 앞으로 걷는 시범을 보인다.
- 유아에게 교사를 모방하여 평균대 위에서 앞으로 걸어 보라고 한다.
- 모방하지 못하면 유아 스스로 평균대 위에 서게 한 후 교사가 유아의 손을 잡고 앞으로 걷게 해 준다.
- 유아 스스로 평균대 위에 서게 한 후 교사가 평균대 옆에서 같이 걸으며 유아에게 앞으로 걸어 보라고 한다.
- 걷지 못하면 유아 스스로 평균대 위에 서게 한 후 교사가 유아의 손을 잡고 앞으로 걷는 동작을 반복해 준다.
- 교사가 평균대의 3/4까지 유아의 손을 잡고 앞으로 걷게 하다가 나머지는 유아 스스로 걸어 보라고 한다.
- 수행되면 교사가 평균대의 2/4까지 유아의 손을 잡고 앞으로 걷게 하다가 나머지

는 유아 스스로 걸어 보라고 한다.

- 수행되면 교사가 평균대의 1/4까지 유아의 손을 잡고 앞으로 걷게 하다가 나머지는 유아 스스로 걸어 보라고 한다.

- 수행되면 유아 스스로 평균대 위에 서게 한 후 교사가 "앞으로 걸어요."라고 말하며 유아에게 걸어 보라고 한다.

- 도움을 점차 줄여 간다.

- 수행되면 유아 스스로 평균대 위에서 앞으로 걸어 보라고 한다.

- 수행되면 유아의 특성에 맞는 적절한 강화제를 제공한다.

☞ 평균대 활동 지도 시에는 가능하면 주변에 매트를 깔아 주는 등 안전사고에 유의하도록 한다.

5~6
세

172 깡충 뛰어 매달린 공 치기

목표 | 깡충 뛰어 매달린 공을 칠 수 있다.
자료 | 노끈(줄), 공, 강화제

방법 ❶

- 토끼처럼 깡충깡충 뛰기는 수행하였으므로 확인한 후 시행한다.
- 교사가 유아가 깡충 뛰어 매달린 공을 칠 수 있는 위치에 공을 매달아 놓는다.
- 교사가 깡충 뛰어 매달린 공을 치는 시범을 보인다.
- 유아에게 교사를 모방하여 깡충 뛰어 매달린 공을 쳐 보라고 한다.
- 수행되면 유아 스스로 깡충 뛰어 매달린 공을 쳐 보라고 한다.
- 수행되면 유아의 특성에 맞는 적절한 강화제를 제공한다.

방법 ❷

- 토끼처럼 깡충깡충 뛰기는 수행하였으므로 확인한 후 시행한다.
- 교사가 유아가 깡충 뛰어 매달린 공을 칠 수 있는 위치에 공을 매달아 놓는다.
- 교사가 깡충 뛰어 매달린 공을 치는 시범을 보인다.
- 유아에게 교사를 모방하여 깡충 뛰어 매달린 공을 쳐 보라고 한다.
- 모방하지 못하면 교사가 유아의 손을 잡고 깡충 뛰면서 매달린 공을 치게 해 준다.
- 교사가 "깡충 뛰어 공을 쳐요."라고 말하며 유아에게 매달린 공을 쳐 보라고 한다.
- 치지 못하면 교사가 유아의 손을 잡고 깡충 뛰면서 매달린 공을 치는 동작을 반복해 준다.
- 도움을 점차 줄여 간다.
- 수행되면 유아 스스로 깡충 뛰어 매달린 공을 쳐 보라고 한다.

- 수행되면 유아의 특성에 맞는 적절한 강화제를 제공한다.

173 두 발 모아 연속으로 열 번 높이 뛰기 [5~6세]

목표 | 두 발 모아 연속으로 열 번 높이 뛸 수 있다.
자료 | 매트, 강화제

방법 ❶

- 두 발 모아 제자리에서 높이 뛰기는 수행하였으므로 확인한 후 시행한다.
- 교사가 두 발을 모아 연속으로 열 번 높이 뛰는 시범을 보인다.
- 유아에게 교사를 모방하여 두 발을 모아 연속으로 열 번 높이 뛰어 보라고 한다.
- 수행되면 유아 스스로 두 발을 모아 연속으로 열 번 높이 뛰어 보라고 한다.
- 수행되면 유아의 특성에 맞는 적절한 강화제를 제공한다.

방법 ❷

- 두 발 모아 제자리에서 높이 뛰기는 수행하였으므로 확인한 후 시행한다.
- 교사가 두 발을 모아 연속으로 열 번 높이 뛰는 시범을 보인다.
- 유아에게 교사를 모방하여 두 발을 모아 연속으로 열 번 높이 뛰어 보라고 한다.
- 모방하지 못하면 교사가 유아의 두 발을 모아 준 후 겨드랑이에 손을 넣어 연속으로 열 번 높이 뛰게 해 준다.
- 교사가 유아에게 두 발을 모아 연속으로 다섯 번 뛰어 보라고 한다.
- 뛰지 못하면 교사가 유아의 두 발을 모아 준 후 겨드랑이에 손을 넣어 연속으로 열 번 높이 뛰는 동작을 반복해 준다.
- 수행되면 교사가 "계속 높이 뛰어요."라고 말하며 유아에게 두 발을 모아 연속으로 일곱 번 뛰어 보라고 한다.

- 도움을 점차 줄여 간다.
- 수행되면 유아 스스로 두 발을 모아 연속으로 열 번 높이 뛰어 보라고 한다.
- 수행되면 유아의 특성에 맞는 적절한 강화제를 제공한다.

☞ 높이 뛸 때 교사가 "깡~충, 깡~충 ♬ 뛰면서 ♬"라고 노래를 불러 주어 흥미를 가지도록 해
   주면 효과적이다.

☞ 수 개념이 없는 경우에는 교사가 "한 번, 두 번~"과 같은 식으로 호령을 붙여 주도록 한다.

174 큰 공을 팅기고 떨어질 때 잡기　　5~6세

목표 │ 큰 공을 팅기고 떨어질 때 잡을 수 있다.
자료 │ 큰 공, 강화제

방법 ❶
- 교사가 큰 공을 팅기고 떨어질 때 잡는 시범을 보인다.
- 유아에게 교사를 모방하여 큰 공을 팅기고 떨어질 때 잡아 보라고 한다.
- 수행되면 유아 스스로 큰 공을 팅기고 떨어질 때 잡아 보라고 한다.
- 수행되면 유아의 특성에 맞는 적절한 강화제를 제공한다.

방법 ❷
- 교사가 큰 공을 팅기고 떨어질 때 잡는 시범을 보인다.
- 유아에게 교사를 모방하여 큰 공을 팅기고 떨어질 때 잡아 보라고 한다.
- 모방하지 못하면 교사가 유아의 손을 잡고 큰 공을 팅긴 후 떨어질 때 잡아 준다.
- 교사가 유아의 손을 잡고 큰 공을 팅겨 준 후 유아에게 떨어질 때 잡아 보라고 한다.

- 잡지 못하면 교사가 유아의 손을 잡고 큰 공을 튕긴 후 떨어질 때 잡는 동작을 반복해 준다.
- 수행되면 교사가 "공을 튕겨요."라고 말하며 유아에게 큰 공을 튕기게 한 후 "공을 잡아요."라고 말하며 잡아 보라고 한다.
- 도움을 점차 줄여 간다.
- 수행되면 유아 스스로 큰 공을 튕기고 떨어질 때 잡아 보라고 한다.
- 수행되면 유아의 특성에 맞는 적절한 강화제를 제공한다.

175 한 발로 깡충 뛰기 [5~6세]

목표 | 한 발로 깡충 뛸 수 있다.

자료 | 매트, 강화제

방법 ❶

- 토끼처럼 깡충깡충 뛰기는 수행하였으므로 확인한 후 시행한다.
- 교사가 한 발로 깡충 뛰는 시범을 보인다.
- 유아에게 교사를 모방하여 한 발로 깡충 뛰어 보라고 한다.
- 수행되면 유아 스스로 한 발로 깡충 뛰어 보라고 한다.
- 수행되면 유아의 특성에 맞는 적절한 강화제를 제공한다.

방법 ❷

- 토끼처럼 깡충깡충 뛰기는 수행하였으므로 확인한 후 시행한다.
- 교사가 한 발로 깡충 뛰는 시범을 보인다.
- 유아에게 교사를 모방하여 한 발로 깡충 뛰어 보라고 한다.
- 모방하지 못하면 교사가 유아의 손을 잡고 한 발로 깡충 뛰게 해 준다.

- 교사가 유아의 손을 잡고 한 발로 깡충 뛴 후 유아에게 한 발로 깡충 뛰어 보라고 한다.
- 뛰지 못하면 교사가 유아의 손을 잡고 한 발로 깡충 뛰는 동작을 반복해 준다.
- 수행되면 교사가 "한 발로 깡충 뛰어요."라고 말하며 유아에게 한 발로 깡충 뛰어 보라고 한다.
- 도움을 점차 줄여 간다.
- 수행되면 유아 스스로 한 발로 깡충 뛰어 보라고 한다.
- 수행되면 유아의 특성에 맞는 적절한 강화제를 제공한다.

176 두 발 모아 멀리 뛰기 5~6세

목표 | 두 발 모아 멀리 뛸 수 있다.

자료 | 매트, 강화제

방법 ❶

- 두 발 모아 앞으로 열 번 뛰기는 수행하였으므로 확인한 후 시행한다.
- 교사가 두 발을 모아 멀리 뛰는 시범을 보인다.
- 유아에게 교사를 모방하여 두 발을 모아 멀리 뛰어 보라고 한다.
- 수행되면 유아 스스로 두 발을 모아 멀리 뛰어 보라고 한다.
- 수행되면 유아의 특성에 맞는 적절한 강화제를 제공한다.

방법 ❷

- 두 발 모아 앞으로 열 번 뛰기는 수행하였으므로 확인한 후 시행한다.
- 교사가 두 발을 모아 멀리 뛰는 시범을 보인다.
- 유아에게 교사를 모방하여 두 발을 모아 멀리 뛰어 보라고 한다.

- 모방하지 못하면 교사가 유아의 두 발을 모아 준 후 멀리 뛰게 해 준다.
- 뛰지 못하면 교사가 유아의 두 발을 모아 준 후 멀리 뛰는 동작을 반복해 준다.
- 수행되면 교사가 "멀리 뛰어요."라고 말하며 유아에게 두 발을 모아 멀리 뛰어 보라고 한다.
- 도움을 점차 줄여 간다.
- 수행되면 유아 스스로 두 발을 모아 멀리 뛰어 보라고 한다.
- 수행되면 유아의 특성에 맞는 적절한 강화제를 제공한다.

5cm 폭의 선을 따라 걷기 5~6세

목표 | 5cm 정도 폭의 선을 따라 걸을 수 있다.

자료 | 색깔 테이프, 강화제

방법 ❶

- 교사가 색깔 테이프를 가지고 5cm 정도 폭의 선을 그어 제시한다.
- 교사가 5cm 정도 폭의 선을 따라 걷는 시범을 보인다.
- 유아에게 교사를 모방하여 5cm 정도 폭의 선을 따라 걸어 보라고 한다.
- 수행되면 유아 스스로 5cm 정도 폭의 선을 따라 걸어 보라고 한다.
- 수행되면 유아의 특성에 맞는 적절한 강화제를 제공한다.

방법 ❷

- 교사가 색깔 테이프를 가지고 5cm 정도 폭의 선을 그어 제시한다.
- 교사가 5cm 정도 폭의 선을 따라 걷는 시범을 보인다.
- 유아에게 교사를 모방하여 5cm 정도 폭의 선을 따라 걸어 보라고 한다.
- 모방하지 못하면 교사가 유아의 한 손을 잡고 5cm 정도 폭의 선을 따라 걷게 해 준다.
- 교사가 5cm 정도 폭의 선을 가리키며 유아에게 선을 따라 걸어 보라고 한다.
- 걷지 못하면 교사가 유아의 한 손을 잡고 5cm 정도 폭의 선을 따라 걷는 동작을 반복해 준다.
- 수행되면 교사가 유아에게 "선을 따라 걸어요."라고 말하며 선을 따라 걸어 보라고 한다.
- 도움을 점차 줄여 간다.
- 수행되면 유아 스스로 5cm 정도 폭의 선을 따라 걸어 보라고 한다.

- 수행되면 유아의 특성에 맞는 적절한 강화제를 제공한다.

178 컵에 든 물 흘리지 않고 걷기 5~6세

목표 | 컵에 든 물을 흘리지 않고 걸을 수 있다.
자료 | 컵, 물, 강화제

방법 ❶

- 교사가 컵에 든 물을 흘리지 않고 걷는 시범을 보인다.
- 유아에게 교사를 모방하여 컵에 든 물을 흘리지 않고 걸어 보라고 한다.
- 수행되면 유아 스스로 컵에 든 물을 흘리지 않고 걸어 보라고 한다.
- 수행되면 유아의 특성에 맞는 적절한 강화제를 제공한다.

방법 ❷

- 교사가 컵에 든 물을 흘리지 않고 걷는 시범을 보인다.
- 유아에게 교사를 모방하여 컵에 든 물을 흘리지 않고 걸어 보라고 한다.
- 모방하지 못하면 교사가 유아의 손을 잡고 컵에 든 물을 흘리지 않고 걷게 해 준다.
- 교사가 유아의 손을 잡고 컵에 든 물을 흘리지 않고 걷게 해 주다가 유아에게 컵에 든 물을 흘리지 않고 걸어 보라고 한다.
- 걷지 못하면 교사가 유아의 한 손을 잡고 컵에 든 물을 흘리지 않고 걷는 동작을 반복해 준다.
- 수행되면 교사가 유아에게 "물을 흘리지 말고 걸어요."라고 말하며 걸어 보라고 한다.
- 도움을 점차 줄여 간다.
- 수행되면 유아 스스로 컵에 든 물을 흘리지 않고 걸어 보라고 한다.

• 수행되면 유아의 특성에 맞는 적절한 강화제를 제공한다.

179 높은 곳에서 뛰어내릴 때 두 발 모아 착지하기 5~6세

목표 | 높은 곳에서 뛰어내릴 때 두 발을 모아 착지할 수 있다.

자료 | 의자(평균대) 등, 매트(담요), 강화제

방법 ❶

• 교사가 높은 곳에서 뛰어내릴 때 두 발을 모아 땅에 닿는 시범을 보인다.

• 유아에게 교사를 모방하여 높은 곳에서 뛰어내릴 때 두 발을 모아 땅에 닿아 보라고 한다.

• 수행되면 유아 스스로 높은 곳에서 뛰어내릴 때 두 발을 모아 땅에 닿아 보라고 한다.

• 수행되면 유아의 특성에 맞는 적절한 강화제를 제공한다.

방법 ❷

• 교사가 예를 들어 높은 의자에서 뛰어내릴 때 두 발을 모아 땅에 닿는 시범을 보인다.

• 유아에게 교사를 모방하여 높은 의자에서 뛰어내릴 때 두 발을 모아 땅에 닿아 보라고 한다.

• 모방하지 못하면 교사가 유아의 양손을 잡고 높은 의자에서 뛰어내릴 때 두 발을 모아 땅에 닿게 해 준다.

• 교사가 유아의 한 손을 잡아 주며 높은 의자에서 뛰어내릴 때 두 발을 모아 땅에 닿게 해 보라고 한다.

• 땅에 닿지 못하면 교사가 유아의 양손을 잡고 높은 의자에서 뛰어내릴 때 두 발을

모아 땅에 닿는 동작을 반복해 준다.

- 수행되면 교사가 유아에게 "두 발 모아 뛰어내려요."라고 말하며 높은 의자에서 뛰어내릴 때 두 발을 모아 땅에 닿게 해 보라고 한다.
- 도움을 점차 줄여 간다.
- 수행되면 유아 스스로 높은 의자에서 뛰어내릴 때 두 발을 모아 땅에 닿게 해 보라고 한다.
- 수행되면 유아의 특성에 맞는 적절한 강화제를 제공한다.

☞ 평균대나 의자 등 높은 곳에서 뛰어내릴 때 안전을 위하여 반드시 매트(담요)를 바닥에 깔고 지도하도록 유의한다.

180 물건을 들고 두 발을 교대로 계단 오르내리기 5~6세

목표 | 물건을 들고 두 발을 교대로 계단을 오르내릴 수 있다.
자료 | 계단, 유아가 좋아하는 장난감, 강화제

방법 ❶
- 두 발 교대로 계단 오르기 및 내리기는 각각 수행하였으므로 확인한 후 시행한다.
- 교사가 물건을 들고 두 발을 교대로 계단을 오르내리는 시범을 보인다.
- 유아에게 교사를 모방하여 물건을 들고 두 발을 교대로 계단을 오르내려 보라고 한다.
- 수행되면 유아 스스로 물건을 들고 두 발을 교대로 계단을 오르내려 보라고 한다.
- 수행되면 유아의 특성에 맞는 적절한 강화제를 제공한다.

방법 ❷
- 두 발 교대로 계단 오르기 및 내리기는 각각 수행하였으므로 확인한 후 시행한다.

- 교사가 물건을 들고 두 발을 교대로 계단을 오르내리는 시범을 보인다.
- 유아에게 교사를 모방하여 물건을 들고 두 발을 교대로 계단을 오르내려 보라고 한다.
- 모방하지 못하면 교사가 "오른쪽(한) 발을 계단에 올린 다음 왼쪽 발(다른 발)도 계단에 올려요."라고 말하며 유아에게 물건을 들고 두 발을 교대로 움직여 계단을 오르내려 보라고 한다.
- 오르내리지 못하면 교사가 유아에게 물건을 들게 한 후 두 발을 교대로 움직여 계단을 오르내리는 동작을 반복해 준다.
- 수행되면 교사가 유아에게 물건을 들게 한 후 계단을 가리키며 두 발을 교대로 움직여 계단을 오르내려 보라고 한다.
- 도움을 점차 줄여 간다.
- 수행되면 유아 스스로 물건을 들고 두 발을 교대로 계단을 오르내려 보라고 한다.
- 수행되면 유아의 특성에 맞는 적절한 강화제를 제공한다.

181 음악에 맞춰 신체 각기 움직이기　5~6세

목표 ｜ 음악에 맞춰 신체를 각기 움직일 수 있다.

자료 ｜ 카세트, 강화제

방법 ❶

- 교사가 음악에 맞춰 신체를 각기 움직이는 시범을 보인다.
- 유아에게 교사를 모방하여 음악에 맞춰 신체를 각기 움직여 보라고 한다.
- 수행되면 유아 스스로 음악에 맞춰 신체를 각기 움직여 보라고 한다.
- 수행되면 유아의 특성에 맞는 적절한 강화제를 제공한다.

- 교사가 예를 들어 "즐겁게 ♬ 춤을 추다가 ♬"라는 노래를 틀어 놓은 후 음악에 맞춰 머리와 팔을 각기 움직이는 시범을 보인다.
- 교사가 "즐겁게 ♬ 춤을 추다가 ♬"라는 노래를 틀어 놓은 후 유아에게 교사를 모방하여 음악에 맞춰 머리와 팔을 각기 움직여 보라고 한다.
- 모방하지 못하면 교사가 유아의 머리와 팔을 잡고 음악에 맞춰 머리와 팔을 각기 움직여준다.
- 교사가 "즐겁게 ♬ 춤을 추다가 ♬"라는 노래를 틀어 놓은 후 음악에 맞춰 유아의 팔을 움직여 주며 유아에게 머리를 움직여 보라고 한다.
- 흔들지 못하면 교사가 유아의 머리와 팔을 잡고 음악에 맞춰 머리와 팔을 각기 움직여 주는 동작을 반복해 준다.
- 도움을 점차 줄여 간다.
- 수행되면 유아 스스로 음악에 맞춰 머리와 팔을 각기 움직여 보라고 한다.
- 수행되면 유아의 특성에 맞는 적절한 강화제를 제공한다.

182 스틱으로 멈추어진 공 치기　5~6세

목표 | 스틱으로 멈추어진 공을 칠 수 있다.

자료 | 스틱, 공, 강화제

5~6
세

방법 ❶

- 교사가 스틱으로 멈추어진 공을 치는 시범을 보인다.
- 유아에게 교사를 모방하여 스틱으로 멈추어진 공을 쳐 보라고 한다.
- 수행되면 유아 스스로 스틱으로 멈추어진 공을 쳐 보라고 한다.
- 수행되면 유아의 특성에 맞는 적절한 강화제를 제공한다.

- 교사가 스틱으로 멈추어진 공을 치는 시범을 보인다.
- 유아에게 교사를 모방하여 스틱으로 멈추어진 공을 쳐 보라고 한다.
- 모방하지 못하면 교사가 유아의 손을 잡고 스틱으로 멈추어진 공을 쳐 준다.
- 교사가 유아의 손에 스틱을 쥐어 준 후 멈추어진 공을 쳐 보라고 한다.
- 치지 못하면 교사가 유아의 손을 잡고 스틱으로 멈추어진 공을 치는 동작을 반복해 준다.
- 수행되면 교사가 "스틱으로 공을 쳐요."라고 말하며 유아에게 멈추어진 공을 쳐 보라고 한다.
- 도움을 점차 줄여 간다.
- 수행되면 유아 스스로 스틱으로 멈추어진 공을 쳐 보라고 한다.
- 수행되면 유아의 특성에 맞는 적절한 강화제를 제공한다.

183 까치발로 달리기 `5~6세`

목표 | 까치발로 달릴 수 있다.

자료 | 강화제

방법 ❶

- 까치발로 서기는 수행하였으므로 확인한 후 시행한다.
- 교사가 까치발로 달리는 시범을 보인다.
- 유아에게 교사를 모방하여 까치발로 달려 보라고 한다.
- 수행되면 유아 스스로 까치발로 달려 보라고 한다.
- 수행되면 유아의 특성에 맞는 적절한 강화제를 제공한다.

방법 ❷

- 까치발로 서기는 수행하였으므로 확인한 후 시행한다.
- 교사가 까치발로 달리는 시범을 보인다.
- 유아에게 교사를 모방하여 까치발로 달려 보라고 한다.
- 모방하지 못하면 교사가 유아에게 까치발로 서게 한 후 유아의 손을 잡고 까치발로 달리게 해 준다.
- 교사가 유아의 손을 잡은 후 까치발로 달려 보라고 한다.
- 달리지 못하면 교사가 유아에게 까치발로 서게 한 후 유아의 손을 잡고 까치발로 달리는 동작을 반복해 준다.
- 수행되면 교사가 유아의 옆에서 까치발로 달리며 유아에게 까치발로 달려 보라고 한다.
- 수행되면 교사가 "까치발로 달려요."라고 말하며 유아에게 까치발로 달려 보라고 한다.
- 도움을 점차 줄여 간다.
- 수행되면 유아 스스로 까치발로 달려 보라고 한다.
- 수행되면 유아의 특성에 맞는 적절한 강화제를 제공한다.

184 한 발로 두세 발자국 뛰기   5~6세

목표 | 한 발로 두세 발자국을 뛸 수 있다.

자료 | 매트, 강화제

방법 ❶

- 한 발로 깡충 뛰기는 수행하였으므로 확인한 후 시행한다.
- 교사가 한 발로 두세 발자국 뛰는 시범을 보인다.

- 유아에게 교사를 모방하여 한 발로 두세 발자국을 뛰어 보라고 한다.
- 수행되면 유아 스스로 한 발로 두세 발자국을 뛰어 보라고 한다.
- 수행되면 유아의 특성에 맞는 적절한 강화제를 제공한다.

방법 ❷

- 한 발로 깡충 뛰기는 수행하였으므로 확인한 후 시행한다.
- 교사가 한 발로 두세 발자국 뛰는 시범을 보인다.
- 유아에게 교사를 모방하여 한 발로 두세 발자국을 뛰어 보라고 한다.
- 모방하지 못하면 교사가 유아의 손을 잡고 한 발로 두세 발자국을 뛰게 해 준다.
- 교사가 유아의 손을 잡고 한 발로 두세 발자국을 뛴 후 유아에게 한 발로 두세 발자국을 뛰어 보라고 한다.
- 뛰지 못하면 교사가 유아의 손을 잡고 한 발로 두세 발자국 뛰는 동작을 반복해 준다.
- 수행되면 교사가 "한 발로 두세 발자국 뛰어요."라고 말하며 유아에게 한 발로 두세 발자국 뛰어 보라고 한다.
- 도움을 점차 줄여 간다.
- 수행되면 유아 스스로 한 발로 두세 발자국을 뛰어 보라고 한다.
- 수행되면 유아의 특성에 맞는 적절한 강화제를 제공한다.

185 3m 높이의 미끄럼틀 타기　5～6세

목표 | 3m 높이의 미끄럼틀을 탈 수 있다.

자료 | 미끄럼틀, 강화제

방법 ❶

- 미끄럼틀 타기는 앞 단계에서 수행하였으므로 확인한 후 시행한다.
- 교사가 3m 높이의 미끄럼틀을 타는 시범을 보인다.
- 유아에게 교사를 모방하여 3m 높이의 미끄럼틀을 타 보라고 한다.
- 수행되면 유아 스스로 3m 높이의 미끄럼틀을 타 보라고 한다.
- 수행되면 유아의 특성에 맞는 적절한 강화제를 제공한다.

방법 ❷

- 미끄럼틀 타기는 앞 단계에서 수행하였으므로 확인한 후 시행한다.
- 교사가 3m 높이의 미끄럼틀을 타는 시범을 보인다.
- 유아에게 교사를 모방하여 3m 높이의 미끄럼틀을 타 보라고 한다.
- 모방하지 못하면 교사가 유아를 안고 3m 높이의 미끄럼틀을 타게 해 준다.
- 교사가 유아의 허리를 잡아 주며 3m 높이의 미끄럼틀을 타고 내려오다가 유아에게 타 보라고 한다.
- 타지 못하면 교사가 유아를 안고 3m 높이의 미끄럼틀을 타고 내려오는 동작을 반복해 준다.
- 수행되면 교사가 유아를 안고 3m 높이의 미끄럼틀을 3/4까지 타고 내려오다가 나머지는 유아 스스로 타 보라고 한다.
- 수행되면 교사가 유아를 안고 3m 높이의 미끄럼틀을 2/4까지 타고 내려오다가 나머지는 유아 스스로 타 보라고 한다.
- 수행되면 교사가 유아를 안고 3m 높이의 미끄럼틀을 1/4까지 타고 내려오다가 나머지는 유아 스스로 타 보라고 한다.
- 수행되면 교사가 유아를 3m 높이의 미끄럼틀에 앉혀 준 후 유아에게 미끄럼틀을 타 보라고 한다.
- 도움을 점차 줄여 간다.
- 수행되면 유아 스스로 3m 높이의 미끄럼틀을 타 보라고 한다.

5~6
세

• 수행되면 유아의 특성에 맞는 적절한 강화제를 제공한다.

186 씽씽카 타기 　5~6세

목표 ┃ 씽씽카를 탈 수 있다.

자료 ┃ 씽씽카, 강화제

방법 ❶

• 도움받아 씽씽카 타기는 앞 단계에서 수행하였으므로 확인한 후 시행한다.
• 교사가 씽씽카의 손잡이를 잡은 후 한 발을 발판에 올려놓고, 다른 발을 구른 다음 발판에 같이 올려 씽씽카를 타는 시범을 보인다.
• 유아에게 교사를 모방하여 씽씽카의 손잡이를 잡은 후 한 발을 발판에 올려놓고, 다른 발을 구른 다음 발판에 같이 올려 씽씽카를 타 보라고 한다.
• 수행되면 유아 스스로 씽씽카의 손잡이를 잡은 후 한 발을 발판에 올려놓고, 다른 발을 구른 다음 발판에 같이 올려 씽씽카를 타 보라고 한다.
• 수행되면 유아의 특성에 맞는 적절한 강화제를 제공한다.

방법 ❷

• 도움받아 씽씽카 타기는 앞 단계에서 수행하였으므로 확인한 후 시행한다.
• 교사가 씽씽카의 손잡이를 잡은 후 한 발을 발판에 올려놓고, 다른 발을 구른 다음 발판에 같이 올려 씽씽카를 타는 시범을 보인다.
• 유아에게 교사를 모방하여 씽씽카의 손잡이를 잡은 후 한 발을 발판에 올려놓고, 다른 발을 구른 다음 발판에 같이 올려 씽씽카를 타 보라고 한다.
• 모방하지 못하면 교사가 유아에게 씽씽카의 손잡이를 잡게 한 후 한 발을 발판에 올려놓고, 다른 발을 구른 다음 발판에 같이 올려 씽씽카를 타게 해 준다.

- 교사가 유아에게 씽씽카의 손잡이를 잡게 한 후 한 발을 발판에 올려놓고, 다른 발을 구른 다음 교사가 유아의 발을 발판에 올려 주며 씽씽카를 타 보라고 한다.
- 타지 못하면 교사가 유아에게 씽씽카의 손잡이를 잡게 한 후 한 발을 발판에 올려놓고, 다른 발을 구른 다음 발판에 같이 올려 씽씽카를 타는 동작을 반복해 준다.
- 수행되면 유아에게 씽씽카의 손잡이를 잡게 한 후 한 발을 발판에 올려놓고, 다른 발을 구르게 한 다음 교사가 발판을 가리키며 "발판에 발을 올려 타요."라고 말하며 유아에게 씽씽카를 타 보라고 한다.
- 도움을 점차 줄여 간다.
- 수행되면 유아 스스로 씽씽카의 손잡이를 잡은 후 한 발을 발판에 올려놓고, 다른 발을 구른 다음 발판에 같이 올려 씽씽카를 타 보라고 한다.
- 수행되면 유아의 특성에 맞는 적절한 강화제를 제공한다.

5~6
세

187 2m 거리에서 공 던지면 두 손으로 받기

목표 | 2m 거리에서 공을 던져 주면 두 손으로 받을 수 있다.
자료 | 공, 강화제

방법 ❶

- 공을 던져 주면 두 손으로 받기는 수행하였으므로 확인한 후 시행한다.
- 다른 교사가 2m 거리에서 공을 던져 주면 교사가 두 손으로 받는 시범을 보인다.
- 교사가 2m 거리에서 공을 던져 주면 유아에게 교사를 모방하여 두 손으로 받아 보라고 한다.
- 수행되면 교사가 2m 거리에서 공을 던져 주면 유아 스스로 두 손으로 받아 보라고 한다.
- 수행되면 유아의 특성에 맞는 적절한 강화제를 제공한다.

방법 ❷

- 공을 던져 주면 두 손으로 받기는 수행하였으므로 확인한 후 시행한다.
- 다른 교사가 2m 거리에서 공을 던져 주면 교사가 두 손으로 받는 시범을 보인다.
- 교사가 2m 거리에서 공을 던져 주면 유아에게 교사를 모방하여 두 손으로 받아 보라고 한다.

- 모방하지 못하면 다른 교사가 2m 거리에서 공을 던져 줄 때 교사가 유아의 두 손을 잡고 공을 받게 해 준다.
- 다른 교사가 2m 거리에서 공을 던져 줄 때 교사가 유아의 손목을 잡아 주며 두 손으로 공을 받아 보라고 한다.
- 받지 못하면 다른 교사가 2m 거리에서 공을 던져 줄 때 교사가 유아의 두 손을 잡고 공을 받는 동작을 반복해 준다.
- 수행되면 교사가 2m 거리에서 공을 던져 주면서 "손으로 공을 받아요."라고 말하며 유아에게 두 손으로 공을 받아 보라고 한다.
- 도움을 점차 줄여 간다.
- 수행되면 교사가 2m 거리에서 공을 던져 줄 때 유아 스스로 두 손으로 공을 받아 보라고 한다.
- 수행되면 유아의 특성에 맞는 적절한 강화제를 제공한다.

188 음악의 리듬에 맞추어 몸을 움직이기 6~7세

목표 | 음악의 리듬에 맞추어 몸을 흔들 수 있다.

자료 | 카세트, 강화제

방법 ❶
- 교사가 음악의 리듬에 맞추어 몸을 흔드는 시범을 보인다.
- 유아에게 교사를 모방하여 음악의 리듬에 맞추어 몸을 흔들어 보라고 한다.
- 수행되면 유아 스스로 음악의 리듬에 맞추어 몸을 흔들어 보라고 한다.
- 수행되면 유아의 특성에 맞는 적절한 강화제를 제공한다.

6~7
세

- 교사가 음악의 리듬에 맞추어 몸을 흔드는 시범을 보인다.
- 유아에게 교사를 모방하여 음악의 리듬에 맞추어 몸을 흔들어 보라고 한다.
- 모방하지 못하면 교사가 유아의 몸을 잡고 음악의 리듬에 맞추어 몸을 흔들어 준다.
- 교사가 유아의 손을 잡고 음악의 리듬에 맞추어 몸을 흔들어 보라고 한다.
- 흔들지 못하면 교사가 유아의 몸을 잡고 음악의 리듬에 맞추어 몸을 흔드는 동작을 반복해 준다.
- 교사가 리듬에 맞추어 구령을 붙여 주며 유아에게 리듬에 맞추어 몸을 흔들어 보라고 한다.
- 도움을 점차 줄여 간다.
- 수행되면 유아 스스로 음악의 리듬에 맞추어 몸을 흔들어 보라고 한다.
- 수행되면 유아의 특성에 맞는 적절한 강화제를 제공한다.

189 연속으로 앞으로 구르기 [6~7세]

목표 | 연속으로 앞으로 구를 수 있다.

자료 | 매트(담요), 강화제

방법 ❶

- 앞으로 구르기는 앞 단계에서 수행하였으므로 확인한 후 시행한다.
- 교사가 매트(담요) 위에서 손바닥으로 바닥을 누르고 무릎을 구부린 후 고개를 바닥에 닿게 하여 연속으로 앞으로 구르는 시범을 보인다.
- 유아에게 교사를 모방하여 매트 위에서 손바닥으로 바닥을 누르고 무릎을 구부린 다음 고개를 바닥에 닿게 하여 연속으로 앞으로 굴러 보라고 한다.

- 수행되면 유아 스스로 매트 위에서 손바닥으로 바닥을 누르고 무릎을 구부린 다음 고개를 바닥에 닿게 하여 연속으로 앞으로 굴러 보라고 한다.
- 수행되면 유아의 특성에 맞는 적절한 강화제를 제공한다.

방법 ❷

- 앞으로 구르기는 앞 단계에서 수행하였으므로 확인한 후 시행한다.
- 교사가 매트(담요) 위에서 손바닥으로 바닥을 누르고 무릎을 구부린 후 고개를 바닥에 닿게 하여 연속으로 앞으로 구르는 시범을 보인다.
- 유아에게 교사를 모방하여 매트 위에서 손바닥으로 바닥을 누르고 무릎을 구부린 다음 고개를 바닥에 닿게 하여 연속으로 앞으로 굴러 보라고 한다.
- 모방하지 못하면 교사가 매트 위에서 유아의 손바닥으로 바닥을 누르고 무릎을 구부린 다음 고개를 바닥에 닿게 하여 연속으로 앞으로 굴려 준다.
- 구르지 못하면 매트 위에서 유아 스스로 손바닥으로 바닥을 누르고 무릎을 구부린 후 고개를 바닥에 닿게 한 다음 연속으로 앞으로 구르는 동작을 반복해 준다.
- 수행되면 매트 위에서 유아 스스로 손바닥으로 바닥을 누르고 무릎을 구부린 후 교사가 "앞으로 굴러요."라고 말하며 유아에게 연속으로 앞으로 굴러 보라고 한다.
- 도움을 점차 줄여 간다.
- 수행되면 유아 스스로 매트 위에서 손바닥으로 바닥을 누르고 무릎을 구부린 다음 고개를 바닥에 닿게 하여 연속으로 앞으로 굴러 보라고 한다.
- 수행되면 유아의 특성에 맞는 적절한 강화제를 제공한다.

190 구르는 공 달려가 차기   6~7세

목표 | 구르는 공을 달려가 발로 찰 수 있다.

자료 | 공, 강화제

방법 ❶

- 큰 공이 굴러오면 발로 차기는 수행하였으므로 확인한 후 시행한다.
- 교사가 구르는 공을 달려가 발로 차는 시범을 보인다.
- 유아에게 교사를 모방하여 구르는 공을 달려가 발로 차 보라고 한다.
- 수행되면 유아 스스로 큰 공이 구르는 공을 달려가 발로 차 보라고 한다.
- 수행되면 유아의 특성에 맞는 적절한 강화제를 제공한다.

방법 ❷

- 큰 공이 굴러오면 발로 차기는 수행하였으므로 확인한 후 시행한다.
- 교사가 구르는 공을 달려가 발로 차는 시범을 보인다.
- 유아에게 교사를 모방하여 구르는 공을 달려가 발로 차 보라고 한다.
- 모방하지 못하면 다른 교사에게 공을 굴려 달라고 한 후 교사가 유아의 손을 잡고 달리면서 구르는 공을 달려가 발로 차게 해 준다.
- 교사가 공을 굴려 주며 유아에게 구르는 공을 달려가 발로 차 보라고 한다.
- 차지 못하면 다른 교사에게 큰 공을 굴려 달라고 한 후 교사가 유아의 손을 잡고 달리면서 구르는 공을 달려가 발로 차는 동작을 반복해 준다.
- 수행되면 교사가 구르는 공을 가리키며 유아에게 달려가 발로 차 보라고 한다.
- 수행되면 교사가 공을 굴려 주면서 "달려가 공 차요."라고 말하며 유아에게 공을 차 보라고 한다.
- 도움을 점차 줄여 간다.
- 수행되면 유아 스스로 구르는 공을 달려가 발로 차 보라고 한다.
- 수행되면 유아의 특성에 맞는 적절한 강화제를 제공한다.

191 「꼬마야 꼬마야」 노래에 맞추어 동작하기 6~7세

목표 | 「꼬마야 꼬마야」 노래에 맞추어 동작을 할 수 있다.

자료 | 카세트, 강화제

방법 ❶

- 교사가 "꼬마야~꼬마야~♪ 뒤를 돌아라~♪ 꼬마야 꼬마야~♪ 땅을 짚어라~ ♪"라고 노래를 부르며 노래에 맞추어 동작을 하는 시범을 보인다.
- 유아에게 교사를 모방하여 「꼬마야 꼬마야」 노래에 맞추어 동작을 해 보라고 한다.
- 수행되면 유아 스스로 「꼬마야 꼬마야」 노래에 맞추어 동작을 해 보라고 한다.
- 수행되면 유아의 특성에 맞는 적절한 강화제를 제공한다.

방법 ❷

- 교사가 "꼬마야~꼬마야~♪ 뒤를 돌아라~♪"라고 노래를 부르며 노래에 맞추어 뒤로 도는 시범을 보인다.
- 유아에게 교사를 모방하여 "꼬마야~꼬마야~♪ 뒤를 돌아라~♪" 노래에 맞추어 뒤로 돌아 보라고 한다.
- 모방하지 못하면 교사가 노래에 맞추어 유아의 허리를 잡고 뒤로 돌게 해 준다.
- 교사가 손으로 노래에 맞추어 뒤로 도는 손짓을 해 주며 유아에게 뒤로 돌아 보라고 한다.
- 돌지 못하면 교사가 노래에 맞추어 유아의 허리를 잡고 뒤로 도는 동작을 반복해 준다.
- 수행되면 교사가 노래를 부르며 "뒤로 돌아요."라고 말하며 유아에게 돌아 보라고 한다.

6~7세

- 도움을 점차 줄여 간다.
- 수행되면 유아 스스로 "꼬마야~꼬마야~ ♪ 뒤를 돌아라~ ♪" 노래에 맞추어 뒤로 돌아 보라고 한다.
- 수행되면 교사가 "꼬마야~꼬마야~ ♪ 뒤를 돌아라~ ♪"에 맞추어 뒤로 돌고 "꼬마야 꼬마야~ ♪ 땅을 짚어라~ ♪"라는 노래에 맞추어 땅을 짚는 시범을 보인다.
- 유아에게 교사를 모방하여 "꼬마야~꼬마야~ ♪ 뒤를 돌아라~ ♪"에 맞추어 뒤로 돌고 "꼬마야 꼬마야~ ♪ 땅을 짚어라~ ♪" 노래에 맞추어 땅을 짚어 보라고 한다.
- 모방하지 못하면 교사가 "꼬마야~꼬마야~ ♪ 뒤를 돌아라~ ♪" 노래에 맞추어 뒤로 도는 것을 지도한 것과 같은 방법으로 지도한다.
- 수행되면 나머지 가사에 맞추어 동작을 하는 것도 뒤를 도는 것과 같은 방법으로 지도한다.
- 수행되면 유아의 특성에 맞는 적절한 강화제를 제공한다.

192 굴러오는 공 한 손으로 잡기　6~7세

목표 | 굴러오는 공을 한 손으로 잡을 수 있다.

자료 | 공, 강화제

방법 ❶
- 교사가 굴러오는 공을 한 손으로 잡는 시범을 보인다.
- 유아에게 교사를 모방하여 굴러오는 공을 한 손으로 잡아 보라고 한다.
- 수행되면 유아 스스로 굴러오는 공을 한 손으로 잡아 보라고 한다.
- 수행되면 유아의 특성에 맞는 적절한 강화제를 제공한다.

방법 ❷

- 교사가 굴러오는 공을 한 손으로 잡는 시범을 보인다.
- 유아에게 교사를 모방하여 굴러오는 공을 한 손으로 잡아 보라고 한다.
- 모방하지 못하면 다른 교사에게 공을 굴려 달라고 한 후 교사가 유아의 뒤에 앉아서 유아의 한 손을 잡고 굴러오는 공을 잡게 해 준다.
- 교사가 공을 천천히 굴려 주며 유아에게 한 손으로 잡아 보라고 한다.
- 잡지 못하면 다른 교사에게 공을 굴려 달라고 한 후 교사가 유아의 뒤에 앉아서 유아의 한 손을 잡고 굴러오는 공을 잡는 동작을 반복해 준다.
- 수행되면 교사가 공을 굴려 주면서 "공을 한 손으로 잡아요."라고 말하며 유아에게 공을 잡아 보라고 한다.
- 도움을 점차 줄여 간다.
- 수행되면 유아 스스로 굴러오는 공을 한 손으로 잡아 보라고 한다.
- 수행되면 유아의 특성에 맞는 적절한 강화제를 제공한다.

193 발을 번갈아 가며 깡충 뛰기 　6~7세

목표 | 발을 번갈아 가며 깡충 뛸 수 있다.

자료 | 매트, 강화제

방법 ❶

- 한 발로 깡충 뛰기는 수행하였으므로 확인한 후 시행한다.
- 교사가 발을 번갈아 가며 깡충 뛰는 시범을 보인다.
- 유아에게 교사를 모방하여 발을 번갈아 가며 깡충 뛰어 보라고 한다.
- 수행되면 유아 스스로 발을 번갈아 가며 깡충 뛰어 보라고 한다.
- 수행되면 유아의 특성에 맞는 적절한 강화제를 제공한다.

- 한 발로 깡충 뛰기는 수행하였으므로 확인한 후 시행한다.
- 교사가 발을 번갈아 가며 깡충 뛰는 시범을 보인다.
- 유아에게 교사를 모방하여 발을 번갈아 가며 깡충 뛰어 보라고 한다.
- 모방하지 못하면 교사가 유아의 손을 잡고 오른발을 앞으로 내딛은 후 왼발을 연달아 내디디면서 깡충 뛰게 해 준다.
- 교사가 유아의 손을 잡고 발을 번갈아 가며 깡충 뛴 후 유아에게 발을 번갈아 가며 깡충 뛰어 보라고 한다.
- 뛰지 못하면 교사가 유아의 손을 잡고 오른발을 앞으로 내딛은 후 왼발을 연달아 내디디면서 깡충 뛰는 동작을 반복해 준다.
- 수행되면 교사가 "발을 번갈아 가며 깡충 뛰어요."라고 말하며 유아에게 발을 번갈아 가며 깡충 뛰어 보라고 한다.
- 도움을 점차 줄여 간다.
- 수행되면 유아 스스로 발을 번갈아 가며 깡충 뛰어 보라고 한다.
- 수행되면 유아의 특성에 맞는 적절한 강화제를 제공한다.

194 튀어 오른 공 잡기 6~7세

목표 | 튀어 오른 공을 잡을 수 있다.

자료 | 공, 강화제

방법 ❶

- 교사가 공을 튕긴 후 튀어 오른 공을 잡는 시범을 보인다.
- 교사가 공을 튕겨 주면 유아에게 교사를 모방하여 튀어 오른 공을 잡아 보라고 한다.

- 수행되면 교사가 공을 튕겨 주면 유아 스스로 튀어 오른 공을 잡아 보라고 한다.
- 수행되면 유아의 특성에 맞는 적절한 강화제를 제공한다.

방법 ❷

- 교사가 공을 튕긴 후 튀어 오른 공을 잡는 시범을 보인다.
- 교사가 공을 튕겨 주면 유아에게 교사를 모방하여 튀어 오른 공을 잡아 보라고 한다.
- 모방하지 못하면 교사가 공을 튕겨 준 후 유아의 손을 잡고 튀어 오른 공을 잡아 준다.
- 교사가 공을 튕긴 후 튀어 오른 공을 가리키며 유아에게 잡아 보라고 한다.
- 잡지 못하면 교사가 공을 튕겨 준 후 유아의 손을 잡고 튀어 오른 공을 잡는 동작을 반복해 준다.
- 수행되면 교사가 공을 튕긴 후 "공을 잡아요."라고 말하며 유아에게 튀어 오른 공을 잡아 보라고 한다.
- 도움을 점차 줄여 간다.
- 수행되면 교사가 공을 튕겨 주고 유아 스스로 튀어 오른 공을 잡아 보라고 한다.
- 수행되면 유아의 특성에 맞는 적절한 강화제를 제공한다.

195 평균대 위에서 옆으로 걷기 6~7세

목표 | 평균대 위에서 옆으로 걸을 수 있다.
자료 | 평균대, 매트, 강화제

6~7
세

방법 ❶

- 평균대 위에서 앞으로 걷기는 수행하였으므로 확인한 후 시행한다.

- 교사가 평균대 위에서 옆으로 걷는 시범을 보인다.
- 유아에게 교사를 모방하여 평균대 위에서 옆으로 걸어 보라고 한다.
- 수행되면 유아 스스로 평균대 위에서 옆으로 걸어 보라고 한다.
- 수행되면 유아의 특성에 맞는 적절한 강화제를 제공한다.

방법 ❷

- 평균대 위에서 앞으로 걷기는 수행하였으므로 확인한 후 시행한다.
- 교사가 평균대 위에서 옆으로 걷는 시범을 보인다.
- 유아에게 교사를 모방하여 평균대 위에서 옆으로 걸어 보라고 한다.
- 모방하지 못하면 유아 스스로 평균대 위에 서게 한 후 교사가 유아의 발을 잡고 옆으로 걷게 해 준다.
- 유아에게 스스로 평균대 위에 서게 한 후 교사가 오른발을 옆으로 옮긴 후 왼발을 옮겨 오른발에 갖다 붙이는 모습을 보여 주며 유아에게 옆으로 걸어 보라고 한다.
- 걷지 못하면 유아 스스로 평균대 위에 서게 한 후 교사가 유아의 발을 잡고 옆으로 걷는 동작을 반복해 준다.
- 유아에게 스스로 평균대 위에 서게 한 후 교사가 유아의 손을 잡고 걸으며 옆으로 걸어 보라고 한다.
- 수행되면 유아 스스로 평균대 위에 서게 한 후 교사가 평균대 옆에서 같이 걸으며 유아에게 옆으로 걸어 보라고 한다.
- 교사가 평균대의 3/4까지 유아의 손을 잡고 옆으로 걷게 하다가 나머지는 유아 스스로 걸어 보라고 한다.
- 수행되면 교사가 평균대의 2/4까지 유아의 손을 잡고 옆으로 걷게 하다가 나머지는 유아 스스로 걸어 보라고 한다.
- 수행되면 교사가 평균대의 1/4까지 유아의 손을 잡고 옆으로 걷게 하다가 나머지는 유아 스스로 걸어 보라고 한다.
- 수행되면 유아 스스로 평균대 위에 서게 한 후 교사가 "옆으로 걸어 보아요."라고

말하며 유아에게 옆으로 걸어 보라고 한다.

• 도움을 점차 줄여 간다.

• 수행되면 유아 스스로 평균대 위에서 옆으로 걸어 보라고 한다.

• 수행되면 유아의 특성에 맞는 적절한 강화제를 제공한다.

☞ 평균대 활동 지도 시에는 반드시 주변에 매트를 깔아 주는 등 안전사고에 유의하도록 한다.

196 두 발 모아 뒤로 다섯 번 이상 뛰기 6~7세

목표 | 두 발 모아 뒤로 다섯 번 이상 뛸 수 있다.

자료 | 매트, 강화제

방법 ❶

- 넘어지지 않고 두 발 모아 앞으로 열 번 이상 뛰기는 수행하였으므로 확인한 후 시행한다.
- 교사가 두 발을 모아 뒤로 다섯 번 이상 뛰는 시범을 보인다.
- 유아에게 교사를 모방하여 두 발을 모아 뒤로 다섯 번 이상 뛰어 보라고 한다.
- 수행되면 유아 스스로 두 발을 모아 뒤로 다섯 번 이상 뛰어 보라고 한다.
- 수행되면 유아의 특성에 맞는 적절한 강화제를 제공한다.

방법 ❷

- 넘어지지 않고 두 발 모아 앞으로 열 번 이상 뛰기는 수행하였으므로 확인한 후 시행한다.
- 교사가 두 발을 모아 뒤로 다섯 번 이상 뛰는 시범을 보인다.
- 유아에게 교사를 모방하여 두 발을 모아 뒤로 다섯 번 이상 뛰어 보라고 한다.
- 모방하지 못하면 교사가 유아의 두 발을 모아 뒤로 다섯 번 이상 뛰게 해 준다.
- 교사가 유아에게 두 발을 모아 뒤로 한 번 뛰어 보라고 한다.
- 뛰지 못하면 교사가 유아의 두 발을 모아 뒤로 뛰는 동작을 반복해 준다.
- 수행되면 교사가 "뒤로 뛰어요."라고 말하며 유아에게 두 발을 모아 뒤로 두 번 뛰어 보라고 한다.
- 수행되면 교사가 "뒤로 뛰어요."라고 말하며 유아에게 두 발을 모아 뒤로 네 번 뛰어 보라고 한다.

6~7
세

- 도움을 점차 줄여 간다.
- 수행되면 유아 스스로 두 발을 모아 뒤로 다섯 번 이상 뛰어 보라고 한다.
- 수행되면 유아의 특성에 맞는 적절한 강화제를 제공한다.

☞ 뒤로 뛸 때 교사가 "깡~충, 깡~충 ♬ 뛰면서 ♬"라고 노래를 불러 주어 흥미를 가지도록 해 주면 효과적이다.

☞ 수 개념이 없는 경우에는 교사가 "한 번, 두 번~"과 같은 식으로 호령을 붙여 주도록 한다.

197 벽에 튕긴 공 잡기　6~7세

목표 ｜ 벽에 튕긴 공을 잡을 수 있다.
자료 ｜ 공, 강화제

방법 ❶
- 교사가 벽에 공을 튕긴 후 튕긴 공을 잡는 시범을 보인다.
- 교사가 벽에 공을 튕겨 주면 유아에게 교사를 모방하여 튕긴 공을 잡아 보라고 한다.
- 수행되면 교사가 벽에 공을 튕겨 주면 유아 스스로 튕긴 공을 잡아 보라고 한다.
- 수행되면 유아의 특성에 맞는 적절한 강화제를 제공한다.

방법 ❷
- 교사가 벽에 공을 튕긴 후 튕긴 공을 잡는 시범을 보인다.
- 교사가 벽에 공을 튕겨 주면 유아에게 교사를 모방하여 튕긴 공을 잡아 보라고 한다.

- 모방하지 못하면 교사가 벽에 공을 튕겨 준 후 유아의 손을 잡고 튕긴 공을 잡아 준다.
- 교사가 벽에 공을 튕긴 후 벽에 튀긴 공을 가리키며 유아에게 잡아보라고 한다.
- 잡지 못하면 교사가 벽에 공을 튕겨 준 후 유아의 손을 잡고 튕긴 공을 잡는 동작을 반복해 준다.
- 수행되면 교사가 벽에 공을 튕긴 후 "공을 잡아요."라고 말하며 유아에게 튕긴 공을 잡아 보라고 한다.
- 도움을 점차 줄여 간다.
- 수행되면 교사가 벽에 공을 튕겨 주면 유아 스스로 튕긴 공을 잡아 보라고 한다.
- 수행되면 유아의 특성에 맞는 적절한 강화제를 제공한다.

198 한 발로 연달아 다섯 발자국 뛰기 6~7세

목표 | 한 발로 연달아 다섯 발자국 뛸 수 있다.

자료 | 매트, 강화제

방법 ❶

- 한 발로 두세 발자국 뛰기는 수행하였으므로 확인한 후 시행한다.
- 교사가 한 발로 연달아 다섯 발자국 뛰는 시범을 보인다.
- 유아에게 교사를 모방하여 한 발로 연달아 다섯 발자국을 뛰어 보라고 한다.
- 수행되면 유아 스스로 한 발로 연달아 다섯 발자국을 뛰어 보라고 한다.
- 수행되면 유아의 특성에 맞는 적절한 강화제를 제공한다.

방법 ❷

- 한 발로 두세 발자국 뛰기는 수행하였으므로 확인한 후 시행한다.

- 교사가 한 발로 연달아 다섯 발자국 뛰는 시범을 보인다.
- 유아에게 교사를 모방하여 한 발로 연달아 다섯 발자국을 뛰어 보라고 한다.
- 모방하지 못하면 교사가 유아의 손을 잡고 한 발로 연달아 다섯 발자국을 뛰게 해 준다.
- 교사가 유아의 손을 잡고 한 발로 연달아 두세 발자국 뛴 후 유아에게 연달아 다섯 발자국을 뛰어 보라고 한다.
- 뛰지 못하면 교사가 유아의 손을 잡고 한 발로 연달아 다섯 발자국 뛰는 동작을 반복해 준다.
- 수행되면 교사가 "한 발로 연달아 다섯 발자국 뛰어요."라고 말하며 유아에게 뛰어 보라고 한다.
- 도움을 점차 줄여 간다.
- 수행되면 유아 스스로 한 발로 연달아 다섯 발자국을 뛰어 보라고 한다.
- 수행되면 유아의 특성에 맞는 적절한 강화제를 제공한다.

199 2m 높이의 경사진 사다리 기어오르기 `6~7세`

목표 | 2m 높이의 경사진 사다리를 기어오를 수 있다.
자료 | 2m 높이의 경사진 사다리, 강화제

방법 ❶
- 1m 높이의 경사진 사다리 기어오르기는 수행하였으므로 확인한 후 시행한다.
- 교사가 2m 높이의 경사진 사다리를 기어오르는 시범을 보인다.
- 유아에게 교사를 모방하여 2m 높이의 경사진 사다리를 기어올라 보라고 한다.
- 수행되면 유아 스스로 2m 높이의 경사진 사다리를 기어올라 보라고 한다.
- 수행되면 유아의 특성에 맞는 적절한 강화제를 제공한다.

방법 ❷

- 1m 높이의 경사진 사다리 기어오르기는 수행하였으므로 확인한 후 시행한다.

- 교사가 2m 높이의 경사진 사다리를 기어오르는 시범을 보인다.

- 유아에게 교사를 모방하여 2m 높이의 경사진 사다리를 기어올라 보라고 한다.

- 모방하지 못하면 교사가 유아의 손을 잡고 2m 높이의 경사진 사다리를 기어오르게 해 준다.

- 교사가 유아의 손을 잡아 사다리를 잡게 한 후 유아에게 2m 높이의 경사진 사다리를 기어올라 보라고 한다.

- 오르지 못하면 교사가 유아의 손을 잡고 2m 높이의 경사진 사다리를 기어오르는 동작을 반복해 준다.

- 수행되면 2m 높이의 경사진 사다리를 교사가 유아의 손을 잡고 1.5m까지 기어오르다가 나머지는 유아에게 기어올라 보라고 한다.

- 수행되면 2m 높이의 경사진 사다리를 교사가 유아의 손을 잡고 1m까지 기어오르다가 나머지는 유아에게 기어올라 보라고 한다.

- 수행되면 2m 높이의 경사진 사다리를 교사가 유아의 손을 잡고 0.5m까지 기어오르다가 나머지는 유아에게 기어올라 보라고 한다.

- 수행되면 교사가 "사다리를 기어 올라가요."라고 말하며 유아에게 2m 높이의 경사진 사다리를 기어 올라가 보라고 한다.

- 도움을 점차 줄여 간다.

- 수행되면 유아 스스로 2m 높이의 경사진 사다리를 기어올라 보라고 한다.

- 수행되면 유아의 특성에 맞는 적절한 강화제를 제공한다.

6~7
세

200 스틱으로 구르는 공 치기 6~7세

목표 | 스틱으로 구르는 공을 칠 수 있다.
자료 | 공, 스틱, 강화제

방법 ❶
- 스틱으로 멈추어진 공 치기는 수행하였으므로 확인한 후 시행한다.
- 교사가 스틱으로 구르는 공을 치는 시범을 보인다.
- 유아에게 교사를 모방하여 스틱으로 구르는 공을 쳐 보라고 한다.
- 수행되면 유아 스스로 스틱으로 구르는 공을 쳐 보라고 한다.
- 수행되면 유아의 특성에 맞는 적절한 강화제를 제공한다.

방법 ❷
- 스틱으로 멈추어진 공 치기는 수행하였으므로 확인한 후 시행한다.
- 교사가 스틱으로 구르는 공을 치는 시범을 보인다.
- 유아에게 교사를 모방하여 스틱으로 구르는 공을 쳐 보라고 한다.
- 모방하지 못하면 교사가 유아의 손을 잡고 스틱으로 구르는 공을 쳐 준다.
- 교사가 유아의 손에 스틱을 쥐어 준 후 구르는 공을 쳐 보라고 한다.
- 치지 못하면 교사가 유아의 손을 잡고 스틱으로 구르는 공을 치는 동작을 반복해 준다.
- 수행되면 교사가 "스틱으로 공을 쳐요."라고 말하며 유아에게 구르는 공을 쳐 보라고 한다.
- 도움을 점차 줄여 간다.
- 수행되면 유아 스스로 스틱으로 구르는 공을 쳐 보라고 한다.
- 수행되면 유아의 특성에 맞는 적절한 강화제를 제공한다.

201 악기로 리듬 맞추기

목표 | 악기로 리듬을 맞출 수 있다.

자료 | 탬버린, 작은북 등, 강화제

방법 ❶

- 교사가 악기(탬버린/작은 북)로 리듬을 맞추는 시범을 보인다.
- 유아에게 교사를 모방하여 악기(탬버린/작은 북)로 리듬을 맞추어 보라고 한다.
- 수행되면 유아 스스로 악기로 리듬을 맞추어 보라고 한다.
- 수행되면 유아의 특성에 맞는 적절한 강화제를 제공한다.

방법 ❷

- 교사가 예를 들어 탬버린으로 리듬을 맞추는 시범을 보인다.
- 유아에게 교사를 모방하여 탬버린으로 리듬을 맞추어 보라고 한다.
- 모방하지 못하면 교사가 유아의 손을 잡고 탬버린으로 리듬을 맞추어 준다.
- 교사가 유아의 손을 탬버린에 대 준 후 유아에게 리듬을 맞추어 보라고 한다.
- 맞추지 못하면 교사가 유아의 손을 잡고 탬버린으로 리듬을 맞추는 동작을 반복해 준다.
- 수행되면 교사가 유아에게 "탬버린을 두드려 봐요."라고 말하며 유아에게 리듬을 맞추어 보라고 한다.
- 도움을 점차 줄여 간다.
- 수행되면 유아 스스로 탬버린으로 리듬을 맞추어 보라고 한다.
- 수행되면 유아의 특성에 맞는 적절한 강화제를 제공한다.

202 까치발로 평균대 위 걷기 6~7세

목표 | 까치발로 평균대 위를 걸을 수 있다.

자료 | 평균대, 강화제

방법 ❶

- 까치발로 걷기 및 달리기는 앞 단계에서 수행하였으므로 확인한 후 시행한다.
- 교사가 까치발로 평균대 위를 걷는 시범을 보인다.
- 유아에게 교사를 모방하여 까치발로 평균대 위를 걸어 보라고 한다.
- 수행되면 유아 스스로 까치발로 평균대 위를 걸어 보라고 한다.
- 수행되면 유아의 특성에 맞는 적절한 강화제를 제공한다.

방법 ❷

- 까치발로 걷기 및 달리기는 앞 단계에서 수행하였으므로 확인한 후 시행한다.
- 교사가 까치발로 평균대 위를 걷는 시범을 보인다.
- 유아에게 교사를 모방하여 까치발로 평균대 위를 걸어 보라고 한다.
- 모방하지 못하면 교사가 유아의 양손을 잡고 까치발로 평균대 위를 걷게 해 준다.
- 수행되면 교사가 유아의 한 손을 잡고 까치발로 평균대 위를 걸어 보라고 한다.
- 수행되면 교사가 유아의 옆에서 까치발로 걸으며 유아에게 까치발로 평균대 위를 걸어 보라고 한다.
- 수행되면 교사가 "까치발로 평균대 위를 걸어요."라고 말하며 유아에게 걸어 보라고 한다.
- 도움을 점차 줄여 간다.
- 수행되면 유아 스스로 까치발로 평균대 위를 걸어 보라고 한다.
- 수행되면 유아의 특성에 맞는 적절한 강화제를 제공한다.

방법 ❸

- 까치발로 걷기 및 달리기는 앞 단계에서 수행하였으므로 확인한 후 시행한다.
- 교사가 예를 들어 까치발로 평균대 위를 2m 걷는 시범을 보인다.
- 유아에게 교사를 모방하여 까치발로 평균대 위를 2m 걸어 보라고 한다.
- 걷지 못하면 교사가 유아의 양손을 잡고 까치발로 평균대 위를 2m 걷게 해 준다.
- 수행되면 교사가 유아의 한 손을 잡고 1.5m 정도를 까치발로 걷게 해 주다가 나머지는 유아 스스로 걸어 보라고 한다.
- 수행되면 교사가 유아의 한 손을 잡고 1m 정도를 까치발로 걷게 해 주다가 나머지는 유아 스스로 걸어 보라고 한다.
- 수행되면 교사가 유아의 한 손을 잡고 0.5m 정도를 까치발로 걷게 해 주다가 나머지는 유아 스스로 걸어 보라고 한다.
- 도움을 점차 줄여 간다.
- 수행되면 유아 스스로 까치발로 평균대 위를 걸어 보라고 한다.
- 수행되면 유아의 특성에 맞는 적절한 강화제를 제공한다.

☞ 평균대 활동 지도 시에는 반드시 주변에 매트를 깔아 주는 등 안전사고에 유의하도록 한다.

203 공을 손으로 계속 튕기며 가기 6~7세

목표 | 공을 손으로 계속 튕기며 갈 수 있다.
자료 | 공, 강화제

방법 ❶

- 공을 바닥에 한 번 튕기기는 앞 단계에서 수행하였으므로 확인한 후 시행한다.
- 교사가 공을 손으로 계속 튕기며 가는 시범을 보인다.

- 유아에게 교사를 모방하여 공을 손으로 계속 튕기며 가 보라고 한다.
- 수행되면 유아 스스로 공을 손으로 계속 튕기며 가 보라고 한다.
- 수행되면 유아의 특성에 맞는 적절한 강화제를 제공한다.

방법 ❷

- 공을 바닥에 한 번 튕기기는 앞 단계에서 수행하였으므로 확인한 후 시행한다.
- 교사가 공을 손으로 계속 튕기며 가는 시범을 보인다.
- 유아에게 교사를 모방하여 공을 손으로 계속 튕기며 가 보라고 한다.
- 모방하지 못하면 교사가 유아의 손을 잡고 공을 계속 튕기며 가게 해 준다.
- 교사가 유아의 손에 공을 쥐어 준 후 공을 손으로 계속 튕기며 가 보라고 한다.
- 튕기지 못하면 교사가 유아의 손을 잡고 공을 계속 튕기며 가는 동작을 반복해 준다.
- 수행되면 교사가 유아에게 "공을 계속 튕기며 가 보아요."라고 말하며 공을 손으로 계속 튕기며 가 보라고 한다.
- 도움을 점차 줄여 간다.
- 수행되면 유아 스스로 공을 손으로 계속 튕기며 가 보라고 한다.
- 수행되면 유아의 특성에 맞는 적절한 강화제를 제공한다.

204 50cm 높이에서 뛰어내리기 6~7세

목표 | 50cm 높이에서 뛰어내릴 수 있다.

자료 | 매트(담요), 강화제

방법 ❶

- 30cm 높이에서 뛰어내리기는 앞 단계에서 수행하였으므로 확인한 후 시행한다.

- 교사가 50cm 높이에서 뛰어내리는 시범을 보인다.
- 유아에게 교사를 모방하여 50cm 높이에서 뛰어내려 보라고 한다.
- 수행되면 유아 스스로 50cm 높이에서 뛰어내려 보라고 한다.
- 수행되면 유아의 특성에 맞는 적절한 강화제를 제공한다.

방법 ❷

- 30cm 높이에서 뛰어내리기는 앞 단계에서 수행하였으므로 확인한 후 시행한다.
- 교사가 50cm 높이에서 뛰어내리는 시범을 보인다.
- 유아에게 교사를 모방하여 50cm 높이에서 뛰어내려 보라고 한다.
- 모방하지 못하면 교사가 유아의 양손을 잡고 50cm 높이에서 뛰어내리게 도와준다.
- 교사가 유아의 한 손을 잡아 주며 50cm 높이에서 뛰어내려 보라고 한다.
- 뛰어내리지 못하면 교사가 유아의 양손을 잡고 50cm 높이에서 뛰어내리는 동작을 반복해 준다.
- 수행되면 교사가 유아에게 "뛰어내려요."라고 말하며 50cm 높이에서 뛰어 내려 보라고 한다.
- 도움을 점차 줄여 간다.
- 수행되면 유아 스스로 50cm 높이에서 뛰어내려 보라고 한다.
- 수행되면 유아의 특성에 맞는 적절한 강화제를 제공한다.

205 평균대 위를 뒤로 걷기 6~7세

목표 | 평균대 위에서 뒤로 걸을 수 있다.

자료 | 평균대, 매트, 강화제

방법 ❶

- 평균대 위에서 앞으로 걷기 및 옆으로 걷기는 앞 단계에서 수행하였으므로 확인한 후 시행한다.
- 교사가 평균대 위에서 뒤로 걷는 시범을 보인다.
- 유아에게 교사를 모방하여 평균대 위에서 뒤로 걸어 보라고 한다.
- 수행되면 유아 스스로 평균대 위에서 뒤로 걸어 보라고 한다.
- 수행되면 유아의 특성에 맞는 적절한 강화제를 제공한다.

방법 ❷

- 평균대 위에서 앞으로 걷기 및 옆으로 걷기는 앞 단계에서 수행하였으므로 확인한 후 시행한다.
- 교사가 평균대 위에서 뒤로 걷는 시범을 보인다.
- 유아에게 교사를 모방하여 평균대 위에서 뒤로 걸어 보라고 한다.
- 모방하지 못하면 유아 스스로 평균대 위에 서게 한 후 교사가 유아의 발을 잡고 뒤로 걷게 해 준다.
- 교사가 유아에게 스스로 평균대 위에 서게 한 후 교사가 오른발을 뒤로 옮긴 후 왼발을 옮겨 오른발에 갖다 붙이는 모양을 보여 주며 유아에게 뒤로 걸어 보라고 한다.
- 걷지 못하면 유아 스스로 평균대 위에 서게 한 후 교사가 유아의 발을 잡고 뒤로 걷는 동작을 반복해 준다.
- 유아에게 스스로 평균대 위에 서게 한 후 교사가 유아의 손을 잡고 뒤로 걸으며 뒤로 걸어 보라고 한다.
- 수행되면 유아 스스로 평균대 위에 서게 한 후 교사가 평균대 옆에서 뒤로 걸으며 유아에게 뒤로 걸어 보라고 한다.
- 교사가 평균대의 3/4까지 유아의 손을 잡고 뒤로 걷다가 나머지는 유아 스스로 걸어 보라고 한다.

- 수행되면 교사가 평균대의 2/4까지 유아의 손을 잡고 뒤로 걷다가 나머지는 유아 스스로 걸어 보라고 한다.
- 수행되면 교사가 평균대의 1/4까지 유아의 손을 잡고 뒤로 걷다가 나머지는 유아 스스로 걸어 보라고 한다.
- 수행되면 유아 스스로 평균대 위에 서게 한 후 교사가 "뒤로 걸어요."라고 말하며 유아에게 뒤로 걸어 보라고 한다.
- 도움을 점차 줄여 간다.
- 수행되면 유아 스스로 평균대 위에서 뒤로 걸어 보라고 한다.
- 수행되면 유아의 특성에 맞는 적절한 강화제를 제공한다.

☞ 평균대 활동 지도 시에는 반드시 주변에 매트를 깔아 주는 등 안전사고에 유의하도록 한다.

206 철봉에 20초 정도 매달리기 [6~7세]

목표 | 철봉에 20초 정도 매달려 있을 수 있다.

자료 | 철봉, 매트, 강화제

방법 ❶
- 철봉에 10초 정도 매달리기는 앞 단계에서 수행하였으므로 확인한 후 시행한다.
- 교사가 철봉에 20초 정도 매달려 있는 시범을 보인다.
- 유아에게 교사를 모방하여 철봉에 20초 정도 매달려 있어 보라고 한다.
- 수행되면 유아 스스로 철봉에 20초 정도 매달려 있어 보라고 한다.
- 수행되면 유아의 특성에 맞는 적절한 강화제를 제공한다.

6~7
세

- 철봉에 10초 정도 매달리기는 앞 단계에서 수행하였으므로 확인한 후 시행한다.
- 교사가 철봉에 20초 정도 매달려 있는 시범을 보인다.
- 유아에게 교사를 모방하여 철봉에 20초 정도 매달려 있어 보라고 한다.
- 모방하지 못하면 교사가 유아의 허리를 잡아 양손으로 철봉을 쥐게 해 준 후 20초 정도 매달리게 해 준다.
- 교사가 유아의 허리를 잡아 준 후 유아에게 양손으로 철봉을 쥐고 20초 정도 매달려 보라고 한다.
- 매달리지 못하면 교사가 유아의 허리를 잡아 양손으로 철봉을 쥐게 해 준 후 20초 정도 매달리는 동작을 반복해 준다.
- 수행되면 교사가 유아의 양손을 철봉 가까이 대 준 후 유아에게 양손으로 철봉을 쥐고 20초 정도 매달려 보라고 한다.
- 수행되면 교사가 "철봉을 잡아요."라고 말하며 유아에게 양손으로 철봉을 쥐고 20초 정도 매달려 보라고 한다.
- 도움을 점차 줄여 간다.
- 수행되면 유아 스스로 양손으로 철봉을 쥐고 20초 정도 매달려 보라고 한다.
- 수행되면 유아의 특성에 맞는 적절한 강화제를 제공한다.

☞ 철봉에 매달리는 시간을 처음에는 13초, 수행되면 16초와 같은 식으로 점차 시간을 늘려가며 지도하는 방법도 있다.

207 두발자전거 타기 〔6~7세〕

목표 | 두발자전거를 탈 수 있다.

자료 | 두발자전거, 강화제

방법 ❶

- 보조 바퀴가 있는 두발자전거 타기는 수행하였으므로 확인한 후 시행한다.
- 교사가 두발자전거의 손잡이를 잡은 후 페달에 발을 올려놓고 자전거를 타는 시범을 보인다.
- 유아에게 교사를 모방하여 두발자전거의 손잡이를 잡은 후 페달에 발을 올려놓고 자전거를 타 보라고 한다.
- 수행되면 유아 스스로 두발자전거의 손잡이를 잡은 후 페달에 발을 올려놓고 자전거를 타 보라고 한다.
- 수행되면 유아의 특성에 맞는 적절한 강화제를 제공한다.

방법 ❷

- 보조 바퀴가 있는 두발자전거 타기는 수행하였으므로 확인한 후 시행한다.
- 교사가 두발자전거의 손잡이를 잡은 후 페달에 발을 올려놓고 자전거를 타는 시범을 보인다.
- 유아에게 교사를 모방하여 두발자전거의 손잡이를 잡은 후 페달에 발을 올려놓고 자전거를 타 보라고 한다.
- 모방하지 못하면 교사가 유아의 양손을 잡아 두발자전거의 손잡이를 잡은 후 페달을 움직여 자전거를 타 보라고 한다.
- 교사가 유아가 타고 있는 두발자전거의 뒤쪽을 잡아 주며 유아에게 자전거를 타 보라고 한다.
- 타지 못하면 교사가 두발자전거의 뒤쪽을 잡아 주며 유아가 자전거를 탈 수 있도록 동작을 반복해 준다.
- 도움을 점차 줄여 간다.
- 수행되면 유아 스스로 두발자전거의 손잡이를 잡은 후 페달에 발을 올려놓고 자전거를 타 보라고 한다.
- 수행되면 유아의 특성에 맞는 적절한 강화제를 제공한다.

6~7
세

208 썰매 타기

목표 | 썰매를 탈 수 있다.

자료 | 썰매, 강화제

방법 ❶

- 교사가 썰매 위에 쪼그리고 앉아서 양손에 기다란 송곳의 막대를 쥐고 이것으로 얼음을 찍어 앞으로 나가며 썰매를 타는 시범을 보인다.
- 유아에게 교사를 모방하여 썰매 위에 쪼그리고 앉아서 양손에 기다란 송곳의 막대를 쥐고 이것으로 얼음을 찍어 앞으로 나가며 썰매를 타 보라고 한다.
- 수행되면 유아 스스로 썰매 위에 쪼그리고 앉아서 양손에 기다란 송곳의 막대를 쥐고 이것으로 얼음을 찍어 앞으로 나가며 썰매를 타 보라고 한다.
- 수행되면 유아의 특성에 맞는 적절한 강화제를 제공한다.

방법 ❷

- 교사가 썰매 위에 쪼그리고 앉아서 양손에 기다란 송곳의 막대를 쥐는 시범을 보인다.
- 유아에게 교사를 모방하여 썰매 위에 쪼그리고 앉아서 양손에 기다란 송곳의 막대를 쥐어 보라고 한다.
- 모방하지 못하면 교사가 유아를 썰매 위에 쪼그리고 앉게 한 후 양손에 기다란 송곳의 막대를 쥐어 준다.
- 교사가 유아에게 썰매 위에 쪼그리고 앉게 한 후 양손에 기다란 송곳의 막대를 쥐어 보라고 한다.
- 쥐지 못하면 교사가 유아를 썰매 위에 쪼그리고 앉게 한 후 양손에 기다란 송곳의 막대를 쥐는 동작을 반복해 준다.

- 수행되면 교사가 유아에게 "썰매 위에 쪼그리고 앉아 막대 쥐어요."라고 말하며 썰매 위에 쪼그리고 앉은 후 양손에 기다란 송곳의 막대를 쥐어 보라고 한다.
- 도움을 점차 줄여 간다.
- 수행되면 유아 스스로 썰매 위에 쪼그리고 앉아서 양손에 기다란 송곳의 막대를 쥐어 보라고 한다.
- 수행되면 교사가 썰매 위에 쪼그리고 앉아서 양손에 기다란 송곳의 막대를 쥐고 얼음을 찍어 앞으로 나가며 썰매를 타는 시범을 보인다.
- 유아에게 썰매 위에 쪼그리고 앉아서 양손에 기다란 송곳의 막대를 쥔 후 교사를 모방하여 얼음을 찍어 앞으로 나가며 썰매를 타 보라고 한다.
- 모방하지 못하면 유아 스스로 썰매 위에 쪼그리고 앉아서 양손에 기다란 송곳의 막대를 쥐게 한 후 교사가 유아의 양손을 잡고 기다란 송곳의 막대로 얼음을 찍어 앞으로 나가며 썰매를 타게 해 준다.
- 유아에게 스스로 썰매 위에 쪼그리고 앉아서 양손에 기다란 송곳의 막대를 쥐게 한 후 교사가 얼음을 가리키며 기다란 송곳의 막대로 얼음을 찍어 앞으로 나가며 썰매를 타 보라고 한다.
- 타지 못하면 교사가 유아에게 스스로 썰매 위에 쪼그리고 앉아서 양손에 기다란 송곳의 막대를 쥐게 한 후 유아의 양손을 잡고 기다란 송곳의 막대로 얼음을 찍어 앞으로 나가며 썰매를 타는 동작을 반복해 준다.
- 수행되면 교사가 유아에게 스스로 썰매 위에 쪼그리고 앉아서 양손에 기다란 송곳의 막대를 쥐게 한 후 유아의 뒤에서 썰매를 살짝 밀어 주며 기다란 송곳의 막대로 얼음을 찍어 앞으로 나가며 썰매를 타 보라고 한다.
- 수행되면 교사가 유아에게 "썰매 타요."라고 말하며 썰매 위에 쪼그리고 앉아서 양손에 기다란 송곳의 막대를 쥔 후 얼음을 찍어 앞으로 나가며 썰매를 타 보라고 한다.
- 도움을 점차 줄여 간다.
- 수행되면 유아 스스로 썰매 위에 쪼그리고 앉아서 양손에 기다란 송곳의 막대를

쥔 후 얼음을 찍어 앞으로 나가며 썰매를 타 보라고 한다.

• 수행되면 유아의 특성에 맞는 적절한 강화제를 제공한다.

☞ 썰매를 탈 때는 양손에 기다란 송곳의 막대를 쥐고 이것으로 양쪽의 얼음을 찍어 가며 움직
　이거나 방향을 바꾸고 멈춰 서는 동작을 한다.

☞ 썰매를 능숙하게 탈 수 있으면 일정한 지점을 정한 후 먼저 돌아오는 사람이 이기는 방
　법으로 경주를 시켜도 된다.

209 눈 감고 한 발로 서기 6~7세

목표 | 눈을 감고 한 발로 설 수 있다.

자료 | 매트(담요), 강화제

방법 ❶

- 한 발로 서기는 수행하였으므로 확인한 후 시행한다.
- 교사가 매트(담요) 위에서 눈을 감고 한 발로 서는 시범을 보인다.
- 유아에게 교사를 모방하여 매트 위에서 눈을 감고 한 발로 서 보라고 한다.
- 수행되면 유아 스스로 매트 위에서 눈을 감고 한 발로 보라고 한다.
- 수행되면 유아의 특성에 맞는 적절한 강화제를 제공한다.

방법 ❷

- 한 발로 서기는 수행하였으므로 확인한 후 시행한다.
- 교사가 매트(담요) 위에서 눈을 감고 한 발로 서는 시범을 보인다.
- 유아에게 교사를 모방하여 매트 위에서 눈을 감고 한 발로 서 보라고 한다.
- 모방하지 못하면 교사가 유아의 양손을 잡고 매트 위에서 눈을 감고 한 발로 서게 해 준다.
- 교사가 유아에게 교사의 어깨를 잡고 매트 위에서 눈을 감고 한 발로 서 보라고 한다.
- 수행되면 교사가 유아의 한 손을 잡아 주며 매트 위에서 눈을 감고 한 발로 서 보라고 한다.
- 서지 못하면 교사가 유아의 양손을 잡고 매트 위에서 눈을 감고 한 발로 서는 동작을 반복해 준다.
- 수행되면 교사가 유아에게 매트 위에서 벽을 잡은 후 눈을 감고 한 발로 서 보라

고 한다.

- 수행되면 교사가 유아에게 "눈을 감고 한 발로 서요."라고 말하며 유아에게 매트 위에서 눈을 감고 한 발로 서 보라고 한다.
- 도움을 점차 줄여 간다.
- 수행되면 유아 스스로 매트 위에서 눈을 감고 한 발로 보라고 한다.
- 수행되면 유아의 특성에 맞는 적절한 강화제를 제공한다.

210 닭싸움 자세로 세 번 이상 점프하기 　6~7세

목표 | 두 손으로 한발을 잡고 닭싸움 자세로 세 번 이상 점프할 수 있다.
자료 | 강화제

방법 ❶

- 교사가 한쪽 발을 들어 두 손으로 발목을 잡아 서 있는 다리의 허벅다리에 갖다 댄 후 닭싸움 자세로 세 번 이상 점프하는 시범을 보인다.
- 유아에게 교사를 모방하여 한쪽 발을 들어 두 손으로 발목을 잡아 서 있는 다리의 허벅다리에 갖다 댄 후 닭싸움 자세로 세 번 이상 점프해 보라고 한다.
- 수행되면 유아 스스로 한쪽 발을 들어 두 손으로 발목을 잡아 서 있는 다리의 허벅다리에 갖다 댄 후 닭싸움 자세로 세 번 이상 점프해 보라고 한다.
- 수행되면 유아의 특성에 맞는 적절한 강화제를 제공한다.

방법 ❷

- 교사가 한쪽 발을 들어 두 손으로 발목을 잡아 서 있는 다리의 허벅다리에 갖다 대는 시범을 보인다.
- 유아에게 교사를 모방하여 한쪽 발을 들어 두 손으로 발목을 잡아 서 있는 다리의

허벅다리에 갖다 대 보라고 한다.

- 모방하지 못하면 교사가 유아의 한쪽 발을 들어 두 손으로 발목을 잡아 서 있는 다리의 허벅다리에 갖다 대 준다.
- 교사가 유아의 서 있는 다리의 허벅다리를 가리키며 유아에게 한쪽 발을 들어 두 손으로 발목을 잡아 서 있는 다리의 허벅다리에 갖다 대 보라고 한다.
- 대지 못하면 교사가 유아의 한쪽 발을 들어 두 손으로 발목을 잡아 서 있는 다리의 허벅다리에 갖다 대는 동작을 반복해 준다.
- 수행되면 교사가 "발을 허벅다리에 갖다 대요."라고 말하며 유아에게 한쪽 발을 들어 두 손으로 발목을 잡아 서 있는 다리의 허벅다리에 갖다 대 보라고 한다.
- 도움을 점차 줄여 간다.
- 수행되면 유아 스스로 한쪽 발을 들어 두 손으로 발목을 잡아 서 있는 다리의 허벅다리에 갖다 대 보라고 한다.
- 수행되면 교사가 한쪽 발을 들어 두 손으로 발목을 잡아 서 있는 다리의 허벅다리에 갖다 댄 후 닭싸움 자세로 세 번 이상 점프하는 시범을 보인다.
- 유아에게 교사를 모방하여 한쪽 발을 들어 두 손으로 발목을 잡아 서 있는 다리의 허벅다리에 갖다 댄 후 닭싸움 자세로 세 번 이상 점프해 보라고 한다.
- 모방하지 못하면 교사가 유아에게 스스로 한쪽 발을 들어 두 손으로 발목을 잡아 서 있는 다리의 허벅다리에 갖다 대라고 한 후 교사가 유아의 두 손을 잡고 닭싸움 자세로 세 번 이상 점프하게 해 준다.
- 교사가 유아에게 스스로 한쪽 발을 들어 두 손으로 발목을 잡아 서 있는 다리의 허벅다리에 갖다 대라고 한 후 닭싸움 자세로 한 번 점프해 보라고 한다.
- 점프하지 못하면 교사가 유아에게 스스로 한쪽 발을 들어 두 손으로 발목을 잡아 서 있는 다리의 허벅다리에 갖다 대라고 한 후 교사가 유아의 두 손을 잡고 닭싸움 자세로 세 번 이상 점프하는 동작을 반복해 준다.
- 수행되면 교사가 유아에게 스스로 한쪽 발을 들어 두 손으로 발목을 잡아 서 있는 다리의 허벅다리에 갖다 대라고 한 후 닭싸움 자세로 두 번 점프해 보라고 한다.

- 수행되면 교사가 "발을 허벅다리에 갖다 대요."라고 말하며 유아에게 스스로 한쪽 발을 들어 두 손으로 발목을 잡아 서 있는 다리의 허벅다리에 갖다 대라고 한 후 닭싸움 자세로 세 번 이상 점프해 보라고 한다.
- 도움을 점차 줄여 간다.
- 수행되면 유아 스스로 한쪽 발을 들어 두 손으로 발목을 잡아 서 있는 다리의 허벅다리에 갖다 대라고 한 후 닭싸움 자세로 세 번 이상 점프해 보라고 한다.
- 수행되면 유아의 특성에 맞는 적절한 강화제를 제공한다.

☞ 닭싸움은 두 사람이 서로 마주 서서 한쪽 발을 들어 서 있는 다리의 허벅다리에 가져다 대고 한 손으로 그 발목을 잡고 다른 한 손으로는 들어 올린 다리의 바깥 허벅다리를 잡거나 자기의 두 팔로 오른발을 몸 뒤쪽으로 올려 잡는다. 그러고 난 후 왼발로만 서서 서로 상대와 몸과 무릎을 맞부딪쳐 쓰러뜨려 승부를 가리는 우리나라의 전통적인 놀이이다.

☞ 전통적인 닭싸움 자세는 한쪽 발을 들어 서 있는 다리의 허벅다리에 가져다 대고 한 손으로 그 발목을 잡고 다른 한 손으로는 들어 올린 다리의 바깥 허벅다리를 잡는 것이다. 그러나 여기서는 두 손으로 발목을 잡게 간소화시켜 설명하였으므로 참고하기 바란다.

☞ 한 손으로 발목을 잡는 닭싸움 자세도 있으므로 유아의 상태에 따라 적절하게 지도하면 된다.

6~7
세

줄넘기하기　　　　　　　　　　　　　　　　　　　　6~7세

목표 | 줄넘기를 할 수 있다.
자료 | 줄넘기, 강화제

방법 ❶

- 줄넘기 1회 하기는 수행하였으므로 확인한 후 시행한다.
- 교사가 줄넘기의 줄을 양손으로 잡고 두 발을 모아 뛰면서 줄넘기를 돌리는 시범을 보인다.
- 유아에게 교사를 모방하여 줄넘기의 줄을 양손으로 잡고 두 발을 모아 뛰면서 줄넘기를 돌려 보라고 한다.
- 수행되면 유아 스스로 줄넘기의 줄을 양손으로 잡고 두 발을 모아 뛰면서 줄넘기를 돌려 보라고 한다.
- 수행되면 유아의 특성에 맞는 적절한 강화제를 제공한다.

방법 ❷

- 줄넘기 1회 하기는 수행하였으므로 확인한 후 시행한다.
- 교사가 줄넘기의 줄을 양손으로 잡고 두 발을 모아 뛰면서 줄넘기를 돌리는 시범을 보인다.
- 유아에게 교사를 모방하여 줄넘기의 줄을 양손으로 잡고 두 발을 모아 뛰면서 줄넘기를 돌려 보라고 한다.
- 모방하지 못하면 교사가 유아에게 줄넘기의 줄을 양손으로 잡게 한 다음 두 발을 모아 뛰게 하면서 줄넘기를 돌려 준다.
- 교사가 "줄넘기를 돌려요."라고 말하며 유아에게 두 발을 모아 뛰면서 줄넘기를 돌려 보라고 한다.

6~7
세

331

- 돌리지 못하면 교사가 유아에게 줄넘기의 줄을 양손으로 잡게 한 다음 두 발을 모아 뛰게 하면서 줄넘기를 돌려 주는 동작을 반복해 준다.
- 도움을 점차 줄여 간다.
- 수행되면 유아 스스로 줄넘기의 줄을 양손으로 잡고 두 발을 모아 뛰면서 줄넘기를 돌려 보라고 한다.
- 수행되면 유아의 특성에 맞는 적절한 강화제를 제공한다.

212 롤러스케이트 타기　6~7세

목표 | 롤러스케이트를 탈 수 있다.
자료 | 롤러스케이트, 강화제

방법 ❶

- 교사가 무릎을 살짝 구부리고 몸은 적당히 낮춘 후 한쪽 발은 튕겨 주듯이 바닥을 밀어 주고, 반대쪽 발은 그 힘으로 앞으로 나가는 동작을 반복하며 롤러스케이트를 타는 시범을 보인다.
- 유아에게 교사를 모방하여 무릎을 살짝 구부리고 몸은 적당히 낮춘 후 한쪽 발은 튕겨 주듯이 바닥을 밀어 주고 반대쪽 발은 그 힘으로 앞으로 나가는 동작을 반복하며 롤러스케이트를 타 보라고 한다.
- 수행되면 유아 스스로 무릎을 살짝 구부리고 몸은 적당히 낮춘 후 한쪽 발은 튕겨 주듯이 바닥을 밀어 주고 반대쪽 발은 그 힘으로 앞으로 나가는 동작을 반복하며 롤러스케이트를 타 보라고 한다.
- 수행되면 유아의 특성에 맞는 적절한 강화제를 제공한다.

- 교사가 무릎을 살짝 구부린 후 몸을 적당히 낮추는 시범을 보인다.
- 유아에게 교사를 모방하여 무릎을 살짝 구부린 후 몸을 적당히 낮추어 보라고 한다.
- 모방하지 못하면 교사가 유아의 무릎을 잡고 살짝 구부려 준 후 몸을 적당히 낮추어 준다.
- 교사가 유아의 무릎을 잡고 살짝 구부려 준 후 몸을 적당히 낮추어 보라고 한다.
- 낮추지 못하면 교사가 유아의 무릎을 잡고 살짝 구부려 준 후 몸을 적당히 낮추는 동작을 반복해 준다.
- 수행되면 교사가 유아의 무릎을 잡고 살짝 구부려 준 후 "몸을 낮추어요."라고 말하며 유아에게 몸을 적당히 낮추어 보라고 한다.
- 도움을 점차 줄여 간다.
- 수행되면 유아 스스로 무릎을 살짝 구부린 후 몸을 적당히 낮추어 보라고 한다.
- 수행되면 교사가 무릎을 살짝 구부리고 몸은 적당히 낮춘 후 한쪽 발은 튕겨 주듯이 바닥을 밀어 주고 반대쪽 발은 그 힘으로 앞으로 나가는 동작을 반복하며 롤러스케이트를 타는 시범을 보인다.
- 유아에게 교사를 모방하여 무릎을 살짝 구부리고 몸은 적당히 낮춘 후 한쪽 발은 튕겨 주듯이 바닥을 밀어 주고 반대쪽 발은 그 힘으로 앞으로 나가는 동작을 반복하며 롤러스케이트를 타 보라고 한다.
- 모방하지 못하면 교사가 유아에게 스스로 무릎을 살짝 구부리고 몸은 적당히 낮추라고 한 후 한쪽 발을 잡아 튕겨 주듯이 바닥을 밀어 주고 반대쪽 발은 그 힘으로 앞으로 나가는 동작을 반복하며 롤러스케이트를 타게 해 준다.
- 교사가 유아에게 스스로 무릎을 살짝 구부리고 몸은 적당히 낮추라고 한 후 한쪽 발을 잡아 튕겨 주듯이 바닥을 밀어 주고 반대쪽 발은 그 힘으로 앞으로 나가는 동작을 한번 해 보라고 한다.
- 하지 못하면 교사가 유아에게 스스로 무릎을 살짝 구부리고 몸은 적당히 낮추라

6~7
세

333

고 한 후 한쪽 발을 잡아 튕겨 주듯이 바닥을 밀어 주고 반대쪽 발은 그 힘으로 앞으로 나가는 동작을 반복하며 롤러스케이트를 타는 동작을 반복해 준다.

- 교사가 유아에게 스스로 무릎을 살짝 구부리고 몸은 적당히 낮추라고 한 후 벽을 짚고 한쪽 발을 튕겨 주듯이 바닥을 밀어 주고 반대쪽 발은 그 힘으로 앞으로 나가는 동작을 반복하며 롤러스케이트를 타 보라고 한다.
- 수행되면 교사가 유아에게 스스로 무릎을 살짝 구부리고 몸은 적당히 낮추라고 한 후 한쪽 발에 살짝 손을 대 주며 튕겨 주듯이 바닥을 밀어 주고 반대쪽 발은 그 힘으로 앞으로 나가는 동작을 반복하며 롤러스케이트를 타 보라고 한다.
- 수행되면 교사가 유아에게 스스로 무릎을 살짝 구부리고 몸은 적당히 낮추라고 한 후 "롤러스케이트를 타 봐요."라고 말하며 유아에게 한쪽 발을 튕겨 주듯이 바닥을 밀어 주고 반대쪽 발은 그 힘으로 앞으로 나가는 동작을 반복하며 롤러스케이트를 타 보라고 한다.
- 도움을 점차 줄여 간다.
- 수행되면 유아 스스로 무릎을 살짝 구부리고 몸은 적당히 낮춘 후 한쪽 발은 튕겨 주듯이 바닥을 밀어 주고 반대쪽 발은 그 힘으로 앞으로 나가는 동작을 반복하며 롤러스케이트를 타 보라고 한다.
- 수행되면 유아의 특성에 맞는 적절한 강화제를 제공한다.

부록

관찰표

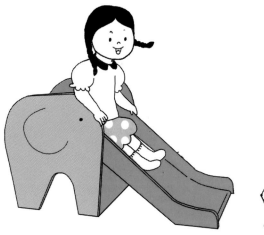

관찰표

연령	번호	목표	시행일자	습득일자
0~1세	1	엎어 두면 고개 잠깐 들기		
	2	누운 자세에서 머리 한 방향으로 돌리기		
	3	누운 자세에서 양다리 쭉 펴기		
	4	누운 자세에서 머리 좌우로 돌리기		
	5	양팔과 발을 동시에 움직이기		
	6	옆으로 몸 돌려 눕기		
	7	엎드린 상태에서 머리 45도 들기		
	8	양손을 잡고 세우면 다리에 힘주기		
	9	똑바로 세워 안으면 잠깐 목 가누기		
	10	자기 발 빨기		
	11	턱 들기		
	12	목 가누기		
	13	엎드린 상태에서 머리 90도 정도 들기		
	14	엎드린 상태에서 고개 잠깐 들었다 내리기		
	15	도움받아 앉기		
	16	엎드린 상태에서 고개 들기		
	17	엎드려서 팔 짚고 가슴 들기		
	18	누워서 자기 발 잡고 놀기		
	19	앉혀 주면 양손 짚고 30초 이상 버티기		
	20	양쪽 겨드랑이 잡아 주면 고개 꼿꼿이 들기		
	21	받쳐 주면 앉기		
	22	누운 상태에서 몸을 발로 밀치며 엉덩이 들기		
	23	스스로 고개 돌리기		

〈계속〉

연령	번호	목표	시행일자	습득일자
0~1세	24	누운 자세에서 엎드린 자세로 뒤집기		
	25	손 짚지 않고 앉아 있기		
	26	엎드린 자세에서 누운 자세로 뒤집기		
	27	한쪽 방향으로 구르기		
	28	배밀이하기		
	29	혼자 앉기		
	30	기는 자세에서 한 손 뻗치기		
	31	누운 상태에서 머리 들기		
	32	기는 자세에서 한쪽 무릎 앞쪽으로 끌기		
	33	팔을 앞과 옆으로 뻗기		
	34	양손과 무릎으로 기기		
	35	도움받아 서기		
	36	몸을 받쳐 주면 머리를 자유롭게 움직이기		
	37	원하지 않는 물건 밀어내기		
	38	앉아 있을 때 넘어지면 팔 펴기		
	39	가구 붙잡고 서 있기		
	40	좋아하는 물건에 손 내밀기		
	41	5초 이상 혼자 서 있기		
	42	누운 상태에서 양쪽으로 구르기		
	43	서 있는 자세에서 쪼그려 앉기		
	44	가구 짚고 일어서기		
	45	양손 잡아 주면 걷기		
	46	가구를 양손으로 붙잡고 옆으로 걷기		
	47	뒤쪽으로 팔 뻗기		
	48	한 손 잡아 주면 걷기		
	49	한 손으로 가구 붙잡고 걷기		
	50	스스로 일어서기		
	51	스스로 두세 발자국 걷기		
	52	동요 장단에 맞춰 고개 끄덕이기		
	53	스스로 열 발자국 걷기		

<계속>

338

연령	번호	목표	시행일자	습득일자
1~2세	54	스스로 걷기		
	55	물건 마음대로 던지기		
	56	양팔을 뻗어 좌우로 움직이기		
	57	블록 쓰러뜨리기		
	58	배를 받쳐 주면 머리, 등, 다리 쭉 뻗기		
	59	동요 장단에 마음대로 몸 흔들기		
	60	작은 의자에 앉기		
	61	소파나 탁자 위로 기어 올라가기		
	62	양팔을 뻗어 앞뒤로 움직이기		
	63	목마에서 몸을 앞뒤로 흔들기		
	64	허리 굽혀 물건 집어 올리기		
	65	누워 있다가 혼자 앉기		
	66	의자 밀기		
	67	양손으로 공 집어 올리기		
	68	계단 기어오르기		
	69	장난감 밀면서 걷기		
	70	공을 머리 위까지 들어 올리기		
	71	앉아 있다가 엎드리기		
	72	끈에 매달린 장난감을 끌면서 걷기		
	73	한 손 잡아 주면 한 계단에 양발 모으고 계단 올라가기		
	74	스펀지 블록 위에 올라가기		
	75	물건 끌어당기기		
	76	누운 상태에서 손과 발 사용하여 일어나기		
2~3세	77	무릎 꿇는 자세 취하기		
	78	한 손 잡아 주면 한 계단에 양발 모으고 계단 내려오기		
	79	물건을 잡기 위해 의자 위로 기어오르기		
	80	움직이는 장난감 쫓아가기		
	81	빨리 걷기		
	82	몸 구부려 다리 사이로 보기		
	83	낮은 미끄럼틀 타기		
	84	땅 짚지 않고 바닥에서 일어서기		
	85	한 손 잡아 주면 계단 오르내리기		

〈계속〉

연령	번호	목표	시행일자	습득일자
2~3세	86	앉은 상태에서 공을 올려 던지기		
	87	계단 기어 내려가기		
	88	양손으로 공 굴리기		
	89	뒤뚱거리며 달리기		
	90	도움받아 뒤로 걷기		
	91	한 손으로 공 굴리기		
	92	난간 잡고 계단 오르기		
	93	매달린 풍선 치기		
	94	바구니에 팥 주머니 넣기		
	95	작은 의자에 앉기		
	96	달리기		
	97	성인 의자에 앉기		
	98	서 있는 공 차기		
	99	난간 잡고 계단 내려가기		
	100	양손으로 큰 공 던지기		.
	101	음악 들으며 스카프 흔들기		
	102	옆으로 걷기		
	103	데굴데굴 굴러가기		
	104	종이벽돌 옮기기		
	105	팔을 좌우로 흔들며 걷기		
	106	도움받아 앞으로 구르기		
3~4세	107	공을 상자 안으로 던지기		
	108	팔을 흔들며 열 발짝 뛰어가기		
	109	미끄럼틀 타기		
	110	30cm 높이에서 뛰어내리기		
	111	두 발 교대로 계단 오르기		
	112	밀어 주면 그네 타기		
	113	두 발 모아 제자리에서 뛰기		
	114	선 따라 걷기		
	115	넘어지지 않고 달리기		
	116	앉아서 공 잡기		
	117	의자에서 뛰어내리기		
	118	두 발 교대로 계단 내려오기		
	119	20cm 폭 사이 걷기		

〈계속〉

연령	번호	목표	시행일자	습득일자
3~4세	120	약 1m 정도 뒤로 걷기		
	121	양손으로 작은 공 던지기		
	122	징검다리 건너기		
	123	두 발 모아 제자리에서 높이 뛰기		
	124	북소리 들으며 박자 맞춰 걷기		
	125	세발자전거 타기		
	126	토끼처럼 깡충깡충 뛰기		
	127	장애물 피하기		
	128	엄지가 위로 향하도록 팔 돌리기		
	129	까치발로 서기		
	130	10cm 정도 높이 뛰어넘기		
	131	한 손으로 큰 공 던지기		
	132	굴러오는 공을 손으로 정지시키기		
	133	달리다가 갑자기 멈추어 서기		
	134	놀이 기구의 낮은 사다리 기어오르기		
4~5세	135	가슴과 양팔로 큰 공 받기		
	136	두 발로 20cm 넓이의 평균대 위에 서기		
	137	뒤로 걷기		
	138	앞으로 구르기		
	139	장애물 뛰어넘기		
	140	10cm 정도 폭의 두 선을 따라 걷기		
	141	엄지가 아래로 향하도록 팔 돌리기		
	142	신문지 뭉쳐 던져 넣기		
	143	공 이동시키기		
	144	약 2m 정도 뒤로 걷기		
	145	두 발 모아 앞으로 열 번 뛰기		
	146	도움받아 씽씽카 타기		
	147	한 손으로 작은 공 던지기		
	148	달리면서 모퉁이 돌기		
	149	양발로 20cm 정도 높이 뛰어넘기		
	150	공을 바닥에 한 번 튕기기		
	151	세발자전거 타고 모퉁이 돌기		
	152	걸어 다니면서 공 차기		
	153	까치발로 걷기		

〈계속〉

연령	번호	목표	시행일자	습득일자
4~5세	154	굴러오는 공을 발로 정지시키기		
	155	한 발로 서기		
	156	방향 바꾸어 달리기		
	157	머리 뒤로 팔을 젖혀 공 던지기		
	158	1m 높이의 경사진 사다리 기어오르기		
	159	세발자전거 타고 방향 바꾸기		
	160	볼링 놀이		
5~6세	161	한 발로 5초 이상 서 있기		
	162	그네 타기		
	163	머리 위로 공을 1m 이상 던지기		
	164	공을 던져 주면 두 손으로 받기		
	165	무릎 아래 높이 줄 뛰어넘기		
	166	큰 공이 굴러오면 발로 차기		
	167	철봉에 10초 정도 매달리기		
	168	줄넘기 1회 하기		
	169	공 던지고 받기		
	170	보조 바퀴가 있는 두발자전거 타기		
	171	평균대 위에서 앞으로 걷기		
	172	깡충 뛰어 매달린 공 치기		
	173	두 발 모아 연속으로 열 번 높이 뛰기		
	174	큰 공을 튕기고 떨어질 때 잡기		
	175	한 발로 깡충 뛰기		
	176	두 발 모아 멀리 뛰기		
	177	5cm 폭의 선을 따라 걷기		
	178	컵에 든 물 흘리지 않고 걷기		
	179	높은 곳에서 뛰어내릴 때 두 발 모아 착지하기		
	180	물건을 들고 두 발을 교대로 계단 오르내리기		
	181	음악에 맞춰 신체 각기 움직이기		
	182	스틱으로 멈추어진 공 치기		
	183	까치발로 달리기		
	184	한 발로 두세 발자국 뛰기		
	185	3m 높이의 미끄럼틀 타기		
	186	씽씽카 타기		

〈계속〉

연령	번호	목표	시행일자	습득일자
6~7세	187	2m 거리에서 공 던지면 두 손으로 받기		
	88	음악의 리듬에 맞추어 몸을 움직이기		
	189	연속으로 앞으로 구르기		
	190	구르는 공 달려가 차기		
	191	「꼬마야 꼬마야」 노래에 맞추어 동작하기		
	192	굴러오는 공 한 손으로 잡기		
	193	발을 번갈아 가며 깡충 뛰기		
	194	튀어 오른 공 잡기		
	195	평균대 위에서 옆으로 걷기		
	196	두 발 모아 뒤로 다섯 번 이상 뛰기		
	197	벽에 튕긴 공 잡기		
	198	한 발로 연달아 다섯 발자국 뛰기		
	199	2m 높이의 경사진 사다리 기어오르기		
	200	스틱으로 구르는 공 치기		
	201	악기로 리듬 맞추기		
	202	까치발로 평균대 위 걷기		
	203	공을 손으로 계속 팅기며 가기		
	204	50cm 높이에서 뛰어내리기		
	205	평균대 위를 뒤로 걷기		
	206	철봉에 20초 정도 매달리기		
	207	두발자전거 타기		
	208	썰매 타기		
	209	눈 감고 한 발로 서기		
	210	닭싸움 자세로 세 번 이상 점프하기		
	211	줄넘기하기		
	212	롤러스케이트 타기		

MEMO

MEMO

MEMO

MEMO

MEMO

MEMO

MEMO

● 저자 소개 ●

임경옥(Lim Kyoungook)
강남대학교 특수교육학과 학사
경기대학교 교육대학원 유아교육 석사
강남대학교 교육대학원 유아특수교육 석사
단국대학교 대학원 유아특수교육 박사
전 무지개 특수아동교육원 원장
전 수원여대 사회복지과 겸임교수 및 나사렛대학교, 수원과학대학교 등 외래교수
현 수원여자대학교 아동보육과 교수

⟨저서 및 역서⟩
장애영유아발달영역별 지침서1~5권(공저, 학지사, 2010)
보육교사 일반직무교육(공저, 양성원, 2016)
원장 일반직무교육(공저, 양성원, 2016)
보육교사 일반직무교육(심화)(공저, 양성원, 2017)
원장 일반직무교육(심화)(공저, 양성원, 2017)
특수교육학개론(공저, 학지사, 2017)
발달지체 영유아 조기개입-인지편(학지사, 2017)
발달지체 영유아 조기개입-신변처리편(학지사, 2018)
발달지체 영유아 조기개입-수용언어편(학지사, 2018)
발달지체 영유아 조기개입-표현언어편 I (학지사, 2018)
발달지체 영유아 조기개입-표현언어편 II (학지사, 2018)
발달지체 영유아 조기개입-소근육운동편 I (학지사, 2018)
특수교구교재제작(공저, 학지사, 2018)
아동권리와 복지(공저, 공동체, 2018)
교사! 그 아름다운 이름(학지사, 2019)
발달지체 영유아 조기개입-소근육운동편 II (학지사, 2019)

⟨주요논문⟩
예비영아특수교사들의 관찰실습경험에 대한 질적 연구(한국특수아동학회, 2013)
장애영아 미술치료 연구동향 분석-1997년부터 2012년까지 전문 학술지 중심으로(한국특수아동학회, 2013)
보육교사의 전문성 인식과 통합교육 신념에 관한연구(사회복지실천연구, 2013)
예비보육교사들의 실습경험에 대한 이야기(한국콘텐츠학회, 2016)

발달지체 영유아 조기개입-대근육운동편-

2019년 9월 10일 1판 1쇄 인쇄
2024년 3월 25일 1판 3쇄 발행

지은이 • 임경옥
펴낸이 • 김진환
펴낸곳 • (주) **학지사**
　　　　04031 서울특별시 마포구 양화로 15길 20 마인드월드빌딩
대표전화 • 02)330-5114　　　팩스 • 02)324-2345
등록번호 • 제313-2006-000265호

홈페이지 • http://www.hakjisa.co.kr
인스타그램 • https://www.instagram.com/hakjisabook

ISBN 978-89-997-1759-8 93370

정가 17,000원

저자와의 협약으로 인지는 생략합니다.
파본은 구입처에서 교환해 드립니다.

이 책을 무단으로 전재하거나 복제할 경우 저작권법에 따라 처벌을 받게 됩니다.

출판미디어기업 학지사

간호보건의학출판 **학지사메디컬** www.hakjisamd.co.kr
심리검사연구소 **인싸이트** www.inpsyt.co.kr
학술논문서비스 **뉴논문** www.newnonmun.com
교육연수원 **카운피아** www.counpia.com
대학교재전자책플랫폼 **캠퍼스북** www.campusbook.co.kr